指挥与控制技术丛书

指挥与控制概论

秦继荣 编著

国防工业出版社

·北京·

内 容 简 介

本书从指挥与控制的基本概念入手,通过对指挥与控制基本概念、指挥与控制学、指挥与控制系统、指挥与控制相关技术、指挥与控制在现代战争中的应用、指挥与控制在国家应急事务中的应用、指挥与控制建模与仿真等几个方面进行分析和研究,力图构建"指挥控制学"的基本框架,为读者提供一个研究指挥与控制的新视觉。

本书适合从事指挥控制、信息对抗、现代战争和武器装备及相关领域研究开发的科技人员以及高校教师、研究生和高年级本科生使用。

图书在版编目(CIP)数据

指挥与控制概论/秦继荣编著. —北京:国防工业出版社,2012.9
(指挥与控制技术丛书)
ISBN 978-7-118-08415-3

Ⅰ.①指…　Ⅱ.①秦…　Ⅲ.①指挥控制系统　Ⅳ.
①E072

中国版本图书馆 CIP 数据核字(2012)第 214642 号

※

国防工业出版社 出版发行
(北京市海淀区紫竹院南路 23 号　邮政编码 100048)
国防工业出版社印刷厂印刷
新华书店经售

*

开本 710×960　1/16　印张 12¾　字数 220 千字
2012 年 9 月第 1 版第 1 次印刷　印数 1—3500 册　定价 36.00 元

(本书如有印装错误,我社负责调换)

国防书店:(010)88540777　　发行邮购:(010)88540776
发行传真:(010)88540755　　发行业务:(010)88540717

丛 书 序

从 20 世纪 50 年代国内开始研制的火炮指挥仪、火力控制系统,到 20 世纪末指挥自动化系统,再到目前的一体化综合指挥控制系统,指挥与控制(Command and Control,C&C)的理论、技术及工程应用经历了从无到有、从小到大、由简单到复杂的发展历程。作为这一发展历程的参与者、见证者和推动者,北方自动控制技术研究所创造性地提出建立指挥与控制学科的建议,选取了指挥与控制学科中几个基础性、关键性、前瞻性的问题展开研究,编写了本套丛书。丛书共 4 本,分别是:《指挥与控制概论》、《指挥控制与火力控制一体化》、《数字化士兵技术》和《指挥与控制战》。

《指挥与控制概论》是在梳理、分析研究指挥与控制技术发展历程的基础上,从学科发展的层面阐述指挥与控制学科的理论基础、学科属性、研究内容、应用领域、发展趋势及与其他相关学科的相互关系等。

《指挥控制与火力控制一体化》立足于指挥与控制是火力打击武器体系的灵魂,在当前技术发展中,主要表现为指挥控制与火力控制一体化的特征。抓住这一特征,探讨了指挥控制与火力控制一体化的概念、地位和作用,阐述了指挥控制与火力控制一体化的系统构成、系统设计、关键技术及实现方法等。

《数字化士兵技术》将数字化士兵看成一个指挥控制与火力控制一体化系统的主体,从系统工程的角度阐述了数字化士兵在火力、指挥控制、侦察通信等方面的新特征、新变化,对数字化士兵技术和系统进行了较为详细的研究。

《指挥与控制战》着眼于信息化战争胜负的核心——指挥与控制,探讨在作战过程中,如何运用多种手段,攻击包括人员在内的整个敌方指挥与控制系统,破坏或干扰敌指挥与控制,以干扰、削弱或破坏敌指挥与控制能力,同时保护己方的指挥与控制能力不被削弱。重点是用指挥与控制战的思想对当前的一些信息化、网络化对抗手段加以梳理,使其成为完整的指挥与控制战理论和技术体系。

指挥与控制对国家安全、经济发展和社会进步具有重大战略意义。本套丛书主要关注指挥与控制的基础理论，不仅在军事领域有广泛应用，而且在民用领域，如交通管制、航空管制、治安监控、应急指挥与控制等方面，也具有普遍的应用前景，对促进指挥与控制学科理论发展，推动我国的指挥与控制科学技术进步具有积极意义。

中国工程院院士

国家自然科学基金委员会信息学部主任

全军信息化专家咨询委员会副主任

前　　言

为了更深入、更全面地理解指挥与控制的内涵,构建完整的指挥与控制学科,从基本概念、基本原理、理论框架、系统应用等方面描述指挥与控制是非常必要的,也是非常有意义的。

一般认为,指挥与控制是军事领域的特定词汇,其实,在人们的日常生活中,到处都可以看到指挥与控制行为的体现,人们生活中的很多行为都是指挥与控制概念的物化。如何理解指挥与控制,指挥控制学科包含哪些内容,指挥与控制的基本概念和原理在日常生活中是如何体现出来的,这都是当前需要研究的问题。

本书从指挥与控制的基本概念入手,通过对指挥与控制基本概念、指挥与控制学、指挥与控制系统、指挥与控制相关技术、指挥与控制在现代战争中的应用、指挥与控制在国家应急事务中的应用、指挥与控制建模与仿真等几个方面进行分析和研究,力图构建"指挥控制学"的基本框架,为读者提供一个研究指挥与控制的新视觉。

全书共分为12章。第1章~第5章阐述了指挥与控制的基本概念、指挥与控制学、指挥与控制理论,第6章介绍了指挥与控制相关技术,第7章、第8章介绍了指挥与控制系统及其效能评估,第9章~第11章介绍了指挥与控制在现代战争和国家事务中的应用,第12章阐述了指挥与控制系统的建模与仿真,附录包括有关CCRP的介绍等。

在本书的编著过程中,赵爱军同志、黄迎馨同志参与了前期的资料搜集整理、提纲细化等工作。王校会研究员对全书进行了多次审阅,提出了修改意见。杨瑞光同志、侯瑞同志、王海燕同志、张文锦同志、许国鹏同志、邓天志同志、齐浩同志参与了修改校对工作。在本书编著过程中,参考了许多专家的论著,对形成本书的观点大有裨益,在此表示衷心感谢。在本书的编辑、出版工作中,得到了北方自动控制技术研究所、《火力与指挥控制》杂志编委会和编辑部的大力支持,在此一并表示衷心的感谢。

由于作者水平有限,加之时间仓促,不妥之处,敬请读者批评指正。

编著者

2012 年 1 月

目　录

第1章 绪 论

1.1 指挥与控制的概念

为了更加深入地理解指挥与控制的概念,可以从指挥、控制、指挥与控制三个概念逐步加以阐述。

1.1.1 指挥

基于不同的出发点和角度对"指挥"一词的解释各不相同。早在战国时期,《荀子·富国》中就有"拱揖指挥,而强暴之国莫不驱使"的记述。此处所说的"指挥",指的是一种调度活动。

"指挥"一词的本源很难准确考证。通俗说法有两个:一是指手的动作,指就是指向,挥就是挥动。指向并挥动,是人们运用这种特殊方式来调动他人行动的活动;二是指"指麾",麾,是发令的小旗。"指麾",是人们使用发令用的小旗来调动他人行动的活动。且不说这两种说法哪种更加准确,却均被引伸为"发令调度"活动。现代的解释也有两种:一种解释是,指挥是对资源(包括人员、装备和信息)在时间和空间上有序安排的行为,这种解释强调了指挥的行为特征;另一种解释是,指挥是针对不确定性问题提出解决方案并采取行动,最终获得成功,这种解释突出了指挥的目的性。

指挥是依据某种目的,通过对任务、责任和资源(包括人员、装备和信息)的分配,对一定范围内的人和事产生一定的限制。指挥的概念模型如图1.1所示。在该图中,目的是指挥的动机所在,认知是指挥的基础。通过对资源的了解,指挥的外在表现是一系列的行为,这些行为是通过指挥者和被指挥者之间的交互来实现的。通过上面的阐述可见,指挥将目的(任务)、责任和资源有机结合起来。

在针对某一具体任务进行指挥时,可利用的资源和被指挥对象的能力和素质将对指挥行为产生较大的影响。另外,可用信息的质量也将影响指挥能力的发挥。

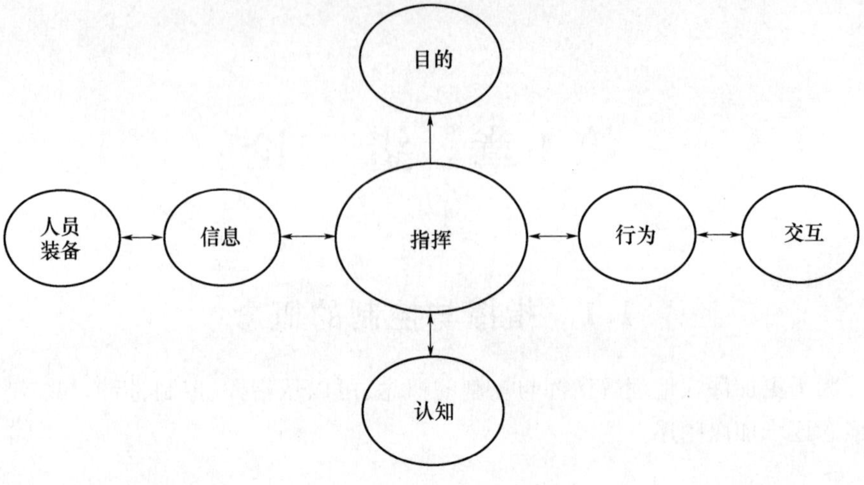

图 1.1　指挥的概念模型

1.1.2　控制

"控制"有许多解释,经常随着领域的不同而变化。在工程系统领域,控制可定义为所使用的算法和反馈。控制功能由具体的物理装置完成,即控制的物化表现为电子系统中的反馈回路,化学和材料加工过程中的控制器、数控机床系统,航天飞行器上的操控系统,甚至在因特网上控制传输流量的路由协议等。现代控制应包括高可靠的软件系统、自主汽车和机器人、战场指挥系统和生物工程系统等。在信息时代,控制科学是一门以新兴的复杂性科学为基础的科学。现代控制是一门信息科学(包括模拟和数字信息),控制是基于信息的控制。

"控制"也普遍地存在于社会科学和自然界中。生物系统通过反馈来保持热量、化学和生物条件的动态平衡。全球气候的动态变化取决于大气、海洋、陆地和太阳间的相互反馈。反馈的例子无处不在,如引起动物和植物间复杂的相互作用、市场上的商品与服务的交换、经济活动中个人与公司间的反馈等。反馈是控制的关键要素。

《辞海》对"控制"一词的定义:掌握住不使其任意活动或超出范围,操纵使其处于自己占有、管理或影响之下。

本书给出的控制定义:控制是基于一定的目标,通过调整与达成目标有关系的行动元素,保证当前和(或)计划的行动在设定的范围内进行。调整是在确立的控制范围内开展的。控制的本质是保证某种环境内的具体元素的值在指挥意图所确定的界限范围之内。控制可以是个体或组织的行为,也可以是物化的行为。这一点在维纳的"控制论"中体现得最为明显。

1.1.3 指挥与控制

事实上,指挥与控制是不可分离的。指挥体现、表达和传递意图,通过控制达到目的;控制是达到目的的手段,只有接受了指挥命令控制才有意义;达到控制目标只是完成了某种控制任务,只有最终满足指挥意图(目的性)才算完成了指挥与控制。

指挥与控制作为一个整体出现是社会发展和技术进步的产物。从20世纪50年代开始,计算机逐渐成为功能强大的运算工具之后,西方军队才将计算机及控制技术引入到军事领域,将工程领域的控制技术和战争中的指挥艺术相结合,产生了军事领域的指挥与控制。如美国国防部提出并有限实施的"指挥与控制研究计划(CCRP)",极大地推进了美国指挥与控制领域利用先进技术的水平,极大地增强了美国国防部对信息时代国家安全含义的理解,其指挥与控制理论与技术研究成果,推进了新军事变革和国防转型。同时,指挥与控制的方法、概念在军事领域的成功应用逐步推广到社会生活的方方面面,由此实现了指挥与控制在现实生活中的应用和拓展。

也就是说,指挥与控制是个体或组织基于最终目的,通过对各种要素的信息进行收集与评估并作出决策,来实现资源、任务和责任的分配并根据需要进行调整的,最终实现预定的目的。

指挥与控制本身并不是终点,而是实现预定目的的一种手段。指挥与控制关注众多实体(如个人与组织)与资源(包括信息)在某些任务、目的与目标方面所取得的成就。指挥与控制(或管理)是怎么回事或者怎样实施,不应当等同于为什么需要指挥与控制(或管理)或者成功地创造价值需要什么功能。

从以上的定义可体会到指挥与控制的属性:

(1) 目的性——完成使命任务;

(2) 有限性——资源是有限的。

指挥与控制的要素包括以下四个方面:

(1) 最终目的。实现某种意图是指挥与控制的目的,为了达到这一目的,需要进行控制,即指挥与控制是为了达到最终意图的。

(2) 收集与评估信息。为了进行指挥与控制,需要持续不断地获得与达成最终意图有关的各种因素的状态,根据这些因素的状态变化,评估这些变化对达成最终意图的影响,并及时做出决策上的调整。脱离信息的收集,盲目地进行指挥与控制,最终必然导致无法达成最终目的。也就是说,信息的收集和评估是指挥与控制的基础。

(3) 确定任务、责任及相互关系。指挥与控制做出的决策包含三个要素:任务、责任和相互关系。指挥与控制的最终目的可以是一个或多个任务,为了完成任务,需要赋予一定的责任并明确相互之间的关系。

(4)确定规则与限制条件。指挥与控制的进行不是盲目的或杂乱无章的,而是遵循一定规则的、在一定限制条件下进行的。在指挥与控制的过程中,需要确定指挥与控制的规则和明确各种限制条件。也就是说,规则和限制条件是指挥与控制的必要条件。

指挥与控制是人类社会的活动,也可以是类人系统(具有人类社会部分功能的系统)的活动,是达成个体或群体共同目标的一种有效手段。有人的群体活动就会有指挥与控制,不管是否使用了计算机、通信系统、探测设备等工具,人类的指挥与控制活动都存在。指挥与控制主体通过决策,形成并发出指令,支配、操纵、协调以该主体为中心的各类资源协同行动,达到预定目标。

对于人类社会而言,人是指挥与控制的主体。对于具有层级关系的人类群体而言,指挥与控制的主体是相对的。某层级对其下级来讲是指挥与控制的主体,对其上级而言却是指挥与控制的客体。指挥与控制实现的是人类个体或群体的共同目标。指挥与控制过程中,指挥与控制主体运用指挥与控制工具系统,支配、调度和操纵以人为中心的资源来实现共同目标。指挥与控制过程包括指令的形成、传递、执行、执行控制、效果验证、修正指令等,循环往复,直到达到目标为止。指挥与控制过程既是人类形成合力发挥群体效应的过程,也是信息与物质和能量有效结合的过程。

1.2　指挥与控制概念模型

概念模型是对真实世界活动进行概念抽象与描述,并运用语言、符号和框图等形式,对抽象出的概念进行有机组合而形成的。形成概念模型需要人为地对真实世界(人、物、事等)进行处理,抽取它们的本质特征(如结构特征、功能特征、行为特征等),并把这些特征用各种概念,采取一定的形式精确地描述出来,然后,根据概念之间的相互关系,进行有机地组合来共同说明所研究的问题。

概念模型是连接真实世界与仿真世界的桥梁,在许多情况下,概念模型常常只存在于开发人员的头脑中,或隐含在程序中,很难得到重用,而且,概念模型的描述也常常出现许多不一致的现象,以致于严重影响模型的逼真度。如何把概念模型显式地表示出来,如何进行一致性的描述,使得概念模型真正成为真实世界与仿真世界相联系的桥梁,是建立概念模型的关键。

对于真实世界来说,建立概念模型的主要目的如下:

(1)用于研究客观世界实体的动作和交互作用,以提高模型和仿真的互操作性和重用性。

（2）确定权威信息源。

（3）集成来自各独立知识获取源的信息。

（4）规范开发与维护的管理过程。

（5）建立一套能广泛应用的概念模型资源和工具。

随着仿真技术广泛应用，为了更好地、真实地再现真实环境，逼真地研究各种问题，需要对真实世界的各种问题加以抽取、整理，并进行全面的描述，建立各种概念模型，以适合于不同层次、不同职能的技术人员应用。从根本上理清指挥与控制及相关要素的关系，抽象出和指挥与控制相关的概念模型，可以指导关于指挥与控制研究与实验，并引导指挥与控制向信息时代转型。以下介绍几种典型的指挥与控制概念模型。

1.2.1 认知过程模型

1981 年，J. G. Wohl 在《控制科学》杂志上发表了认知过程模型 SHOR（Stimulus – Hypothesis – Option – Response），即激励—假设—选择—反应模型，如图 1.2 所示。建立该模型采用了传统的结构化分析方法，分析了指挥与控制过程中的业务流程和信息走向后，建立了指挥与控制过程的数据流图。Wohl 的这一篇论文被广泛引用，其主要原因是在公开发表的指挥与控制模型中，该模型具有更好的可操作性。

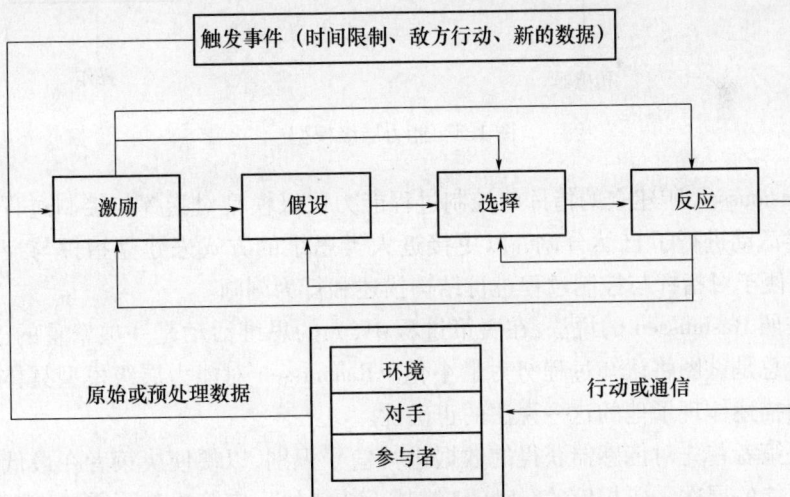

图 1.2 Whol 的指挥控制模型 SHOR

由于采用的是结构化分析方法，认知过程模型突出了对指挥与控制过程中认知活动的描述,但对指挥与控制过程的特点反映不足。

1.2.2 能力层级模型

1983 年,Rasmussen 在《控制科学》杂志上发表了人类思维在管理控制领域中的能力层级模型。该模型对指挥与控制领域的建模产生了较大的影响。Rasmussen 所构建的能力层级模型的核心是将人对外界的反应划分为三个层级:环境感知级、环境认知级和任务执行级。该模型使简单的行为刺激反应、基于规则的认知推理和基于经验知识的处理三者有机地相互融合起来。能力层级模型如图 1.3 所示。

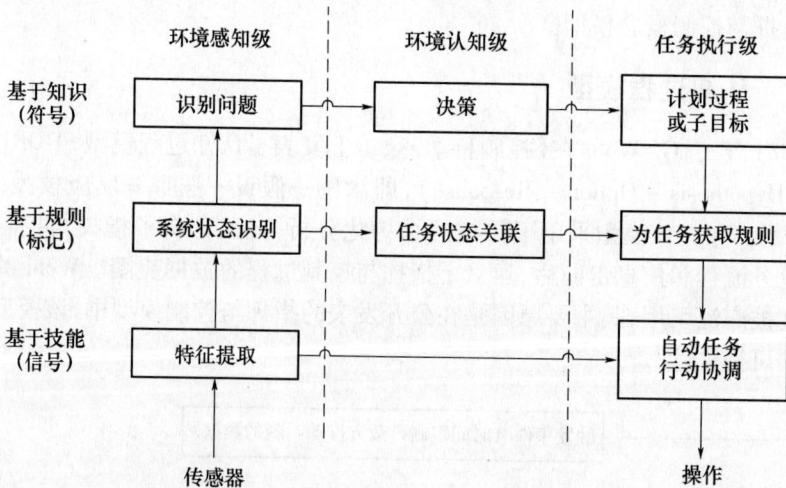

图 1.3 能力层级模型

Rasmussen 所建立的指挥与控制过程能力层级模型对指挥与控制过程中人的思维活动进行了自然分割,以更接近人类思维的方式来建立指挥与控制模型,更便于对指挥与控制过程进行结构描述和行为刻画。

按照 Rasmussen 的说法:在决策过程中,人的思维活动是一项繁重的工作,决策者总是试图将认知过程努力最小化。Rasmussen 对能力层级模型具体应用过程的描述体现了他的这一说法的正确性。

决策者首先对传感器获得的数据进行信号识别,以便使决策者在最低级的基于技能的层次采取相应的行动策略,基于技能的反应策略是不需要推理过程的,有点类似于纯反应式行为。

如果基于技能的反应层次没有结果,就等于没有相应的直接反应行为,那么决策过程将转到下一阶段,应用基于规则的推理过程来匹配当前的系统状态,从而寻找相应的反应行为。该阶段包括了对环境态势的识别、推理,从而寻找对应的推理规则,由对应的推理规则产生出一系列的行为动作,这个阶段包括了决策者的认知行为。基于规则的推理过程在军事指挥与控制领域是广泛存在的,如战术决策过程、制定作战条令、操作流程标准化等。

如果基于规则的推理过程没有结果,例如,决策者没有寻找到与当前状态相关联的规则,那么决策者就必须采用基于自身知识的推理来寻找对应的行为动作,例如,基于自己的第一反应作出决策或根据自己的经验寻求决策等。

基于知识的推理决策过程对决策者来说是一项比较繁重的工作,没有现有的决策结果支持,完全变成了决策者的主观决策行为,不仅增加了决策的时延,同时也增加了决策的风险。

Rasmussen 的能力层级模型对指挥与控制系统的设计具有很大的影响,它为决策支持提供了基础,纠正了很多人为的错误处理模型,为指挥与控制系统的分析设计提供了方法学。

1.2.3 OODA 环模型

John R. Boyd 根据在朝鲜战场和越南战场的空战经验,于 1987 年总结并提出了描述指挥与控制过程的 OODA(Observe, Orient, Decide, Act) 环模型,即作战过程的观察—定位—决策—行动模型,也称为指挥与控制环,如图 1.4 所示。

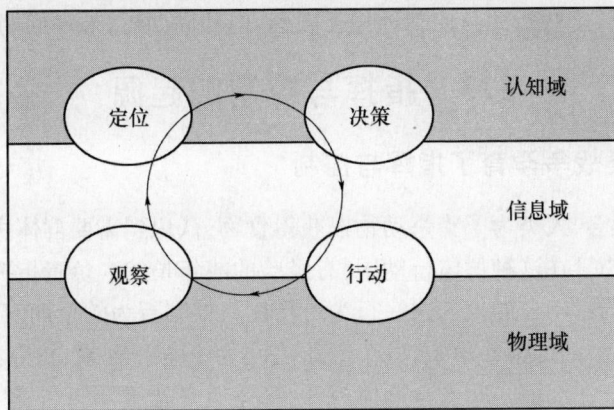

图 1.4 传统的指挥与控制过程的 OODA 环模型

OODA 环模型的提出对指挥与控制系统的体系结构产生了深刻的影响,同时该模型也被广泛用于针对作战指挥人员的各种教材。可以说,OODA 环模型已经成为描述军事指挥与控制系统的一种通用模型。

在 Boyd 递交给国防部的简报中,只对定位过程(Orient)进行了详细的描述而对其他三个过程则仅仅做了简单说明。Boyd 对定位过程的描述：定位作为观察的结果，是用图像、视图或者印象来描述外部世界的。判断则是一个多方面的交互过程，包括了历史传统、文化传统、以往经验以及当前环境信息等的交叉参考、相互关联和相互影响。定位属于整个循环模型中的关键技术，它影响着如何去观察、如何进行决策以及采取何种行动。观察过程就是通过与环境的交互，从中获取需要的环境信息。同时观察过程还接收从定位过程、决策过程以及行动过程反馈的内部控制信息，以便获取更有效的环境信息。决策过程就是从多个与环境态势相对应的对策假设中做出选择的过程，决策过程常要接受定位过程的内部控制，同时对观测过程产生内部控制。行动过程是通过执行选定的决策结果与环境发生交互的过程，行动过程接受定位过程与决策过程的控制，同时对观察过程产生反馈。

OODA 环模型特别强调了速度特性，对此，Boyd 的描述是，为了获得胜利，必须以比对手更快的速度或节奏来完成 OODA 循环，或者破坏掉对手的 OODA 循环。

在 OODA 环模型中，OODA 环具有周期性，周期的长短与作战的兵力规模、空间范围、作战样式有关，一个周期的结束是另一个周期的开始，OODA 环以嵌套的形式关联。如在舰队作战系统中，最小的 OODA 环是近距武器系统的火力闭环控制环，在单舰层级上有舰艇指挥与控制 OODA 环，在编队层级同样有相应的 OODA 环，这些指挥与控制环相互嵌套，内环周期短，外环周期长。

1.3　指挥与控制的起源

1.3.1　人类战争孕育了指挥与控制

在原始社会，人类为了猎杀动物以获得食物，认识到需要群体协作起来共同诱捕、围捕动物。在这种群体行动中，有经验的或年长的人负责指挥大家的集体行动，有经验的或年长的人的这一行为是指挥与控制行为的早期萌芽。

在原始社会的部落斗争中，各个部落之间为了争夺野果、抢夺猎物、掳掠妇女或种族复仇，在部落之间进行群体战斗，部落首领需要召开部落会议，商量作战行动的步骤，协调部落成员的行动，以达到斗争的目标。部落首领的这一行动体现了指挥与控制的作用。

在原始社会的部落斗争中，指挥与控制行为主要体现在战前。在战斗过程中，指挥与控制行为基本没有体现出来。

随着人类社会的发展，指挥与控制行为逐步体现在人类战争的全过程中。在古代，军队规模小，作战空间有限，军队通常列队作战，统帅骑在马上或站在高处观察战场,并借助击鼓、鸣金、吹角、挥旗、张灯、点火等直接对部队的行动进行指挥与控制。

随着交战规模的扩大,战场空间也不断扩展,战场空间的地理环境也变得越来越复杂,了解敌情和熟悉战场及其周边的地理环境对于取得战争胜利具有越来越重要的作用。因此,在两军交战之前,指挥官通常派遣"探子"乔装打扮,深入敌方营地及四周探查情况,指挥官根据"探子"打探的情况决定相应的作战行动。在两军交战过程中,指挥官根据敌我双方兵力的对比、敌我双方的损伤情况、地理条件和士气等因素,通过击鼓或挥舞旗帜的方式下达进攻或撤退的命令。这一过程充分反映了指挥与控制的基本过程。

1.3.2 社会发展促进了指挥与控制

社会的进步、新技术的发明和应用,不断促进人类对指挥与控制理论、方法的认识,促进了指挥与控制理论、方法的发展。另外,指挥与控制理论和方法的实践又极大地促进了社会的进步。

在原始社会的部落生产和生活中,部落首领组织部落的日常生活和生产,为了保证部落的生存和发展,实现部落生活和生产的有序化和常态化,部落首领需要对人员进行一定的组织。如安排体强力壮的青年人打猎,安排妇女和老弱在家从事做饭、打柴等活动。部落首领对部落人员活动的安排,实质上是群体的指挥者对被指挥者的调度和控制,从而使部落这一群体能够作为一个有机的整体进行有目的的活动。在这一时期,指挥与控制是为了谋生而建立起来的简单协作关系。

在奴隶社会,社会关系是奴隶主和奴隶之间的关系。奴隶主和奴隶之间纯属于主从关系,即奴隶属于奴隶主的私有财产,奴隶主指挥奴隶从事农业生产,控制奴隶的个人行为,保证奴隶主利益的最大化。奴隶主对奴隶的管理,体现的是一种等级化的指挥与控制关系,即下级完全服从于上级。这一时期,指挥与控制是通过限制人身自由实现的。

在封建社会,通过对帝王的崇拜所建立起来的严格等级制度来实现社会管理。基于这一等级制度,下级无条件地服从上级的命令,实现上级对下级的指挥与控制,由此实现整个社会的有序运行和发展。封建社会的等级制度是基于个人崇拜、皇权至上的思想建立起来的。在这一阶段,指挥与控制是基于个人崇拜所构建的。

上述社会管理的不同表现形式,其实质都是群体中的指挥(管理)者对被指挥(管理)者进行调度,从而使该群体能够作为一个有机整体进行有目的的活动。无论是原始社会,还是奴隶社会,或者是封建社会,其社会管理活动行为都是有目的、有组织的,从本质上反映了指挥与控制的属性。只不过不同时期所采用的指挥与控制手段、途径、方法因技术原因有所不同而已。

在现代社会中,国家通过制定法律来明确社会管理机构的职责和运行机制,通过法律条文明确社会管理中的指挥与控制关系,通过技术的进步促进指挥与控制过程快速便捷。由此,不断地推动社会管理中各种指挥与控制理念的发展,指挥与控制理念的发展又对指挥与控制技术提出更高的需求,如此不断往复,使得现代社会的进步比以往任何时代都迅猛,也使得指挥与控制理论和方法得到了前所未有的发展。指挥与控制承袭于社会管理,而社会进步又促进了指挥与控制理念、技术的前进。

1.4 指挥与控制的发展

1.4.1 指挥与控制技术的发展

指挥与控制技术是一门正在发展中的科学技术,它是研究指挥与控制系统的科学技术。

从历史的发展来看,指挥与控制技术的发展分为三个阶段。

1. 农业时代的指挥与控制技术

这一时代的指挥与控制技术主要表现为使用人力的技巧;指令的传达主要依靠口传面命和书信传递;指挥与控制过程简单直观,作用范围有限,时效性差;指挥与控制的决策质量主要依靠指挥者对事物的判断能力。

2. 机械化时代的指挥与控制技术

这一时代的指挥与控制技术主要表现为大量机械化技术的应用,指令的传递采用有线电话、无线通信设备等实现,实现了大范围的实时信息传输。机械化运输工具的应用使得人类的活动空间和活动能力都得到了极大的扩展,通信技术和动力技术成为这一时代指挥与控制技术的主要体现。正是依靠上述技术,指挥与控制能够适应较为复杂的环境,作战时间和空间得到了极大的拓展,指挥的时效性较好。指挥与控制的决策质量主要依靠通信技术和机械化技术的信息收集能力。

在机械化时代的战争中,指挥与控制技术手段相对落后,因而形成了从最高统帅到基层分队,从上到下纵长横窄、横向不能连接的"树"状指挥体制。这种体制的主要劣势:信息流程长;平级单位之间、侦察系统与武器系统之间不能横向沟通;抗毁能力差,被切断"一枝"就影响一片,切断"主干",则全部瘫痪等,因而使作战指挥与控制受到诸多限制。

3. 信息时代的指挥与控制技术

这一时代的指挥与控制技术的特征是应用了计算机网络。利用计算机网络建立的信息传输网络,能实现指令的快速传递,比工业时代基于层级化的信息传递流程短,使得指挥与控制信息能够快速地下达到执行机构;利用计算机网络建立的信息收集网,使得信息收集的质量得到了极大的提高;利用计算机网络极大地提高了信息处理能力,使得基于网络的高质量信息能够经过充分的计算得到高质量的决策结果。由于计算机网络的应用能够更好地控制事物的发展。也就是说,利用计算机网络所建立的智能化的信息平台,使情报收集、信息处理、通信联络、态势控制等实现了网络化、自动化和实时化。

在信息时代的战争中,由于信息网络技术广泛运用于作战指挥与控制,促使信息采集、传递、处理、存储、使用一体化,信息流程优化,信息流动实时化,信息决策智能化,致使作战指挥与控制体制及其机制发生了许多新的变化。在指挥结构方式上,由树状指挥结构向网络扁平指挥结构转变;在指挥与控制信息保障方式上,由自我保障为主向战场信息共享为主转变;在指挥决策方式上,从单级封闭式集中决策向多级开放式分布决策转变;在指挥与控制方式上,由预先计划控制为主向以作战行动为主近实时动态调控为主转变;在指挥与控制效果评估方式上,由概略评估为主向精确评估为主转变。

1.4.2 指挥与控制系统的发展

指挥与控制系统是指实现指挥与控制功能的系统。指挥与控制系统有广义和狭义之分:广义的指挥与控制系统包括人(指挥与控制的主体与客体)在内,即由人和人所使用的指挥与控制工具构成;狭义的指挥与控制系统中不包括人,仅指指挥与控制工具,即指挥与控制系统也就是指挥与控制工具。语言是最古老的指挥与控制工具,此外,实物、文字、标识、代码、手势、电子设备等都可作为指挥与控制工具。随着技术的发展,指挥与控制工具也在不断发展变化。

指挥与控制系统的发展可以分为三个阶段:农业时代的指挥与控制系统、机械化时代的指挥与控制系统和信息时代的指挥与控制系统。

1. 农业时代的指挥与控制系统

这一时代的指挥与控制系统以人力及传统的声音、火光等现象相结合构成指挥与控制系统。较为典型的指挥与控制系统如中国古代以烽火为基础的指挥与控制系统。

在我国长城上有很多烽火台,烽火台又称烽燧,俗称烽堠、烟墩,古代用于点燃烟火传递重要消息,是古代重要的军事防御设施,烽火的数量和形式是描述敌情、指挥兵力的重要手段。

烽火的作用在古代文献中多有记载,如《塞上蓬火品约》规定:如果发现所报的信号有误,则应立即"下蓬灭火",取消所发的信号,并写成书面报告,迅速传报上级。为了保证烽火制度的严格执行,汉代有一整套严密的制度。有的汉简还记录了某烽燧的守备器物和生活用品,其中有报警物布蓬、布表、苣、积薪、鼓;建筑器物椎,瞄准器械"深目",防御武器弩、枪、羊头石等。

宋代曾公亮等人编撰的《武经总要》中提到的古代烽火制度更为详细,大要分为烽燧的设置、烽火的种类、放烽火的程度、放烽火的方法、烽火报警规律、传警、密号、更番法等。

2. 机械化时代的指挥与控制系统

这一时代的指挥与控制系统采用通信装备构建信息传输子系统;采用现代化的交通工具构成运输保障子系统;通过信息上报、实地调查、卫星照相、气象雷达探测等方式构成信息采集子系统;采用计算机处理各种复杂的信息来源,获取第一手关键资料,为指挥机关的决策提供依据。机械化时代的指挥与控制系统具有两个典型特征:一个是层次化的组织结构,指挥与控制命令和情报信息的上传下达均适于层次化的结构;另一个是以平台为中心的作战方式,以平台为中心的作战方式适应于机械化技术的特点,但同时却使得指挥与控制和信息传递出现孤岛效应。

3. 信息化时代的指挥与控制系统

在信息化时代,由于计算机和通信技术的迅猛发展和大规模应用,使指挥与控制系统逐步演化为信息平台。信息平台成为主导指挥与控制范畴内各种要素行动的关键。指挥与控制范畴内的一切要素都在信息平台的掌控之下。信息平台的主要特点是互连、互通、互操作。具体到特定的指挥与控制系统,信息技术、人工智能理论和指挥与控制系统的成功融合,使指挥与控制系统发生了如下变化:

(1)由"二维指挥与控制系统"到"多维指挥与控制系统"的转变。在工业化时代,指挥与控制系统的交联方式比较单一,在总体上表现为一种"二维平面结构"。在这种条件下,这种方式能有效地保证指挥与控制系统的安全性、可靠性与有效性,但是无法做到具有更好的协同性。在信息化时代,指挥与控制系统则演变为一个"多维立体结构",指挥与控制系统通过信息的融合来进行全方位的指挥与控制,也就是通过增强的信息获取与处理能力来提高集中式指挥与控制系统的功能,从而有效地融合各种力量。

(2)由"滞后指挥与控制系统"到"近实时指挥与控制系统"的转变。在指挥与控制过程中,指挥与控制系统的及时性对行动进程具有至关重要的作用。在机械化时代,由于信息技术的落后,导致指挥与控制系统总是落后于行动进程。在信息化时代,由于信息技术的极大提高,使近实时获取全局作战态势信息成为可能,从而极大地提高了指挥与控制系统作出决策与实施决策的实时性,处于网络环境下的指挥与控制系统可以看作是一个近似实时的指挥与控制系统。

（3）由人工指挥与控制系统到人机结合智能化、自动化指挥与控制系统的转变。在机械化作战形态中,各级指挥与控制系统的运作更多的是依赖于指挥决策人员的个人能力与经验。信息化战争的实践表明,完全由人工决策的指挥与控制系统无法适应战争的多变性。而当前信息技术与人工智能技术的发展,使智能辅助指挥与控制系统获得了长足的进展,从国家指挥与控制中心到区域指挥与控制中心,从区县指挥与控制中心到最高国家级指挥与控制中心形成了一个完整的、自动化的智能指挥与控制系统。目前,这种人机结合的智能指挥与控制系统是研究发展的重点。

第2章 指挥与控制学的体系结构

科学是人类认识世界的活动和在活动中产生的系统化的知识体系。技术是人类为了满足社会需要，利用客观规律，在改造和控制自然的实践过程中所创造的劳动手段、工艺方法及使用这些手段和方法的技能体系。

指挥与控制学的研究目的是揭示指挥与控制的客观规律，更好地利用科学的指挥与控制方法，构造高效合理的指挥与控制组织结构和功能结构以及指挥与控制系统实体，提高人类对资源的支配调度和操纵能力。

2.1 指挥与控制学的学科性质

2.1.1 学科定位

现代科学技术已经演变成为一个包括基础科学、技术科学和工程技术三大类别，同时又包含学科交叉、类别重叠的综合科学、横断科学和边缘科学在内的网状体系结构，如图2.1所示。

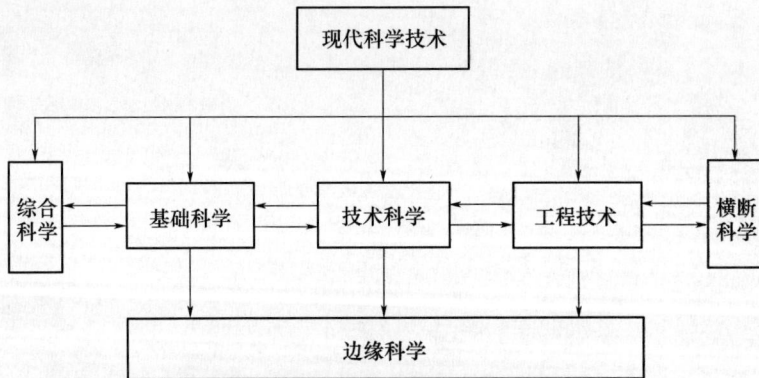

图2.1 现代科学技术体系结构示意图

基础科学是研究自然界物质运动规律的科学。

技术科学是以基础科学为指导，着重研究应用的基础理论，揭示同类技术的一般规律，以指导技术实践。

工程技术综合基础科学和技术科学的理论成果，获得某些特定知识、模型和方法，用于直接解决一定的工程问题。主要研究内容是新产品研制、新工艺创造等。

边缘科学是两门或两门以上的学科渗透、结合以后产生的新兴科学，如生物化学。

综合科学是把多种学科的理论、方法、手段等结合起来综合研究某一领域中问题的科学，如环境科学。

横断科学是指撇开具体的物质形式，从横的方向上把握不同物质运动形式共同规律的科学。如数学既是一门基础学科，又是一门横断学科。横断科学，意指各行各业都可以应用的科学，用它的思想方法可以去解决各行各业面临的共同难题。

许多学科，在其形成过程中，都要经历工程技术经验总结向技术科学发展的历程。如建筑学，最初是修建房屋、庙宇、宫殿的工程技术，随后才发展到揭示建筑一般规律的技术科学，最终形成了土木工程和建筑学两类学科。一门学科从工程技术经验总结阶段发展到技术科学阶段，正是该学科迅速发展的时期。

指挥与控制学科综合利用自然科学和社会科学领域多种学科的理论、方法、手段，研究在人类生产、生活等各项实践活动中都存在的指挥与控制活动，揭示指挥与控制的普遍规律。其研究对象并不仅局限于军事、交通、航空等某一类具体的领域。指挥与控制学科既是一门综合学科，又是一门横断学科。就目前发展来看，指挥与控制学科正处于由工程技术经验总结阶段向技术科学阶段发展的关键时期。其中，最活跃的是军事领域的指挥与控制，即军事指挥与控制分支学科。

具体来说，指挥与控制学与军事学、信息科学、系统科学、数学、力学、物理学、工程与技术科学、基础科学、以及与电子、通信与自动控制技术、计算机科学技术等科学的主要区别在于研究对象、研究内容、研究目的不同。

信息技术及计算机技术科学和指挥与控制学科的区别是：前者所研究的对象是信息的处理，后者研究的是如何利用信息技术对目标施加影响。

自动控制技术与指挥与控制学科的区别是：前者是后者在某些方面的表现，如工业控制技术可以用于指挥与控制中的武器控制系统，但工业控制技术并不适合描述军事指挥与控制中的敌我双方智能对抗、控制和反控制。另外，指挥与控制学科特别重视人的思维及人机交互技术，而自动控制技术并不能包含这方面的内容。

2.1.2　学科特点

指挥与控制学科的主要特点如下。

1. 实践性

指挥与控制学科,是在满足军事需求的过程中提出的,也是在具体的工程应用实践中不断发展的,实践性是指挥与控制学科最基本的特征。

2. 时代性

指挥与控制学科具有鲜明的时代特征。作为人类改造客观世界的重要知识和技术手段,人们总是把当时最先进的技术用于指挥与控制,使指挥与控制学科的发展具有明显的时代特征。如工业时代是以机械化和自动化为特征的指挥与控制,信息时代是以网络化和信息化为特征的指挥与控制。

3. 系统性

与其他学科不同之处在于指挥与控制学科总是强调从"系统"、"系统之中的系统"的角度来分析、研究问题。指挥与控制学科是一个大跨度的(从宏观的哲学到微观的实现技术)、跨军兵种、跨行业的专业学科,既涉及传感器系统,又涉及指挥与控制系统本身,还涉及被调配资源和受控对象系统,是将系统环环相扣、有机集成的核心和枢纽。

4. 交叉性

指挥与控制学科作为一门综合性工程与技术学科,是与军事学、信息科学、系统科学、数学、力学、物理学、电子、通信与自动控制技术、计算机技术相交叉的学科,也是跨越兵器、电子、航空、航天、民用等行业的学科。指挥与控制学科形成与发展的过程就是与这些学科和行业相互交叉、相互渗透、相互促进的过程。

指挥与控制学科的研究特点是:它作为涉及自然科学、人文与社会科学的一门综合性工程与技术科学,除了兼具自然科学和人文与社会科学的研究特点外,还具有工程与技术科学的研究特点。指挥与控制学的学科研究具有以下特征:

(1) 其研究的对象是复杂系统,它不仅研究军事、战争、武器,还研究企业、市场、经济、社会、政治等方面的复杂系统。

(2) 其研究方法是定性判断与定量计算相结合、微观分析与宏观综合相结合、还原论与整体论相结合、科学推理与哲学思辨相结合的方法。它所用的工具包括数学、计算机模拟、形式逻辑、后现代主义分析、语义学、符号学等。

(3) 其研究深度不仅限于描述客观事物,更重要的是揭示客观事物的构成原因及其演化过程,并力图尽可能地准确预测其未来的发展。

2.2　指挥与控制学的体系结构和技术

指挥与控制学的研究对象包括指挥与控制理论,指挥与控制过程,指挥与控制系统,构建指挥与控制系统的理论、方法和技术,指挥与控制系统的测试、试验与评估,指挥与控制系统的有关技术标准,指挥与控制环境影响因素等。

指挥与控制学的研究内容包括行为主体的指挥与控制活动及其信息流活动、指挥与控制机构为满足人的意图所进行的执行过程。这一过程跨越了社会域、认知域、信息域和物理域四大领域,涉及了决策权的分配、信息的分发、交互、感觉、协同等内容。

指挥与控制既是人类认识世界、改造世界的一种实践活动,也是人类群体的一种活动方式,是高智能的活动。指挥与控制活动因人而异,指挥与控制活动的长期积累形成了指挥与控制理论和方法,构成了系统化的知识体系、技能体系和工具体系。指挥与控制学既是一门科学,又是一门技术,还是一门艺术。

2.2.1　体系结构

按照科学的逻辑体系,并参照发展历程及目前已有的技术、产品、研究领域和热点,可将指挥与控制学的理论体系按图 2.2 划分。从图 2.2 可以看出,指挥与控制学的学科体系分为指挥与控制理论、指挥与控制技术和指挥与控制系统三大模块,每一模块又被细分为多个具体的分支。

在图 2.2 中,再细化的指挥与控制理论包括指挥与控制原理、模型、指挥与控制方法等;军事指挥控制系统是通常所说的指挥自动化系统,如 C^2、C^3、C^3I、C^4I、C^4ISR 系统等;一体化作战指挥与控制系统包括武器火力控制系统,是通常所说的 C^4IKSR;武器火力控制系统包含制导与控制系统;指挥与控制基础技术包括电子、通信、自动控制、计算机、传感器等技术。

2.2.2　技术体系

从技术构成看,指挥与控制技术可分为三个层次。

（1）决策支持技术层。它是指挥与控制技术的核心层,包括数据融合、态势评估、方案生成和优选、任务分配及效果评估。决策支持是对信息的最高层处理,它属于信息的深加工,又称为信息再生。决策就是针对实际问题（往往包含有某种形式的不确定因素）,运用科学分析方法（如统计方法、启发式方法、逐次逼近方法）,综合各方面的知识,确定最终的行动方案。它将信息上升为知识（智慧、决策）,通常会改变信息的内容,增加或减少相同类型的相关知识。

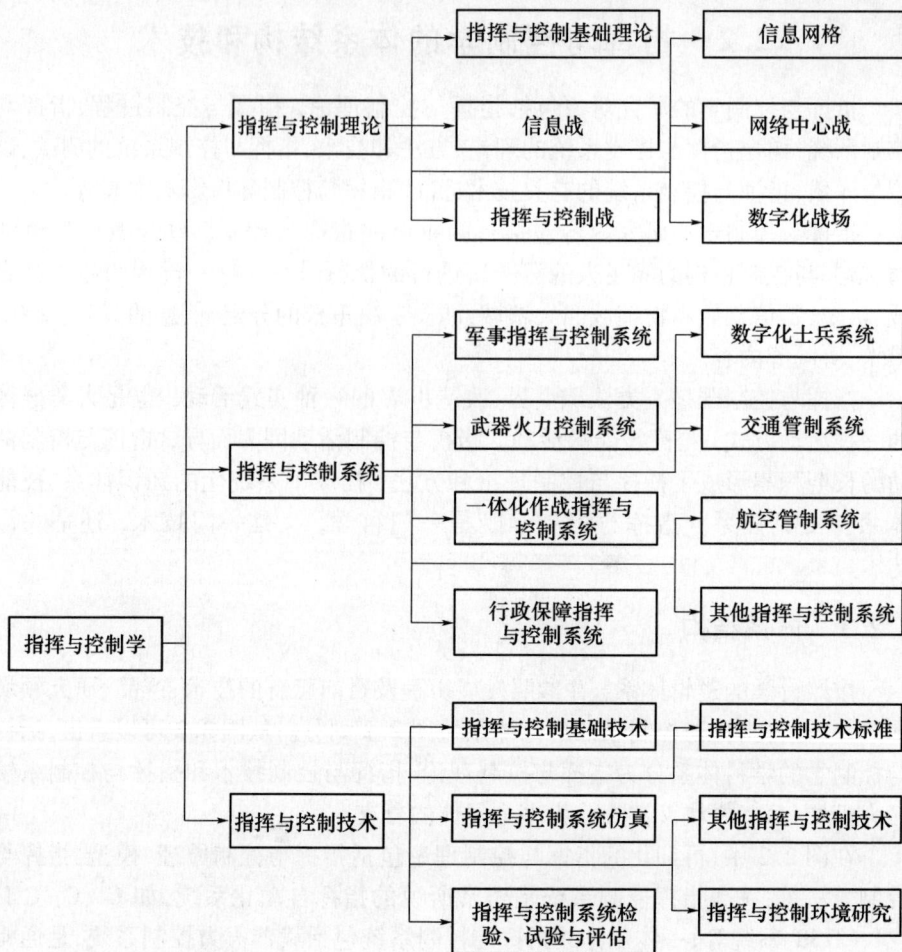

图 2.2 指挥与控制学的体系结构

利用决策支持技术构建的典型系统是指挥与控制专家系统。专家系统其实是一个智能计算机程序,其内部含有大量某个领域专家的知识和经验,能够利用该专家的经验、知识和解决问题的思路、方法来处理该领域的问题。也就是说,专家系统是一个具有大量专门知识和经验的计算机程序,该程序利用人工智能技术,根据某领域一个或多个专家提供的知识和经验,对该领域的问题进行推理和判断,从而可以解决那些需要领域专家才能解决的复杂问题。简而言之,专家系统是一个模拟领域专家解决该领域问题的计算机应用程序。

(2)支撑技术层。主要包括事务处理技术、信息管理技术、信息显示技术。

信息管理侧重于对信息的整理、分类、编目、存储以及查询等。其目的是帮助指挥人员了解战时情况或日常业务管理的进展情况,以便进行高效地制订计划、指挥调度,以谋取最佳的效益。常用的数据库管理技术和信息检索技术就属于这一类。

（3）与其他领域公用的技术层。主要包括人机接口技术、安全防护技术、设备监控技术、内部通信技术、时统技术、定位技术等。

2.3　指挥与控制学的研究方法

2.3.1　基本方法

指挥与控制科学的基本研究方法采用的是在唯物辩证法指导下的系统科学方法。它应体现以下四方面的结合。

（1）定性判断与定量计算相结合。通过定性判断,建立系统及各子系统的概念模型,并尽可能将它们转化为数学模型,经求解或模拟运行后得出定量的结论,然后再对这些结论进行定性归纳,取得认识上的飞跃,形成解决问题的建议。

（2）微观分析与宏观综合相结合。微观分析的目的是了解系统的组成元素及其层次结构,而宏观综合的目的则是了解系统的功能结构及其形成过程。

（3）还原论与整体论相结合。还原论强调从局部机制和微观结构中寻求对宏观现象的说明,例如,用物理、化学规律来说明生物学现象,这显然是片面的。而整体论则强调系统内部各部分之间的相互联系和作用,这种联系和作用决定了系统的宏观性质。然而,如果没有对局部机制和微观结构的深刻了解,对系统整体的把握也难以具体化。指挥与控制科学正是在深入了解系统个体性质和行为的基础上,从个体之间的相互联系和作用中发现系统整体性质和行为的。

（4）科学推理与哲学思辨相结合。科学理论是具有某种逻辑结构并经过一定实践检验的概念系统,科学家在表述科学理论时总是力求达到符号化和形式化,使之成为严密的公理化体系。但是,科学的发展证明任何理论都不是天衣无缝的,总有一些“反常”的现象和事件出现。这时,就必须运用哲学思辨,依据从个别到一般、从偶然到必然、对立统一、否定之否定等规律来加以解释。

2.3.2　相关方法

目前,指挥与控制科学研究中所用的方法主要是运筹学、微分方程和形式逻辑,对于指挥与控制科学的研究,还应掌握以下相关方法,如表 2.1 所列。

表 2.1　指挥与控制学研究的相关方法

理论工具	主要内容
不确定条件下的决策方法	定性变量的量化(多维尺度、广义量化等)、经验概率的确定(数据挖掘、数据库中的知识发现、智能挖掘等)、主观概率的改进、案例研究与先验信息的集成等
综合集成方法	系统的结构化、系统与环境的集成(全局和局部)、人的经验与数据的集成、模型的集成、从定性到定量的综合集成等
整体优化方法	目标群及其优先顺序的确定、巨系统的优化策略(分隔断裂法、面向方程法、多层迭代法、并行搜索法等)、优化算法(线性规划、目标规划等)、离线优化与在线优化、最优解与满意解的取得等
智能计算方法	演化计算(如遗传算法、演化策略、演化规划、遗传程序设计等)、人工神经网络(如 EBP 型、竞争型、自适应共振型、联想记忆型等)、模糊系统等
非线性方法	传统的动力系统理论(稳定性和分叉理论、混沌、孤子)和统计力学(分形、标度)延伸到多尺度、多体,以及非平衡系统中的复杂和随机现象的研究。而对非线性科学压倒一切的挑战是,对远离平衡态的多体系统中的自组织结构的形成和功能,确认其关键的范式
数理逻辑方法	数学化的形式逻辑,包括经典谓词逻辑、广义数理逻辑(如模型论、公理集合论、证明论、递归论等)、多值逻辑、模态逻辑、归纳逻辑等
计算机模拟方法	已广泛用于复杂的军事指挥与控制科学研究中。其中,比较著名的有人工生命、元胞自动机、竞争与合作、大群模拟工具等

上述相关方法在指挥与控制学领域中的应用情况如下。

1. 不确定条件下的决策方法

决策就是确定目标,然后制定达到目标的各种可供选择的方案,并从中选取出一个最佳的或满意的方案。不确定条件下的决策是指挥与控制的必然现象,这时,指挥与控制所面对的是动态变化的各种状态,不确定条件下的决策所面临的最大挑战是合理地预测态势的变化。

2. 综合集成方法

综合集成分为两个层次:一是单平台及独立系统的集成;二是体系的集成。单平台及独立系统的集成主要考虑平台或系统内部的物理连接、信息交互;体系的集成主要考虑平台或系统与其他平台或系统之间的相互关系及体系特征。单平台及独立系统的集成考虑的外部因素相对较少,主要考虑的是将平台或系统构成一个能独立完成特定任务的完整的功能。体系的集成则重点考虑的是体系所面临的环境因素,体系中各平台或系统之间的协同、信息互补、功能互补。体系的集成所需要达到的目标是整体效能上的最大化。

3. 整体优化方法

系统目标的一致性包括系统目标的前后一致性,即系统目标确定后,要贯彻始终,不能随意变动甚至偏离目标。系统目标一致性还包括要素与要素、要素与系统之间的目标整体一致性。系统目标往往要按照结构性标准分解给各要素,因此,各要素作为自成一体的子系统,也会有自身的目标与利益要求。这时就需要从全局着眼,让要素目标服从系统目标。就社会系统而言,就是要局部服从整体、下位利益服从上位利益,这种局部的需求与利益服务于整体的需求与利益,正是社会系统整体优化的表现。否则,如果一个系统内目标相违、各自为政、利益冲突、无序竞争,就会导致系统秩序混乱,绝无系统功能效益可言。就工程系统而言,就是要各构成要素的性质、功能互相匹配,并和整体需求相一致。否则,如果要素与要素不相容、不匹配,或要素输入/输出功能与整体功能不匹配,则整个工程系统就难以产生预期的整体功能,甚至导致系统崩溃。

系统组合的科学性,要求系统中要素与要素、要素与系统之间形成最佳的组合与匹配。事物的组合方式不同,其性质与功能是大不相同的。如碳元素因结构方式不同,形成了硬度绝然相反的石墨与金刚石。严格地说,自然界最基本的物质原子,其组成成份原子核与核外电子在质上都是相同的,只因核外电子的数量与层次不同,即组合方式不同,因而形成了一百多种元素,进而又由这些元素组成了世间万物。社会的基本结构单元是个体,思维科学的基本结构单元是概念等,也因组合与运用方式的不同而形成了社会万象和特色各异的思维形态。足见系统结构的组合方式对系统整体性质及系统优化的重要性。人们日常的每一项工作都是一个展开的系统,也需要用系统整体性思维方式去研究、创造效益,这就需要让该系统中的人、财、物、事、知识、信息、时间、环境诸要素合理搭配。资源配置得越恰当、人员配合得越默契、时间安排得越合理、知识发挥得越有效、信息反馈得越流畅,则系统的运行机制就越灵活、越能适应环境,从而就能提高效益、创造业绩与成就。每一项工程与技术设计,也是一个物质的系统。用系统整体性思维方式去研究工程与技术设计,就要让工程与技术设计的要素(包括物质构件与知识技术要素)相互匹配。匹配的逻辑路径越简捷、思想越先进、用材越优良、运行越迅速、操作越简便、体积越小、外观越美、价格越廉、功能越好,则工程与技术设计就越优秀。这些都是系统组合科学性的体现。

4. 智能计算方法

广义地讲,智能计算就是借鉴仿生学思想,利用生物体系的生物进化、细胞免疫、神经细胞网络等机制,用数学语言抽象描述的计算方法。智能计算是基于数值计算和结构演化的计算方法,是智能理论发展的高级阶段。智能方法计算有着传统的人工智能无法比拟的优越性,它的最大特点就是不需要建立问题本身的精确模型,非常适合于解决那些难以建立形式化模型的问题。这些问题用传统的人工智能技术是难以有效解决的,甚至是无法解决的。

从方法论的角度和现在的研究现状来看,智能计算的主要方法有如下几种:

(1) 人工神经网络方法:人工神经网络(Artificial Neural Networks, ANN)是模仿和延伸人脑智能、思维、意识等功能的非线性自适应动力学系统。神经网络所具有的学习算法都能使其对事物和环境具有很强的自学习、自适应和自组织能力,它的知识积累是自动的,无瓶颈效应存在。因此,神经网络信息处理系统是一种全新计算结构的新型智能信息处理系统,或称为基于神经计算的智能信息处理系统。它可以模仿人脑处理不完整的、不准确的,甚至非常模糊的信息,并能联想记忆,从部分信息中获得全部信息。

(2) 模糊逻辑(Fuzzy Logic):这是一种精确处理不精确、不完全信息的方法,可以比较自然地处理人的概念,即利用模糊规则,通过模糊化和反模糊化方便地实现模糊推理。主要应用有模糊控制、模糊决策、模糊模式识别、模糊综合评判、模糊聚类分析、模糊建模等。

遗传算法是一个群体优化的过程,为了得到目标函数的最小(大)值,需要不是从一个初始值出发,而是从一组初始值出发进行优化。这一组初始值就像一个生物群体,优化的过程就是这个群体繁衍、竞争、遗传、变异的过程。

模糊系统以模糊集合理论、模糊逻辑推理为基础,它试图从一个较高的层次模拟人脑表述和求解不精确知识的问题。在模糊系统中,知识是以规则的形式存储的,它采用一组模糊 IF – THEN 规则来描述对象的特性,并通过模糊逻辑推理来完成对不确定性问题的求解。模糊系统善于描述和利用学科领域的知识,具有较强的推理能力。

(3) 免疫算法(Immune Algorithm, IA):免疫算法是抽取和反映生物机体免疫系统的特点,结合工程应用而描述的一个计算模型。其中,抗原对应于待求解的问题,而抗体则对应于问题的一个解。

(4) 智能控制:包括模糊控制、神经网络控制及其混合智能控制。混合智能控制包括模糊神经网络控制、进化神经网络控制、神经模糊控制、进化模糊控制等。智能技术与低层次智能、传统方法之间的交叉有智能 PID 控制、模糊变结构控制、模糊滑模控制、分层递阶智能控制、分布式智能控制等。这些控制技术均具有一定程度的自适应、自学习、自组织智能行为,以适应环境变化,减少波动,保证高的控制精度,这是智能控制技术的关键。

(5) 智能优化:智能优化技术是将人工智能、思维科学、启发推理、联想识别、学习训练、模糊逻辑、进化算法等技术与运筹学、控制理论、大系统理论中静态优化、动态优化、多级优化等方法相结合,试图寻求解决人的因素、多目标、局部解、不确定、未确知等现存问题的新途径。

5. 非线性方法

非线性方法包括耗散结构论、协同论、分形及混沌理论等。它主要研究和揭示复杂的自然和社会现象中所隐藏的规律性、层次性和标度不变性,是一门横跨自然科学、社会科学和思维科学的新方法,是探索复杂现象的一种新方法。非线性方法认为部分与整体具有自相似性,从部分出发可以确立整体性质,可沿着微观到宏观的方向研究系统局部与整体的关系;整体对局部具有依赖性,可以找到从局部演绎到整体的媒介与桥梁,从而进行研究整体。

6. 数理逻辑方法

逻辑学是研究人的思维形式和规律的科学。数理逻辑是研究推理的数学分支,它使用数学的方法,即用一套符号体系来研究推理过程中前提与结论之间的形式关系,因此也称符号逻辑。它在计算机科学和人们的生活中占有重要的地位,发挥着重要的理论指导作用。依据逻辑进行判断,进而完成推理过程是人类智能行为的重要特征之一。推理就是从已知的判断出发,按照某种策略而推演出一种新判断的高级思维过程。

7. 计算机仿真方法

计算机仿真方法是在计算机支持下进行的。计算机仿真方法有三个基本的活动,即系统建模(一次建模)、仿真建模(二次建模)和仿真实验。联系这三个活动的是仿真方法的三要素为系统、模型、计算机(包括硬件和软件)。它们的关系如图 2.3 所示。

图 2.3 计算机仿真三要素及三个基本活动

系统建模属于系统辨识技术范畴,采用传统的基于物理、化学、生物学、社会学等基本定律来构建模型。

仿真建模是仿真技术的重点,仿真建模指的是针对不同形式的系统模型研究其求解算法,使其在计算机上能得以实现。

仿真实验则是通过模型在计算机上运行得到输出结果,并通过对仿真过程和结果的分析,为仿真目的服务。

2.4 指挥与控制学科的创建

2.4.1 指挥与控制学科创建的提出

人类诞生以来,指挥与控制行为就伴随而生。随着科学技术的进步,指挥与控制的方法、工程、技术与系统均随时代变迁而不断推进。由于指挥与控制的广泛性和复杂性,长期以来一直隐藏在其他学科的背后而默默无闻地推动着相关学科和技术的进步。进入信息时代以来,军事技术,特别是以网络为中心的现代作战理念,引起了美国国国防部对指挥与控制研究的重视,并成立了专门的研究机构——指挥与控制研究计划(CCRP),至今已召开了 17 届国际性学术会议,出版了许多理论和系统研究的专著。我国火力与指挥控制研究会于 2006 年也首次提出成立中国指挥与控制学会的倡议,引起了有关各方的关注。在论证学会组建过程中,曾向北方自动控制技术研究所建议立题研究,从而开展了中国指挥与控制学科建设的课题研究。首先从学科属性上论证了指挥与控制学科的定位、研究内容和理论体系,发表了若干论文,研究成果获得山西省科技进步三等奖。研究成果提供给中国标准化研究院高新技术与信息标准化研究所等有关科研机构和高校后,进行了广泛地讨论,组织召开了首届中国指挥与控制高层论坛,出版了专辑《中国指挥与控制高层论坛论文集》,至此,拉开了中国研究和建设指挥与控制学科的序幕。

创建指挥与控制学科基于以下六个理由。

1. 现代化作战需要指挥与控制学科指导

现代化战争是信息化与机械化复合状态下的战争,陆、海、空、天、电一体化的作战,需要将观察、通信、导航、武器通过人和指挥与控制系统交联起来,建立起先进的指挥与控制系统,以便于快、准、狠、稳地解决战争问题。然而,先进的指挥与控制系统研制需要学科指导。

2. 现代化战术与技术能够支持指挥与控制学科的发展

现代战术应用与数学、系统论、控制论、信息论、运筹学理论,以及计算机、通信、网络、武器技术的发展,为新型、复杂的指挥与控制系统的出现提供了技术基础,有力地支持着指挥与控制学科的发展。

3. 现代化作战的指挥与控制理论及工程难题需要在学科孕育的过程中解决

作战指挥与控制中的目标搜索、识别／分类、态势评估、威胁判断、对抗、目标分配、目标指示、战役／战术、计算机推演等问题及作战控制中的机动目标跟踪、多传感器／多目标信息融合、射击诸元解算、火力射击、火力转移等问题,以及建立各种数学模型与算法求解的存在性、唯一性、稳定性、收敛性、适应性、鲁棒性、动态性等问题都需要在指挥与控制学科的不断发展中逐一解决。

4. 传统的指挥与控制分离现状迫切需要发展指挥与控制学科

工业时代的指挥与控制是分离研究的,阻碍着军事转型。指挥的核心是决策与对策,运筹学是解决决策与对策问题的科学方法。该方法通过建立数学模型,建造决策与对策支持系统,信息技术的发展使得信息的实时反馈成为现实,这些使得指挥与控制的分离研究方式已严重脱离客观现实。因此,需要发展指挥与控制学科,将指挥与控制作为一个整体概念进行统筹指挥与控制的研究。

5. 指挥与控制理论需要在学科建设中培育、充实和发展

指挥与控制系统的功能体系结构、性能指标、现代集成、信息融合、指挥决策、定位跟踪、综合控制、自适应协同、网络通信等理论,均需要在学科建设中培育、充实和发展。这是因为指挥与控制学属于工学范畴,解决指挥与控制问题,必须在总结工程实践经验的基础上,不断上升为理论,不可能先建立一套完整的理论体系,然后进行工程实践。

6. 指挥与控制作为全国性学科定位,将会得到国家各方面的支持

国家各方面的支持是指挥与控制理论、技术、系统、工程发展的重要力量。只有以国家的学科建设为纽带,将指挥与控制作为一支独立的学科,整合指挥与控制研究的力量、规划发展、投入相应的人力物力,组织全国性的行动(正如发展航天事业一样),才能使指挥与控制事业得到快速地发展。

2.4.2　指挥与控制学科筹建研讨的当前状况

从 2006 年开始,指挥与控制学科建设的研讨气氛活跃起来。经过几年的努力,发表了不少指挥与控制学科发展的论文,在指挥与控制学科定位上,提出了如下几个版本。

1. 《指挥与控制 》版本 1

以下简称版本 1。此版本的主要内容在"火力与指挥控制 2006 年学术年会"上发表,且在论文集中录用。

一级学科:指挥与控制工程　（640）

二级学科:指挥与控制理论　（640.10）

　　　　　指挥与控制系统　（640.20）

　　　　　指挥与控制技术　（640.30）

　　　　　指挥与控制环境　（640.40）

　　　　　指挥与控制工程其他学科　（640.50）

三级学科:略

这个版本与中华人民共和国国家技术监督局《学科分类与代码》(GT/13745—1990)风格一致,序号、一级/二级/三级学科衔接。

2.《指挥控制科学与工程》版本2

以下简称版本2。这个版本是火力与指挥与控制资深专家董志荣教授提出的,并在2008年火力与指挥控制年会上发表。

学科门类:工学(08)

一级学科:指挥控制学科与工程　　　　　(0833)

二级学科:指挥控制系统工程　　　　　　(083301)

指挥控制理论　　　　　　　　　　　　(083302)

指挥控制工程与技术　　　　　　　　　(083303)

指挥控制测试与试验环境　　　　　　　(083304)

指挥控制系统仿真　　　　　　　　　　(083305)

这个版本与中华人民共和国教育部1997年颁发的《授予博士、硕士学位和培养研究生的学科、专业目录》风格一致,序号、一级/二级学科衔接。

3. 国家标准院《学科分类与代码》(GT/13740—2008)颁发的版本3

以下简称版本3。在中国标准化研究院高新技术与信息标准化研究所组织编写的国家标准《学科分类与代码》(GT/13745—1990)修订稿中,将"指挥与控制系统工程"列入学科分类中,于2008年6月24日在北京召开的会议上通过审查。国家标准《学科分类与代码》(GT/13745—2009 代替 GT/13745—1990)于2009年5月6日发布,2009年11月1日实施。学科位置如下:

一级学科:信息与系统科学相关工程与技术　　(413)

二级学科:控制科学与技术　　(41310)

三级学科:指挥与控制系统工程　　(4131015)

从国家标准《学科分类与代码》修订版的颁布实施,指挥与控制学科将以三级学科"指挥与控制系统工程"的名称正式列入中华人民共和国科技部主管的学科分类与代码中。至此,横跨理学、工学、军事学三大门类,横跨14个一级学科、36个二级学科的指挥与控制学有了正式的学科归属,预示着指挥与控制科学、工程、系统、技术发展的明天会更美好。

4. 积极申报在教育部主管《授予博士、硕士学位和培养研究生的学科、专业目录》中的指挥与控制学科的位置版本

以下简称版本4。教育部的学科、专业目录不是国家标准,属于行政部门的文件规定,修订它要比修订国家标准应该更容易。1997年,教育部的学科专业目录,是在大学科、大专业舆论背景下制定的。在十多年来的执行与实践中提出了一些问题。为顺应专业和科技的进步,建议在未来的修改中,遵照完善、少改

的原则,考虑指挥与控制学科的位置:

门类:工学

一级学科:指挥与控制科学与工程　　　　　　(0811)

二级学科:指挥与控制理论与控制工程　　　　(081101)

　　　　　检测、试验技术与自动化装置　　　(081102)

　　　　　系统工程与仿真　　　　　　　　　(081103)

　　　　　模式识别与智能系统　　　　　　　(081104)

　　　　　导航、制导与控制　　　　　　　　(081105)

2.4.3　指挥与控制学科创建的若干问题思考

　　一个学科的创建、形成、完善,是一个复杂的过程。为了更进一步地理解指挥与控制的学科本质,需要对指挥与控制学科创建的若干问题进行思考。

1. 指挥与控制是一种普遍存在的现象

　　指挥与控制现象普遍存在于军用、民用与工程设备中,是客观存在的事物,并一直在不断发展之中。这就为建立"指挥与控制科学与工程"学科奠定了广泛的基础,具有更大的发展空间。

2. 指挥与控制是体系功能链中的中心环节

　　指挥与控制是体系中的一部分,也可能是巨大系统与工程设备中的一部分,但指挥与控制却是体系功能链中的中心环节。

3. 指挥与控制和其他功能密不可分

　　军事指挥与控制系统是火力控制系统、$C^2/C^3/C^4ISR/C^4KISR$ 的综合表现。其中,情报是基础,情报、控制又是指挥的基础,计算机和通信是手段,指挥与控制是目的,其他功能都是服务于指挥与控制的,各种功能密不可分。

4. 指挥与控制是一个统一的整体

　　从整体上看,指挥与控制是不可分割的,它们是相互关联的统一体。长期以来,受还原论的影响,形成了指挥学界与控制学术界,并将指挥与控制问题分为指挥问题和控制问题分别进行独立的研究。面对信息时代,指挥与控制需要从复杂性科学与整体论观点出发,用马克思主义哲学指导进行研究,把指挥与控制理论的基础统一在工程之上。

5. 学科、专业分类是一个复杂的问题

　　学科、专业分类之所以复杂,是由于人们对分类原则、用途把握不同所致。由于被分类的对象随时代、技术的发展而不断地变化,因此,要做到科学分类就更不容易。目前,我国教育部与国家标准院关于学科、专业分类就存在着明显的差别。在教育部学科分类中将指挥和控制独立分隔设置,在国家标准《学科分类与代码》中已将指挥与控制作为完整一体的概念而设置,这预示着"指挥与控制科学与工程"学科是一门新兴边缘学科。

6. 指挥与控制学是一门新兴边缘学科

信息作战指挥控制学认为:指挥控制是为达到一定目的,通过运用指挥控制系统,以信息流对人员和武器系统所产生的物质流和能量流实施有效组织、协调活动。它既有统率、领导、命令的意思,又有指导、协调、控制等内涵。信息作战指挥控制学是"军队指挥学"与新兴的"信息战学"交叉的科学,在学科定位上,应列为"军队指挥学"的分支学科。又说,从长远来看,应属于新兴的"信息战学"。

那么,指挥与控制学是往"控制科学与工程"领域靠,还是往"军队指挥学"方面靠,还是往将来"信息战学"方面靠,均有待深入调查研究,开展积极的学术讨论。从目前发展趋势看,指挥与控制学是科学、工程、技术的综合学科,不宜纳入"理学"与"军事学"研究,纳入"工学"门类有利于学科的发展。理学是研究指挥与控制基础理论的,军事学中的军队指挥学是研究作战指挥、军事运筹、军事通信、军事情报、密码的,而工学的指挥与控制是研究辅助作战指挥决策、对策、数学模型与算法的。从学科发展前景而论,指挥与控制学往"控制科学与工程"学科领域靠拢更为有利些。

7. 完善"指挥与控制科学与工程"学科要有一个发展过程

在国内要统一"理学"、"工学"、"军事学"有关单位领导与专家的认识,绝非一件易事。时不我待,目前需要各界同仁搁置争论,积极开展顺应时代发展的指挥与控制方法、理论研究,去推动指挥与控制学科的进步。目前,国家标准《学科分类与代码》中已经有其相应位置,且不管学科级别,积极开展学科建设已成为当务之急。建议高校积极参与,将教育部的《授予博士、硕士学位与培养研究生的学科、专业目录》这个行政文件,尽快与国家标准同步,这将为今后的人才培养奠定了发展基础。

我们呼吁上层领导和人士积极参与、关心和支持指挥与控制学科的建设。不论火控界还是指控界,不论是指挥自动化还是指挥信息化,不论是各军种还是各工业部门,只要大家敞开胸怀,精诚团结,积极配合,交流思想,就能为振兴中国指挥与控制事业、为三军提供现代化技术装备、为国家安全与强盛作出贡献。

2.5 指挥与控制学科发展的机遇

系统科学经过半个多世纪发展取得了丰硕的研究成果,界定了明确的研究对象,构筑了系统的理论结构并建立了较为完备的方法论框架。待到20世纪

80 年代中叶,系统科学开始了跨学科性、综合性的研究进程,探索不同复杂系统的共性,构建系统复杂性涌现和演化的一般性理论及思维模式,标志着人类科学研究又进入了一个新的历史时期。可以说,一场激动人心的科学观念的革命瞬间照亮了各个学科领域,其中指挥与控制科学与工程思想和变革更是深远和广泛。

2.5.1　"指挥与控制"学科形成与"控制论"诞生背景的相似性

第一次工业革命后,开始用机器代替人的部分劳动,第二次工业革命实现了工业自动化,诞生了控制论。第二次工业革命期间,自动控制理论有了相当快的发展;第二次世界大战促进了"控制论"的形成。维纳滤波就是在第二次世界大战中为适应防空火力控制系统的需要而发展起来的理论。控制论是美国数学家维纳(N. Wiener)创立的,这是第二次世界大战后,横断科学蓬勃兴起的标志性成果。维纳将控制论定义为:关于动物和机器中通信和控制的科学。按照维纳的控制论第一版、第二版内容的表述:当时应用数学、统计力学、随机序列、古典控制(自动控制)已有成果,而对各种系统(包括工程系统、生物及医学系统、社会系统、经济系统、自然系统、军事系统等)的通信和控制问题,需要用统一的思想、观点进行描述,需要发展一门普遍适用的控制科学,这引起了众多学者的兴趣。在这期间,有相得益彰的启发,有思想理论的碰撞和抵制,有批判和争议,事实雄辩地证明:维纳是正确的。

经过第二次世界大战之后,局部战争不断。科学技术日新月异,特别是计算机技术、通信技术、信息技术、网络技术的进步,促使战争形态已由机械化、自动化转向信息化、网络化。

借助上述技术的发展,感知—认知—行动过程的缩短使得"发现就是摧毁"成为可能,作战重心从打击移向控制,从控制移向指挥,从指挥移向情报,也即从行动移向认知,从认知移向感知。

因为各类技术、战术、学科、专业的飞速发展及指挥与控制的环境越来越复杂,所以对国家安全和现代战争提出了挑战。在新的形势下,需要进一步开展指挥与控制科学与工程研究。

2.5.2　指挥与控制学科发展的机遇

维纳指出:"在科学的发展上,可以得到最大收获的领域是各种已经建立起来的部门之间的被人忽视的无人区。"现在关注指挥与控制领域的研究,也可以看到一个明显的无人区。正如维纳当年把多门学科联系起来考察其中的无人区,从而提出"控制论"一样,今天把指挥与控制联系起来进行整合研究也是一个无人区,是促进指挥与控制学科发展的重要机遇。

1. 多学科交叉、融合推动指挥与控制学科发展

指挥与控制绝不是一门单一的学科,对它的深入研究必然涉及到众多的学科领域。①指挥与控制的主体和受体都涉及到人的心理和行为,相关心理和行为的产生又都与相应的文化和环境有着密切的联系。所以,对指挥与控制的研究需要联系社会科学和自然科学,特别是心理学、组织行为学、邻近的指挥学、控制论以及其他系统科学。②指挥与控制的实施是一个具体的操作和响应过程,因而运筹学、信息科学、计算机通信技术以及网络技术的研究和应用就显得非常重要。③由于指挥与控制涉及到人和物,横跨社会科学和自然科学两大领域,所以,想完全列举出相关学科几乎是不可能的,但他山之石可以攻玉,指挥与控制学科研究正是需要这种多学科普遍联系的意识。在针对某个具体问题上,把相关学科联系起来研究,又使得该指挥与控制学科更加完善。

2. 应用实践的复杂性促进指挥与控制学科发展

系统科学与技术对当今社会的发展与进步起到了极其重要的推动作用。然而,人们对物理世界的应用实践的复杂性使该系统科学与技术的发展遇到了诸多困难与挑战。

1)系统结构上的困难

在实际工程系统中,人往往将研究对象视为系统,按系统功能结构划分,可将其分为三类:

(1)结构与非结构系统;

(2)确定性与非确定性(随机)系统;

(3)线性与非线性系统。

控制论解决系统的非线性、不确定性、非结构性问题遇到了困难,这困难分别隶属于三个层次,往往与开放、复杂、巨系统联系在一起,特别是范围广、多级结构、控制/反馈过程模型复杂。对于系统的非结构性问题,困难更为突出。由于不同结构而引发的建模的困难也带来了模型解析与综合的困难。

2)适用范围遇到的困难

在中观世界里产生、发展了的控制论,将其扩展到微观(人体等)、宏观(宇宙等),遇到的困难是信息的获取、复现、传递、变换、控制及正/负反馈机理等,这些均有待理论的求证和实验证实。

3)应用实践中的挑战

所有系统与技术中都包含有控制,但控制论应用于各个领域却都遇到了挑战:应用于社会、经济中,表现为控制与组织管理思想、概念不一致;应用军事中,表现为控制与指挥思想、概念不一致;应用于动物体研究中,表现为控制与生物进化、变异的规律不一致等。尤其是面对信息时代的网络空间,开发分布式网络化指挥与控制系统时,控制论遇到的挑战是非常严峻的,唯有采用跨学科的研究方法,融合经济学、对策论、图论、信息论、多尺度描述、遗传学、生物化学、数学生物学、进化生物学、古生物学、细胞自动控制、基于代理的建模(Agent – Based Models,ABMs)、流行病学、进化计算、社会学、人类学等交叉学科,分布式网络化指挥与控制系统设计才能发展。

3. 运筹学遇到的困难与挑战

运筹学是第二次世界大战的产物。从 1951 年《运筹学方法》开山之作算起,迄今已有 60 年的历史。运筹学方法取得了飞速发展,并在工业、农业、军事、社会、经济等诸多领域中发挥了重要作用,在运筹学的分支内容的研究与应用中也均取得了巨大进步。线性规划成果最丰富,已达到能解决上千维问题的程度。博弈论、排队论、搜索论、决策论等军事运筹学方法起到了积极的决策参考作用。但是,在现代化网络战争中,越来越感到运筹学滞后于实战的发展。主要问题是运筹学研究的是静态、常参数问题,而现代化战争属于动态、变参数问题。

(1)兰彻斯特方程。兰彻斯特方程是描述蓝军与红军作战的模型,已有近百年历史,大量文献在不断引用,且将此模型进行推广、应用。在线性律、平方律的兰彻斯特微分方程中,用于描述战争过程时,其出现的问题在于微分方程中的常数(损失率)难以与实际相符,且很难获取。

(2)矩阵对策与微分对策。从兰彻斯特方程到矩阵对策再到微分对策,标志着里程碑式的发展。但是,面对极具偶然、突变,甚至充满欺诈、伪装、诱骗等瞬息万变的战争环境时,这些理论、模型和方法,很难用来解决对策的实际问题。

(3)排队论。用排队论现有结果直接用于解决防空射击问题时,也有很大一段距离。其主要的问题是将目标流作为先验性普哇松分布与战争中来袭目标的规律不相符合。

(4)作战模拟。"作战实验室"作战模拟技术是建立在数学模型和计算机基础之上的,通常采用半经验或经验的定量方法处理战斗过程。不同的假设会产生不同的数学模型,虽然作战离线模拟也可获得作战过程的某些规律,但是在解决强实时作战决策问题时,也显得无能为力。

总之,科技发展和应用需求为指挥与控制学科发展带来了发展机遇,并共同促进着指挥与控制学科的快速发展。

第3章　指挥与控制学基本原理

研究指挥与控制基本原理的目的是揭示指挥与控制的内在性质,服务于指挥与控制学科的创新,开拓指挥与控制理论在信息时代的应用。

3.1　测不准原理

3.1.1　基本概念

物理学中有一个原理称为"测不准原理"。该原理是指,人类对于客观对象的测量和把握,永远也无法摆脱认识主体自身能力和工具条件的限制。正如德国物理学家海森堡(Heisenberg)所发现的那样,任何一种试图精确测定亚原子(如电子)速度的努力,都会使该粒子受到无法预测的撞击,从而使同时精确测定其位置和速度也成为不可能。由此,海森堡得出结论:即使在理论上,客体的位置和速度也不能同时精确测定。换一种说法是:对物体能量的测量误差与测量时间成反比。

这一原理可扩展到宏观系统中,考虑到行动是需要能量的,因此对行动的测量类似于对能量的测量,这一原理适用于系统层级。指挥与控制系统的功能之一是通过观测,以最短的时间消除任何不定性。从统计角度讲,测量误差来自观测及其装置的误差,观测是需要时间的,要减少测量误差就必须增加观测时间,从而导致测量时间的增加,错失良机的风险增大。简单地说,就是测量的误差与测量时间成反比。

3.1.2　测不准原理在指挥与控制中的应用

对作战指挥与控制系统来说,这种关系没有简单的解释,这与行动中能量的非线性关系有关。对指挥与控制中的主要作战行为,测不准原理对其描述如下:

(1)指挥不定性原理。指挥是依据目标需求而确定的资源配置行动的决策,它的最优解需要时间,通常取决于观测的速率。决策过早,可能因信息不足而使误差增大;推迟决策,可能错失良机。指挥不定性原理可陈述为,指挥决策发生误差的概率与决策时间成反比。

(2)控制不定性原理。控制过程是使描述机动和传送设备的一级控制变量从当前状态转移到满足指挥目标状态的过程。如火炮的闭环控制,通过实时反馈校正可消除控制误差。控制不定性原理可表述为,控制状态转移的误差与转移时间成反比。

（3）通信不定性原理。通信不定性原理本质上是香农(Shannon)的信道能力理论,误差恒定不变地与信噪比或能量与噪声的功率谱密度成反比。不定性原理可陈述为:交换信息的误差概率与交换时间成反比。

（4）识别不定性原理。要减少识别误差,必须增加用于识别过程的独立观测数量及增加各次观测之间的时间间隔,因此识别不定性原理可表述为,识别误差与识别的时间成反比。

（5）对抗不定性原理。对抗误差概率,取决于采用不可约简的基本对抗行动的数量,行动越多,对抗越有效。但由于采取行动是需要时间的,对抗执行的数量越多,总的对抗实践就越长,但总的对抗时间可通过协调多个对抗计划而减少。对抗不定性可陈述为:对抗的误差概率与对抗的总时间成反比。

上述五个方面的不定性充分反映了测不准原理用于描述指挥与控制行为的必要性和重要性。

3.2　时空转换原理

在指挥与控制中,时空转换原理可表述为,对于网络化的行动单元,执行任务所需的时间可通过指挥与控制的共享—合作—同步原则减少。共享—合作—同步原则实际上反映在执行任务中将执行任务的相关资源的空间扩大,这种空间的扩大可以换来时间的压缩。在这里,资源空间的扩大与增加力量投入是有区别的,扩大资源空间代表虚拟投入,这种虚拟资源的投入可以是远程资源的利用、大范围行动的优化、信息的全局使用等。通过指挥与控制的共享—合作—同步原则,利用网络可使用更大范围内的资源。实际增加力量投入有时是不可行的,原因可能有工作面过窄、效费比过高等。

3.2.1　基本概念

共享—合作—同步原则,是一种典型的能力放大工作模式。共享的对象可以是数据、信息、态势认识和物理资源等。在信息域中共享的作用是信息融合,其结果是信息的品质更快,达到推断、决策和控制所需的要求,从而缩短准备时间;在认知域中共享的内容是态势认识,共享的结果是更快减少认识偏差;在物理域中共享的典型方式是互操作,互操作是不同行动单元之间功能的互相利用。跨地理的功能运行所需的输入和输出可通过网络传送,共享的结果是行动单元节点、指挥与控制系统的缺损功能上的互补,从而提高系统的生命力。合作反映在时间和空间的安排和配合上,可提高资源利用率。在信息域,涉及态势统一、态势传送问题;在认知域,涉及计划、方案、措施和指挥意图等问题;在物理域,涉及实现协同作战,达到精确配合。同步体现指挥意图的全局一致性、信息分发的及时性、力量使用的同时性,同步效果是指挥精确、行动迅速、效率高和损耗资源低。

共享—合作—同步原则在指出实现时空转换方法的同时,也揭示了力量放大的途径。传统的指挥与控制模式是线性和顺序模型:信息收集、处理、显示、指挥人员决策和行动。而共享—合作—同步原则对此做了修改,是一种综合模型,集中于共享和合作所产生的增强认识,通过合作,达到改进同步的目的,从而提升竞争优势。

3.2.2　原理应用

同步的一种有效应用是自同步,自同步指不存在直接指挥隶属关系的多个作战单元之间直接沟通的协调方式。现代执行任务行动的时间窗口越来越多、越来越窄,时隐时现的时敏目标大量出现,对临界时间目标(Time – Critical Target)的临界时间打击(Time – Critical Strike)的有效选择必须是自同步的。自同步可以缩短指挥周期,前置指挥节点,提高指挥与控制的有效性,避免混沌的出现。自同步的效果是有条件的:①对指挥意图有清晰和一致的理解;②高质量的信息和共享态势认识;③指挥权威和职责的平衡;④对信息、上级、下属、同事和设备的信任。

实施自同步最担心的问题是由于自同步可能会引起对行动单元系统稳定性的削弱和指挥功能的流失,采取合适的指挥意图、共享态势认识、权威资源的配置、适当的行动规则,以及类似于指导而不是详细指示下属的措施,可以抑制这种消弱和流失。

3.3　适应性原理

3.3.1　基本概念

依据系统论的观点,一个有生命力的、适应环境的、能够在激烈的竞争中胜出的系统应具有以下典型特征:紧密黏合性、强鲁棒性、反应灵活性、自学习、自组织、自适应、自修复能力等,这就是适应性原理。

适应性原理要求打破以往的基于层级指挥、层级信息传递的指挥与控制模式。在作战过程中,采用扁平化的指挥与控制体系结构、同级化的信息框架,这对指挥与控制的信息传递、网络结构等提出了新的挑战。

3.3.2　指挥与控制中的适应性特征

指挥与控制系统作为一个有生命力的竞争系统,应体现系统论的原则,应具有生物进化、适应机制的属性。在指挥与控制系统中,资源、组织、互连、互通和互操作能力只表征各个要素的连接而使系统存在,它们的生命力则由指挥与控制决定。只有指挥与控制才能赋予系统反应能力、生存能力和竞争能力,就如同社会的法律、法规等体制内容决定着社会对外部世界和内部事变的适应能力和应对能力一样。因此,指挥与控制机制是指挥与控制系统生命之源,是行动单元的灵魂。指挥与控制是"力量放大器"的观点只指出了指挥与控制的表面作用,没有反映指挥与控制赋予行动单元的进化、适应机制。这种进化、适应机制使指挥与控制系统更具竞争性和更强的生命力。要使指挥与控制机制反映指挥与控制系统的生命特征,应满足适应性原理。简单地说,就是指挥与控制在系统中必须连续地、分布地存在,且具有学习、适应和进化能力。从时间角度看,指挥与控制是一个连续的反馈调节过程,指挥与控制的节拍反映连续程度。节拍越快,连续性越好,向达成目标的方向收敛的速度越快。而不是那种简单地任命指挥官、安排使命任务、执行给定工作等的开环指挥与控制方法。从配置角度看,指挥与控制在系统中是分散配置的,需要群体的相互配合和参与,赋予群体的功能要维持权威的职责平衡。

分布配置方式最大的优势:可最大限度地获取信息,以最快的速度解决问题。对于复杂问题,将控制前置,接近冲突源通常是聪明的选择。

从运作角度看,指挥与控制是竞争适应机制,适应机制的进化是通过外部竞争和冲突发生的。依据对态势认识和使命任务的约束,通过推断而形成指挥意图和作战原则,而不是一个行动步骤。指挥意图一旦形成,便在更大的组织范围内传播。传播结果代表了指挥与控制机制的进化和更新,而推断则是高层的适应进化活动。决策则是冲突刺激的直接反应,决策过程包括构造方案、确定评估准则、方案遴选等步骤。决策的结果是导出的计划或行动方案,决策是底层的指挥与控制活动。

推断与决策的区别:推断是决策概念的延伸,是更具鲁棒性和灵活性的决策。推断相当于形成政策法规,决策相当于落实政策法规,而决策结果是比较具体的,服务于冲突地点。优良的指挥与控制机制促使着作战系统的发展进化。行动单元通过不断地冲突促使指挥意图和行动不断进行修正和更新,而新的指挥意图和行动原则又在行动单元中传播和扩散,从而使适应机制不断演化和改进。由适应性指挥与控制原理构建的作战系统是黏合力强、自适应、自组织、自修复、鲁棒性强的作战系统。

也就是说,指挥与控制不仅是指挥与控制系统的工作手段,而且是系统的运作机制,这种机制赋予系统进化、适应功能和自学习、自适应、自组织、自修复功能。

3.4　系统整合原理

美国的信息化专家米切(Mische)综合信息技术的应用后,将信息系统的发展划分为以下四个阶段:起步阶段(20世纪60年代—70年代)、增长阶段(20世纪80年代)、成熟阶段(20世纪80年代—90年代)和更新阶段(20世纪90年代中期至21世纪初期)。信息系统的特征不仅表现在数据处理能力的增长和管理标准化建设方面,而且表现在知识、理念、信息技术的综合水平及其在企业管理中的重要地位,以及利用信息系统能够提供成本效益和及时性都令人满意的解决问题的能力方面。当前,信息系统的发展已进入更新阶段,并在企业生产、管理与服务中发挥着重要作用。在当前的国际经济环境中,企业为了获得市场竞争优势,并购活动时常发生。并购后的一项重要工作就是企业围绕合并后的战略目标,结合合并后的业务,进行信息系统的整合。信息系统的整合是指根据总体信息系统的目标和要求,对分散的现有信息子系统或多种硬件产品和技术,以及相应的组织机构和人员进行重新组织、结合、协调或重建,运用系统理论和方法,形成一个和谐的、集成化的信息系统,为企业提供全面的信息支持。集成化的信息系统能为企业的各级决策者提供及时准确、一致而适用的信息。

在指挥与控制系统中,系统整合原理可表述为,指挥与控制系统的潜能与整合程度成正比,整合可以是跨建制、层级、功能、时间和空间的整合。整合的基本结构是网络结构。本质上,整合原理的理论基础是系统论中的涌现性原理。涌现性是指由元素构成的系统具有单个元素所不具有的功能,即整体大于部分之和。整合的系统具有规模效应和结构效应,当整体性消失时,规模效应和结构效应也随之消失。系统整合原理还有另一种解释,即网络法则。网络法则指出:网络的能力与节点的平方成正比,整合的指挥与控制系统是网络系统,网络法则从另一角度揭示出指挥与控制系统提升潜能的途径。可将各种资源整合为执行网络,再将执行网络加上有效的信息网络整合为整体力量,然后再将整合后的整体力量和指挥与控制单元整合为指挥与控制系统。这样层层整合,使高层系统具有了低层系统所不具备的功能,这已成为信息时代提升能力的有效途径。系统整合理论充分利用了信息技术形成的互连、互通互操作功能,将装备、人员、程序等资源整合为新的体系结构,以达到形成新能力的目的。新的能力可以加快行动节拍,提高指挥与控制精度和力度。由于网络的支持,跨层级、功能、时间和空间的整合是可行的。

第4章 指挥与控制理论基础

指挥与控制是对控制论的丰富与发展,扩展了控制论的研究范围,它将智能决策指挥与对执行单元的控制作为一个整体来研究。如果用人来比喻,对单个人而言,指挥与控制过程就是大脑决策形成指令并控制肢体达到预定目标的全过程。对群体而言,指挥与控制就是为实现群体的共同目标,具有指挥权威的智者或圣人(群体)调动、支配和操纵群体资源达成预定目标的全过程。

揭示指挥与控制普遍规律的指挥与控制基础理论包括哲学、基础数学、运筹学、控制论、系统论、复杂性理论、信息论等。

4.1 系统论

4.1.1 基本概念

贝塔朗菲首创的系统论是以整体性概念为核心的,这一核心概念同时获得"整体大于部分之和"、"涌现"或"突现"等表述,意味着反对把整体研究还原为对部分的研究。

贝塔朗菲的一般系统论是在20世纪40年代提出来的。这一理论建立的背景:当时经典科学的两个分支观念在科学思想领域内已占据统治地位。一个是牛顿力学,它的机械决定论世界观和线性思维方式导致其倡导分析事物时应采用还原方式;另一个是热力学(当然还仅是平衡态的或近平衡态的热力学),因为它着眼于热力学第二定律引起的世界无序化、离散化的趋向,导致局限于对事物的大数统计认识。因此,贝塔朗菲在其代表作《一般系统论》中说:当时已确立了"严格机械决定论的自然观"。"宇宙是建立在随机地、无秩序地运动着的无个性粒子活动基础上的。这些粒子由于数量极大,才产生了统计性的秩序和规则。"这迫使人们几乎把所研究的每样东西都看成是由分离的、零散的部分或因素所组成的。贝塔朗菲是一个理论生物学出身的学者,他感觉到"当时流行的机械论方法所忽视的并起劲地加以否定的,正是生命现象中最基本的那些东西"。而生命的基本特征是组织,这表明它的各个部分相互作用,构成一个密不可分的整体,即生命有机体。"机械论世界观把物质粒子活动当作最高实在",所以,有机体的概念完全处于它的视域之外。贝塔朗菲断言:"经典物理学在无组织的复杂事物的理论发展上是非常成功的。这种无组织的复杂事物的理论最终归结为随机和概率定律以及热力学第二定律。相反,今天的基本问题是有组织的复杂事物"。在新生的生命科学、行为科学和社会科学的发展中到处都冒出了有机体和组织性的问题,因此,现代科学提出的一个基本问题是关于组织的一般理论。贝塔朗菲认为一般系统论的建立能够满足这种需要。

4.1.2　理论应用

系统论在指挥与控制中的应用主要包括以下几个方面。

1. 用系统论的整体性原则进行指挥与控制

从系统构成环境的整体性来说,系统是由各种环境组成的,包括自然环境、社会环境、文化环境等。环境对指挥者和被指挥者都有影响和制约作用,同时人具有改造和利用环境的能动性。指挥者可以利用这一规律,通过营造良好的环境,对指挥对象产生影响,进而达到指挥与控制的目标。从系统功能的整体性来说,系统的功能不等于要素功能的简单相加,而往往是希望整体功能大于各个部分功能的总和,即"整体要大于各个孤立部分的总和"。在现实的情形中,要防止各个单元之间不协调、互相扯皮、只顾自己局部利益而轻全局利益,从而损害全局利益的现象。

2. 用系统论的层次性特点进行指挥与控制

在指挥与控制中,不同层次的各系统之间难免出现不协调。逐层管理可以较好地解决这一问题。

3. 用系统论的动态性原则指导指挥与控制过程

动态性原则是系统科学方法的历时性原则,它说明了实际存在的系统,包括指挥与控制系统,无论在其内部环境的各要素或子系统之间,还是在其内环境与外环境之间,都有物质、能量、信息的交换与流动。利用系统动态性原则、研究指挥与控制过程中的动态规律,可以使人们揭示指挥与控制过程的发展趋势,树立起超前观念,减少偏差,掌握主动,使指挥与控制过程向预期的目标顺利发展。

4.2　控制论

4.2.1　基本概念

控制论是在多学科、多层次长期探索的基础上,由以维纳为首的一批科学家共同创建的。它是综合自动控制、通信技术、电子计算机技术、神经生理学、统计力学、心理学等众多学科的成果而形成的,是一门超脱于机器、生物和社会具体构造的横断学科。在控制论的科学源流中，自动化是基本的推动力量，理论上的启示主要来自生物学，技术奠基于微电流工程，科学方法论为人们提供了正确的指导。"控制论"之父维纳(Weiner Nobert) 在 20 世纪 30 年代开始，就关注模拟计算机的研究，并和生理学家一起共同研究大脑对肢体的控制过程。而正是在第二次世界大战开始后，参加了火力控制研究，从而使他进入到控制论的研究和创立过程中。1948 年，维纳发表了划时代的著作《控制论》，完成了控制论的创建工作。

　　一般认为，"控制的实质在于使系统实现稳定和有目的的行动"。"控制"是与"行为"密切相关、互为因果的。只列尔涅尔解释说："所谓控制，是指为了'改善'某个或某些对象的功能或发展，需要获得并使用信息，以这种信息为基础而选出的加于该对象的作用。"其含义是施加这种作用的目的是为了改善对象，以达到预期目标，控制就是施加在某个对象上的一种作用，这种作用是通过信息的选择、使用而实现的。

　　一般说来，对任意一个控制系统，有目的才有控制，目的性是控制概念最本质的属性。维纳等人早期的一篇论文《行为、目的与目的论》对目的的机制作了令人信服的论证，指出"一切有目的的行为都可以看做是需要负反馈的行为"，如司机觉得车子太靠左了，就会向右做一个校正。值得指出的是：在维纳等人这篇文章之前，有无目的是区分生物科学和技术科学的一项决定性的标志。维纳等人正是因为认识到了技术科学中也存在类似目的的相应机制，从而发现或找到了两种对立科学的统一性和相似性。这可以说是控制论认识史上的里程碑。后人得以坚定不移地认为："机器与生物一般都是通过负反馈来达到控制的目的。这就是控制论的基本理论观点。"

　　控制论大量地应用类比法说明问题，如将电子计算机和人脑的类比。维纳本人就注意并研究了大量的相似系统。

　　控制论广泛地使用模型进行模拟所研究的问题，正是类比法的应用之一。模型也是一个系统，它可以是想象的，也可以是现实存在的。之所以称为模型，是因为它与另一个原型系统有三种关系：模型与原型之间具有相似关系；模型在具体研究过程中能代表和代替原型；能得到原型的信息。罗森布吕特和维纳将这种模型称为实体模型，指出它在下面的情况下可以帮助科学家用他们比较熟悉的领域的现象来代替某个陌生领域的现象。实体模型可以在更加有利的条件下进行实验。

　　控制论模拟方法的最显著特点是功能模拟，即用功能模型来模仿客体原型的功能和行为。功能模型就是只以功能行为相似为基础而建立的模型。如猎手瞄准猎物的过程与自动火炮系统的功能行为是相似的，但二者的内部结构和物理过程却是截然不同的,这就是一种功能模拟。功能模拟方法为仿生学、人工智能、价值工程提供了科学方法。类比法、黑箱方法、功能模拟法,它们之间存在着亲缘关系,这些方法常常相互联合,综合使用。

控制可以运用多种方法实施。可能的控制方法包括直接方法与间接方法,以及基于不同粒度或特征的方法。为了最有效地实施控制,控制方法需要与指挥方法相一致。控制的输入由指挥所确定的初始条件组成,包括采取的方法以及当前的目的;控制的输出反映了除目的以外的指挥功能。图4.1描述了控制与指挥之间的关系,以及两者如何共同、有机地构成指挥与控制。

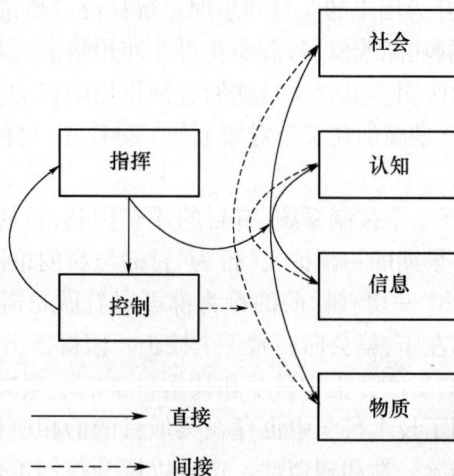

图4.1 作为域功能的指挥与控制

指挥与控制设定并改变着信息共享以及参与人员交互的条件,也就是说指挥与控制将影响各种行为。

4.2.2 理论应用

按照控制论的观点,指挥与控制系统是一类特殊的可控系统。指挥与控制的目的在于:通过对己方作战力量和装备的运用,影响和控制战场的作战态势,进而促成最终有利于己方的作战结果。在作战过程中,指挥与控制系统和武器装备体系分别对应于控制部分与执行部分。从总体上看,C^4ISR 中的 ISR 对应控制部分中的传感器(Sensor);C^4 部分对应控制部分中的控制器(Controller);而武器装备体系对应执行器(Actuator)。通过执行器影响受控对象——战场态势。目前,控制论在指挥与控制系统效能评估上的应用较为成熟。

按照控制论的观点认为:在存在大量不确定性的因素前提下,要对指挥与控制系统进行全面、深刻的洞察,就需要站在体系和系统的高度上,在体系互连的框架下,不仅要对指挥与控制系统本身进行评估,更要直接地、显式对攻防双方的探测器和控制器进行评估。因为指挥与控制系统的最终作用是通过探测器和控制器进行体现的。

从控制论的观点对指挥与控制系统的效能进行评估时,需要围绕作战系统(评估对象),分别对作战双方的探测器、控制器作战效能进行评估及对武器作战潜能进行评估,在此基础上利用综合评估模型获得指挥与控制系统的效能指标。

基于控制论的的评估模型可以表示如下:

防御方 C^4ISR 系统的作战效能,即

$$E_{C^4ISR}^* = E_C^* \otimes E_S^* \tag{4.1}$$

防御方战场力量体系的作战效能,即

$$E_{SOS}^* = E_W^* \otimes E_{C^4ISR}^* \tag{4.2}$$

进攻方 C^4ISR 系统的作战效能,即

$$E_{C^4ISR} = E_C \otimes E_S \tag{4.3}$$

进攻方战场力量体系的作战效能,即

$$E_{SOS} = E_{SW} \otimes E_{C^4ISR} \tag{4.4}$$

式中 E_W——进攻方战场力量体系本身的作战潜能;

E_S——进攻方战场力量体系提供目标信息的探测器作战效能;

E_C——向进攻方战场力量体系下达作战任务的控制器作战效能;

E_W^*——防御方战场力量体系本身的作战潜能(以任务失败概率衡量);

E_S^*——为防御方战场力量体系提供目标信息的探测器作战效能;

E_C^*——向防御方战场力量体系下达作战任务的控制器作战效能。

基于控制论的指挥与控制系统效能评估模型示意图如图 4.2 所示。

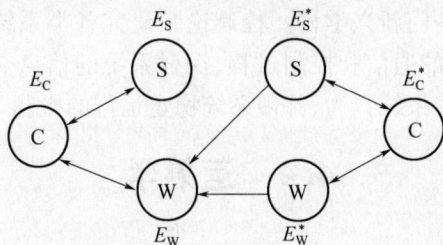

图 4.2   基于控制论的指控系统效能评估示意图

4.3 信息论

4.3.1 基本概念

信息论的研究始于1948年申农在贝尔系统技术杂志上发表的著名长篇论文"通信的数学理论"及1949年发表的续篇"噪声下的通信"。这两篇文章系统而完备地确立了通信系统的基本理论,为现代通信理论和技术乃至社会的发展都做出了划时代的贡献。

在申农的一系列研究中,他提出了信息的概念,证明了各种通信系统可能达到的最大信息传输率,即有关信道容量的一系列定理。这些定理指出了信道通信能力的理论极限,至今还是各种实际通信系统通信能力努力的方向。他还证明了作为现代数字通信基石之一的采样定理,给出了为完全恢复原信号波形所需的最小采样频率。接着,他在1949年发表的另一篇重要论文"保密通信理论"中建立了著名的完全保密定理、理想保密定理及其他一系列重要定理,提出了保密系统的数学结构模型、评价标准及"混乱"(Confusion)与"散布"(Diffusion)等重要概念,从而奠定了现代保密通信的理论基础。

美国国家标准局于1977年颁布的《数据加密标准(DES)》就是基于上述原理以"混乱"与"散布"这两项指标为依据而设计的。申农的这一系列富有创见的理论研究,使信息问题的研究从经验阶段开始真正登上了科学的殿堂。

信息论的任务是用概率论和数理统计方法研究信息的度量、传递和变换规律,特别是研究通信和控制系统中普遍存在的信息活动共同规律,包括如何达成信息获取、度量、变换和传递的最佳效果,如何保证其准确性和可靠性等。

4.3.2 信息论和指挥与控制的关系

信息论和控制论密不可分,这是由二者发挥作用的内部逻辑所决定的。信息论是关于信息的本质和传输规律的科学理论,是研究信息的计量、发送、传递、交换、接收和储存的一门新兴学科。控制论是研究各类系统的调节和控制规律的学科。它研究系统的通信和控制过程,探讨系统的信息交换、反馈调节、自组织、自适应原理及改善系统行为、并使系统稳定运行的机制。

4.4 运筹学

4.4.1 基本概念

运筹学(Operation Research,OR)原意是操作研究、作业研究、运用研究、作战研究。译作运筹学,是借用了《史记》"运筹策于帷幄之中,决胜于千里之外"一语中"运筹"二字,既显示了其军事起源,也表明它在我国已早有萌芽。

　　"运筹学是在实行管理的领域中,运用数学方法,对需要进行管理的问题统筹规划,作出决策的一门应用科学。"这是 P. M . Morse 与 G. E. Kimball 给运筹学下的定义;运筹学的另一位创始人对其定义是:"管理系统的人为了获得关于系统运行的最优解而必须使用的一种科学方法,它使用许多数学工具(包括概率统计、数理分析、线性代数等)和逻辑判断方法,来研究系统中人、财、物的组织管理、筹划调度等问题,以期发挥最大效益。"

　　运筹学作为一门现代科学,是在第二次世界大战期间首先在英、美两国发展起来的。运筹学成功地解决了许多重要作战问题,显示了科学的巨大威力。当战后的工业恢复繁荣时,由于组织内与日俱增的复杂性和专门化所产生的问题,使人们认识到这些问题基本上与战争中曾面临的问题类似,只是具有不同的现实环境而已,运筹学就这样潜入工商企业和其他部门,并在 20 世纪 50 年代以后得到了广泛的应用。对于系统配置、聚散、竞争运行机理的深入研究和应用,形成了比较完备的一套理论,如规划论、排队论、存储论、决策论等。由于其理论上的成熟、电子计算机的问世,又大大促进了运筹学的发展。

4.4.2　方法分析

　　如图 4.3 所示,决策的基本过程包括构造问题和分析问题两个阶段,其中,分析问题阶段包含两种基本方式:定性分析和定量分析。定性分析主要依赖于管理者的主观判断和经验,靠的是管理者的直觉,这种分析与其说是科学不如说是艺术。在进行决策时,如果管理者有相似的经历,或遇到的问题比较简单,可以直接采用定性分析方法。

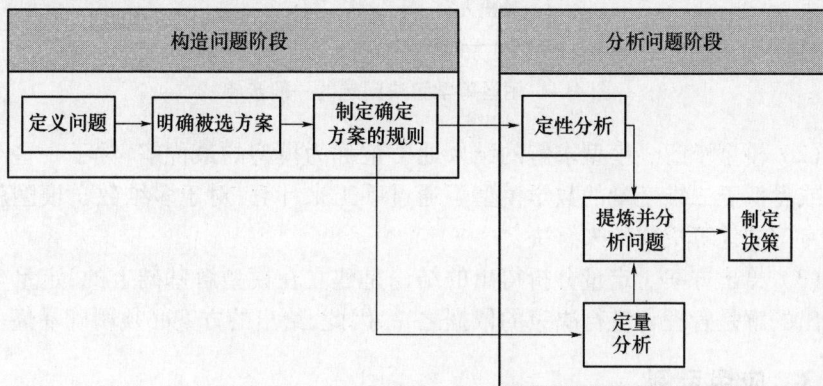

图 4.3　决策的基本过程

但是,如果管理者缺乏经验或者问题很复杂,定量分析就显得非常重要。管理者在运用定量分析方法进行决策时,应首先从问题中提取出量化资料和数据,并对其进行分析;然后再运用数学表达式的形式把问题的目标、约束条件和其他关系表达出来;最后采用一种或多种定量方法,提出解决问题的方案,这种方案应该是建立在定量分析基础上的。

图4.4描述了运用运筹学解决决策问题时的一般步骤。

(1) 建立模型,模型是对客观实体或事态的描述,它有不同的表达形式。而在运筹学中的定量分析是运用一系列符号和数学关系对事物进行描述的,一般称为数学模型,它是定量分析的关键环节。然后是准备数据,准备数据是非常关键的一步,它直接决定了最后的结果是否准确。对于很多数学模型来说,非可控性因素的值并非垂手可得。所以,收集数据需要大量的时间,而且在收集的过程中很可能产生错误,这使得准备数据的阶段显得至关重要。通常情况下,在这个阶段需要建立一个比较大的数据库来支持数学模型。

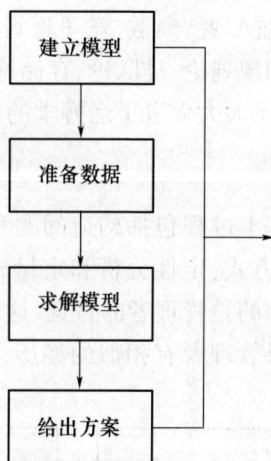

图4.4　用运筹学解决问题的一般步骤

(2) 模型求解。模型求解的结果通常被称为模型的最优解,对于一些小型模型或者低于二维变量的数学模型可通过手工来计算,对于多维数学模型就必须用专门的计算机软件来解决。

(3) 给出方案。定量分析得出的结论是建立在模型解基础上的,定量分析所得出的解是管理者进行决策的依据之一,因此,给出的方案必须明确易懂。

4.4.3　应用示例

以运筹学中的微分对策论为例,分析运筹学理论在指挥与控制学中的应用。

44

对策论是描述现实世界中包含矛盾、冲突、对抗、合作等因素在内的数学理论与方法。依据博弈结构的多方面特征,如博弈双方的数量、对策数量、得益情况、信息结构、理性和行为逻辑差别、博弈过程等,可将对策论分为多种类别。其中,按博弈过程的对策可分为静态、动态和重复博弈三种。微分对策是时间连续的动态对策,另有一种情形是时间离散的动态对策。由此可见,时间离散的动态对策和时间连续的微分对策都是动态对策。经典对策理论描述的模型多是静态的,属静态对策。它们之间虽有一定的相互联系,例如,都具有一些共同的基本要素,如博弈者、策略、对策值、局势等,但又有本质区别,微分对策不能看成是对策论的简单扩展。随着技术的发展,需要一种能够处理双方或多方连续动态对抗冲突、竞争或合作问题的数学工具,从而诞生了微分对策。

以红蓝两方空中格斗问题为例来说明微分对策论在指挥与控制中的应用。这里假设蓝方军力有导弹发射车(BW)、轰炸机(BB)。红方军力由作战军团(RT)、防空武器(RD)组成,红方被蓝方攻击的目标有桥梁、炼油厂等固定目标(FT),定义效能 $E = \{BW, BB, RT, RD\}$。双方的指挥与控制皆由上下两层组成,相应控制的目标函数也应体现这种分层机制。这里采用了三维空间和连续时间,但如果采用二维空间和离散时间则能简化问题,且相对易于计算。下面主要探讨双方空战对策模型的分层控制机制、状态变量、目标函数、控制变量及其约束、状态方程、求解方法等方面的问题。

1. 控制分级(层)

红军和蓝军双方的指挥与控制都由上下两级组成。上层指挥与控制由双方各自的高层指挥发出,目的主要是初步分配各运动武器单位和平台数量等资源,以及决定每个运动单位的路径约束(安全走廊)等;下层指挥与控制实际上是各运动单位实施具体的空中格斗。这种分级指挥与控制机制也体现于对策问题的目标函数中,其框图如图 4.5 所示。

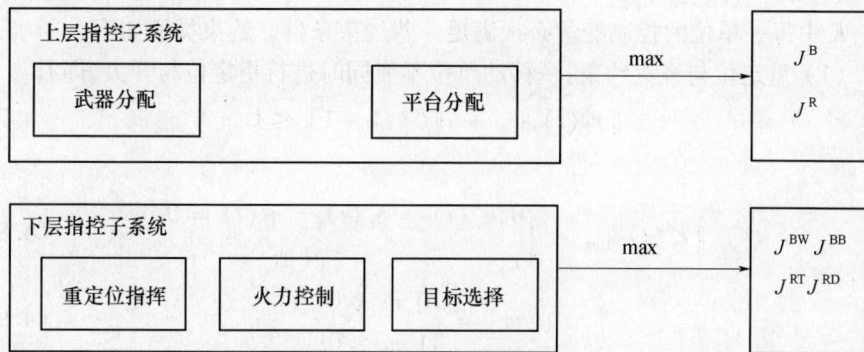

图 4.5 分级指挥与控制机制

2. 对策的状态变量

对策的状态变量是时间段$[0,T]$上的t时刻的状态变量,系统的状态变量$q(t)$由红蓝双方的状态$\boldsymbol{q}^R(t)$、$\boldsymbol{q}^B(t)$及红方固定目标的状态$\boldsymbol{q}^{FT}(t)$三方面组成,即$\boldsymbol{q}(t)=[\boldsymbol{q}^R(t),\boldsymbol{q}^B(t),\boldsymbol{q}^{FT}(t)]^T$。而$\boldsymbol{q}^R(t)=[q^{RT}(t),q^{RD}(t)]^T$,$\boldsymbol{q}^B(t)=[q^{BW}(t),q^{BB}(t)]^T$反映红蓝方的军力状态,其每一分量皆有位置$\boldsymbol{S}_i^E=[x_i^E,y_i^E,z_i^E]^T$、平台数$p_i^E$、平均武器数$w_i^E$共5个分量,$E=\{BW,BB,RT,RD\}$;$\boldsymbol{q}^{FT}(t)$的分量有位置$\boldsymbol{S}_i^{FT}=[x_i^{FT},y_i^{FT},z_i^{FT}]^T$、平台数$p_i^{FT}$共4个分量,从而$q(t)\in\mathscr{R}^{5\times(N^{RT}+N^{RD}+N^{BW}+N^{BB})+4\times N^{FT}}$,$N$连同上标表示相应集合中元素数量。

3. 控制变量及其约束

t时刻,E中每一运动单位的控制变量由以下几部分组成:

(1)重定位指挥:一运动单位可决定其下一时刻所去位置,相应控制为

$$\begin{cases}\boldsymbol{r}_i^E(t)=[a(t),b(t),c(t)]^T\\a(t),b(t),c(t)\in\{-1,0,+1\}\end{cases}\tag{4.5}$$

其中,a、b、c分别代表沿x、y、z方向的运动。

(2)火力控制:每一单位可决定是否开火及所使用的火力大小$f_i^E(t)$,且$f_i^E(t)\in[0,F_i^E(t)]$,$F_i^E(t)$是火力最大值。

(3)目标选择:每单位只能对对方军队的某一个目标开火,即

$$\begin{cases}d_i^{RT}(t)=\{BW_j,BB_j\}\\d_i^{RD}(t)=\{BW_j,BB_j\}\\d_i^{BB}(t)=\{RT_j,RD_j,or\quad FT_j\}\\d_i^{BW}(t)=\{RT_j,RD_j,or\quad FT_j\}\end{cases}\tag{4.6}$$

最终对策系统双方的控制变量分别是$\boldsymbol{u}^R(t)=[u^{RT}(t),u^{RD}(t)]^T$,$\boldsymbol{u}^B(t)=[u^{BW}(t),u^{BB}(t)]^T$。

E中每一单位的控制变量必须满足一些约束条件。约束类型如下:

(1)重定位与开火约束:一移动单位不能同时进行重定位与开火,即有

$$\|\boldsymbol{r}_i^E(t)\|_\infty+u[f_i^E(t)-1]\leq 1\tag{4.7}$$

而

$$\|\boldsymbol{r}_i^E(t)\|_\infty=\begin{cases}0,a_i^E(t)=b_i^E(t)=c_i^E(t)=0\\1,\qquad\qquad\text{其他}\end{cases}\tag{4.8}$$

$$u[m]=\begin{cases}0,m<0\\1,m\geq 0\end{cases}\tag{4.9}$$

(2)火力与目标约束:某方军中两个单位不能同时向对方某一目标开火,

即有

$$\sum u[f_i^{\ R}(t) - 1] \leqslant 1 \quad \rightarrow \quad \text{蓝军每一单位} j \qquad (4.10)$$

$$\sum u[f_i^{\ B}(t) - 1] \leqslant 1 \quad \rightarrow \quad \text{红军每一单位} j \qquad (4.11)$$

（3）火力阈值约束：战斗中，弹药不能补充，即有 $f_i^{\ E}(t) \leqslant w_i^{\ E}(t)$。

4. 目标函数

顶层指挥的目标函数是在初始时给己方军力分配最少量的资源，以保证在战斗结束时己方军力的武器和平台数被最大化而对方军力的武器和平台数能被最小化。

对蓝军，其上层控制就是对 $p_i^{BW}(0)$、$p_i^{BB}(0)$、$w_i^{BW}(0)$、$w_i^{BB}(0)$ 初始资源分配以最大化 J^B。J^B 与时间的起始和终值 T 有关，是 $p_i^{BW}(T)$、$w_i^{BW}(T)$、$p_i^{BB}(T)$、$w_i^{BB}(T)$、$p_i^{RT}(T)$、$w_i^{RT}(T)$、$p_i^{RD}(T)$、$w_i^{RD}(T)$、$p_i^{FT}(T)$、$p_i^{BW}(0)$、$w_i^{BW}(0)$、$p_i^{BB}(0)$、$w_i^{BB}(0)$ 的函数。其中

$$J^B = H^B(p_i^B(T), w_i^B(T), p_i^R(T), w_i^R(T), p_i^{FT}(T), p_i^B(0), w_i^B(0)) \qquad (4.12)$$

其中，H^B 的具体形式是上述 p、w 量时间始值和终值的带权组合。同时蓝军满足在给定的安全走廊内，即有

$$\psi^B(S_i^{BW}(t), S_i^{BB}(t)) = 0 \qquad (4.13)$$

对红军，其上层控制就是对 $p_i^{RT}(0)$、$p_i^{RD}(0)$、$w_i^{RT}(0)$、$w_i^{RD}(0)$ 初始资源分配以最大化 J^R。J^R 也与时间的起始和终值 T 有关，是 $p_i^{RT}(T)$、$w_i^{RT}(T)$、$p_i^{RD}(T)$、$w_i^{RD}(T)$、$p_i^{BW}(T)$、$w_i^{BW}(T)$、$p_i^{BB}(T)$、$w_i^{BB}(T)$、$p_i^{FT}(T)$、$p_i^{RT}(0)$、$w_i^{RT}(0)$、$p_i^{RD}(0)$、$w_i^{RD}(0)$ 的函数。

其中，H^R 的具体形式是上述 p、w 量时间始值和终值的带权组合。同时红军满足在给定的安全走廊内，即有

$$\psi^R(S_i^{RT}(t), S_i^{RD}(t)) = 0 \qquad (4.14)$$

在时间 t，E 中每一单位应决定相应控制变量 $u^{BW}(t)$、$u^{BB}(t)$、$u^{RT}(t)$、$u^{RD}(t)$，以极大化其相应的目标 J^{BW}、J^{BB}、J^{RT}、J^{RD}，而

$$J^{BW} = \int_0^T J^{BW}(t)\,\mathrm{d}t , \quad J^{BB} = \int_0^T J^{BB}(t)\,\mathrm{d}t \qquad (4.15)$$

$$J^{RT} = \int_0^T J^{RT}(t)\,\mathrm{d}t , \quad J^{RD} = \int_0^T J^{RD}(t)\,\mathrm{d}t \qquad (4.16)$$

其中，$J^{BW}(t)$、$J^{BB}(t)$、$J^{RT}(t)$、$J^{RD}(t)$ 的具体形式如下：

$$J^{BW}(t) = H^{BW}(p_i^{BW}(t), w_i^{BW}(0), p_i^{FT}(t), p_i^{RT}(t), w_i^{RT}(t), p_i^{RD}(t), w_i^{RD}(t))$$

$$\qquad (4.17)$$

$$J^{BB}(t) = H^{BB}(p_i^{BB}(t), w_i^{BB}(0), p_i^{FT}(t), p_i^{RT}(t), w_i^{RT}(t), p_i^{RD}(t), w_i^{RD}(t))$$
$$(4.18)$$

$$J^{RT}(t) = H^{RT}(p_i^{RT}(t), w_i^{RT}(0), p_i^{FT}(t), p_i^{BW}(t), w_i^{BW}(t), p_i^{BB}(t), w_i^{BB}(t))$$
$$(4.19)$$

$$J^{RD}(t) = H^{RD}(p_i^{RD}(t), w_i^{RD}(t), p_i^{FT}(t), p_i^{BW}(t), w_i^{BW}(t), p_i^{BB}(t), w_i^{BB}(t))$$
$$(4.20)$$

也都为带权组合形式。

5. 状态方程与微分博弈模型

总体状态方程反应了系统状态的变化,即

$$\dot{q}(t) = g(\boldsymbol{q}(t), \boldsymbol{u}^B(t), \boldsymbol{u}^R(t), t) \tag{4.21}$$

其中,向量 $\boldsymbol{q}(t) \in 5 \times (N^{RT} + N^{RD} + N^{BW} + N^{BB}) + 4 \times N^{FT}$,向量 $\boldsymbol{u}^B(t) \in \mathscr{R}^{5 \times (N^{BW} + N^{BB})}$,向量 $\boldsymbol{u}^R(t) \in \mathscr{R}^{5 \times (N^{RT} + N^{RD})}$,向量函数 $g \in \mathscr{R}^{5 \times (N^{RT} + N^{RD} + N^{BW} + N^{BB}) + 4 \times N^{FT}}$。

具体地,状态方程的各分量如下:

（1）位置变化: $\qquad \dot{S}_i^E(t) = S_i^E(t) + r_i^E(t) \tag{4.22}$

（2）运动单位的平台数目变化:

$$\dot{p}_i^{BW}(t) = p_i^{BW}(t) \cdot \beta_i^{BW}(t) \tag{4.23}$$

$$\dot{p}_i^{BB}(t) = p_i^{BB}(t) \cdot \beta_i^{BB}(t) \tag{4.24}$$

$$\dot{p}_i^{RT}(t) = p_i^{RT}(t) \cdot \beta_i^{RT}(t) \tag{4.25}$$

$$\dot{p}_i^{RD}(t) = p_i^{RD}(t) \cdot \beta_i^{RD}(t) \tag{4.26}$$

其中, $\beta_i^{BW}(t)$、$\beta_i^{BB}(t)$、$\beta_i^{RT}(t)$、$\beta_i^{RD}(t)$ 的具体形式,有待进一步研究。

（3）固定目标平台数的变化:

$$\dot{p}_i^{FT}(t) = p_i^{FT}(t) \cdot \beta_i^{FT}(t) \tag{4.27}$$

其中, $\beta_i^{FT}(t)$ 的具体形式,有待进一步研究。

（4）每个平台的武器数目变化:

$$\dot{w}_i^E(t) = w_i^E(t) - f_i^E(t) \tag{4.28}$$

最终可得红蓝双方空战分级指挥与控制的非零和微分对策模型如下:

$$\text{top obj}: \max_{\boldsymbol{u}^B} J^B、\max_{\boldsymbol{u}^R} J^R \tag{4.29}$$

$$\text{lower obj}: \max_{\boldsymbol{u}^{BW}} J^{BW}、\max_{\boldsymbol{u}^{RB}} J^{BB}、\max_{\boldsymbol{u}^{RT}} J^{RT}、\max_{\boldsymbol{u}^{RD}} J^{RD} \tag{4.30}$$

$$\text{s.t } \dot{q}(t) = g(\boldsymbol{q}(t), \boldsymbol{u}^B(t), \boldsymbol{u}^R(t), t) \text{（运动状态约束）} \tag{4.31}$$

$$\psi^B(S_i^{BW}(t), S_i^{BB}(t)) = 0, \psi^R(S_i^{RT}(t), S_i^{RD}(t)) = 0 \text{（路径约束）} \tag{4.32}$$

$$\| r_i^E(t) \|_\infty + u[f_i^E(t) - 1] \leq 0 \qquad \text{（定位与攻击约束）} \tag{4.33}$$

火力与目标约束之 $f_i^E(t) \leqslant w_i^E(t)$（火力阈值约束）　　　(4.34)

6. 问题求解

上述微分对策问题属于二人（Two‐Player, $\boldsymbol{u}^B(t)$、$\boldsymbol{u}^R(t)$）的非零和博弈，设 $\boldsymbol{u}^B(t)$, $\boldsymbol{u}^R(t)$ 的控制集为 Nash 的控制集，U^B, U^R。对策问题的解就是寻求 Nash 均衡（$\boldsymbol{u}^B(t)^*$、$\boldsymbol{u}^R(t)^*$），以满足

$$J^{L1}(\boldsymbol{u}^B(t)^*, \boldsymbol{u}^R(t)^*) \geqslant J^{L1}(\boldsymbol{u}^B(t), \boldsymbol{u}^R(t)^*), \forall \boldsymbol{u}^B(t) \in U^B \quad (4.35)$$

$$J^{L2}(\boldsymbol{u}^B(t)^*, \boldsymbol{u}^R(t)^*) \geqslant J^{L2}(\boldsymbol{u}^B(t)^*, \boldsymbol{u}^R(t)), \forall \boldsymbol{u}^R(t) \in U^B \quad (4.36)$$

其中，$L1 = \{B, BW + BB\}$, $L2 = \{R, RT + RD\}$。

实际问题中，很难求解得到上述对策问题的 Nash 均衡解（$\boldsymbol{u}^B(t)^*$、$\boldsymbol{u}^R(t)^*$），但可通过求解静态两人非零和重复对策（Static Two‐Player Non‐Zero Sum Repetitive Game）问题来得到其次优解，即在 k 时刻，计算策略（$u^B(k)^*$、$u^R(k)^*$）以满足（$k+1$）时刻的不等式。

第5章 指挥与控制理论扩展

随着现代系统科学的进步,指挥与控制理论也得到了长足的发展。以复杂性理论、耗散结构理论、协同学、突变论和自同步理论为代表的现代指挥与控制理论逐渐充实到指挥与控制理论中来,成为现代指挥与控制理论的重要组成部分。

5.1 复杂性理论

复杂系统是指具有复杂性的系统,而关于复杂性这门科学目前还无确切的定义,不知其边界的存在。它是现代系统科学与非线性科学进一步发展、融合的产物,而复杂性思维却包含了崭新的哲学思维方式和高度现代化的技术方法体系。在现代科学研究中,无论是 S. Hawking 关于时间的观念,还是 M. Gell - Mann 关于基本粒子的理论,无论社会科学还是自然科学,都把目光集中到了复杂性的研究上。

5.1.1 基本概念

复杂性科学的一些核心概念和研究方法来源于现代系统科学和非线性科学,它是现代科学发展最前沿理论大融合的产物。这些理论主要包括非线性系统动力学、耗散结构理论、协同学、混沌理论、分形理论以及最新发展的人工生命等。系统科学与非线性科学二者又从不同侧面、不同角度,步步深入地对系统的特征做了深入探讨。复杂性科学更强调研究系统的复杂行为等方面,对复杂系统的理解是一个逐步深化的过程。在系统科学中,对复杂系统并没有明确的提法,复杂系统被笼统地定义为是与牛顿力学与热力学中的简单系统相对的开放系统,即复杂系统被理解为开放系统。在非线性科学中,复杂系统被认为是一种由非线性作用而导致的具有不确定性行为的系统,即复杂系统是由大量的单元或子系统非线性地耦合在一起的时空组合或过程。

进一步对复杂系统元素间的相互作用进行归纳可知:一般情况下,元素具有一定的智能性、抽象性与适应性,因此,也常常将该类元素称为主体(Agent)。主体可以按照各自的规则作出决策,随时准备根据接收到的信息修改自身的行为规则;对系统主体的理解是建立在主体的抽象性基础之上的,即抽取影响系统本质的特征进行描述,这也是主体得以存在的前提。在这些复杂系统中,主体往往只知道周围一部分主体的行为,但无法知道系统中全部主体的行为。因此,复杂系统中的主体只能根据局部信息而非全局信息作出决策并修改自己的行为规则。

按照以上特征,可以归纳出复杂系统描述性的定义:复杂系统由中等数目的主体构成,主体间具有较强的耦合作用,主体一般具有智能性、抽象性与适应性的特征。

1. 复杂系统由中等数目的主体构成

系统所包含的主体是复杂系统的基本组成条件,其数量及其相互之间的耦合强度是复杂系统分类的重要标准。按照钱学森等人对系统的分类,中等规模的系统以及个体间存在较强耦合作用的系统便称为复杂系统,如果系统规模巨大,则称为复杂巨系统。

2. 复杂系统中的主体具有智能性与适应性

系统内部的主体能够根据环境的信息作出行为决策,调整自己的行为规则,或者发现新的规则。通过主体间相对低等的智能行为,系统在整体上显现出更高层次、更复杂、更智能协调的有序性。这是对系统科学中的层次性、反馈、涌现、自组织、目的性等概念的进一步发展。

3. 复杂系统中主体的抽象性

对复杂系统的理解与研究是建立在对系统中主体抽象的基础之上的。正因为对复杂系统中主体的特征进行了抽象,因而才能研究系统模型,没有抽象性,就无法理解复杂系统,复杂系统也就失去了意义。

4. 主体行为的局部信息

在复杂系统中,没有哪个主体能够知道其他所有主体的状态和行为,每个主体只能从复杂主体集合中的一个相对较小的子集合中获取信息、处理"局部信息"、作出相应的决策。复杂系统的整体行为出自这些主体间的竞争、协作等的局部相互作用,这也是复杂性研究中的一个重要理论。

从系统的角度讲,复杂系统一般具有开放性、不确定性、非线性、涌现性以及不可预测性。在这些特征的综合作用下,在更高层次上表现出规律性。对复杂系统的预测是很困难的,往往存在"蝴蝶效应"。因此,系统本身的演化又常常表现出反直觉的特征。

简而言之,复杂性理论是研究解决复杂系统中共性问题的理论,即解决复杂性问题的理论。

5.1.2 指挥与控制学的复杂性特征

前已述及,指挥与控制系统属于复杂系统。这主要表现在以下几个方面。

(1)复杂系统的主体具有智能性、抽象性与适应性。指挥与控制系统的主体(各级各类指挥与控制单元)同样具有智能性、抽象性和适应性。

(2)指挥与控制系统的智能性是指指挥与控制系统的各级指挥与控制单元可以按照各自的情况作出决策,并随时根据上级命令和下级情况调整决策。不管是哪一级的指挥与控制单元,其基本决策模式、运行模式在抽象意义上来说都具有同一性。在指挥与控制系统的各级指挥与控制单元中,每一级单元仅知道局部的情况,而不知道全局情况,即使是最高层的指挥与控制单元,他所了解的全局性的情况也是局部的。因此,各级指挥与控制单元都是根据局部信息而非全局信息而作出决策并确认自己当前所处态势的。

(3)复杂系统一般具有的开放性、不确定性、非线性、涌现性以及不可预测性,在指挥与控制系统中都能得到印证和体现。

根据对复杂性科学的理解,可以认为:指挥与控制属于复杂科学的范畴,指挥与控制系统是复杂系统;指挥与控制科学是复杂性科学;指挥与控制技术是复杂性范畴的技术。指挥与控制技术的复杂性主要表现在以下几方面。

(1)系统各单元之间的联系广泛而紧密,构成一个网络。因此,每一单元的变化都会受到其他单元变化的影响,反之,也会引起其他单元的变化。

(2)系统具有多层次、多功能结构。每一层次均是其上一层次的单元,同时也有助于系统的某一功能的实现。

(3)系统在发展过程中能够不断地学习,并对其层次结构与功能结构进行重组及完善。

(4)系统是开放的。系统与环境有密切的联系,能与环境相互作用,并不断向更好的适应环境发展变化。

(5)系统是动态的。系统处于不断发展变化之中,而且系统本身对未来的发展变化有一定的预测能力。

5.2 耗散结构理论

热力学第二定律告诉人们:任何自发过程总是朝着使体系越来越混乱、越来越无秩序(熵增加)的方向发展,即从非平衡态向平衡态、从有序向无序退化。而生物学的进化规律却表明:生物体向越来越复杂、组织性越来越强(熵减少)的方向发展,即从无序向有序、从低级向高级进化。事实上,许多生物系统的确属于热力学系统,它应当遵循包括热力学第二定律在内的热力学规律。那么,建立在物理学上的进化规律与建立在生物学上的进化规律不是截然相反了吗？到底物质世界要朝着哪个方向演化呢？生物的有序是如何维持的呢？对此，比利时物理化学家普利高津（Prigogine）等人通过近 20 年的研究取得了突破性的成果，创立了耗散结构理论。阐明了远离平衡的自组织现象，解决了上述矛盾，它们都应当统一在更为广泛、更为普遍的热力学理论之中，从而导致了新的演化观。

5.2.1　基本概念

根据耗散结构论，产生耗散结构的系统必须是一个开放系统。开放系统之所以能够形成耗散结构，主要是因为开放系统能够与外界进行熵交换。"熵"本来是热力学概念，现在随着信息论、控制论的发展，它已经和信息建立起了某种联系。控制论的创始人维纳指出：信息量实质上是负熵。一般系统论创始人贝塔朗非也认为：信息量是一个用负熵形式完全相同的式子定义的。布里渊直接提出：信息起着负熵的作用，信息是由相应的负熵来规定。在系统分析中，熵值越小，表明系统的有序性越强或越有序；相反，熵值越大，则说明系统无序性越强或有序性越弱。当系统达到平衡时，熵值最大，系统也最混乱、最无序。由热力学第二定律可知，孤立系统的熵只可能增加，而永不会减少。因为孤立系统总是要随时间向平衡态转化的，当最终达到平衡态时，熵值达到最大，此时系统变成一种最无序的死结构。可见要形成一个有序的结构，只有想办法尽力克服熵的增加。这就要求系统必须是开放的，并且从外界获得负熵流来降低自己的熵值。在开放系统中，系统的熵 ds 由 des 和 dis 两部分组成，即 ds = des + dis。其中 des 是系统与外界相互进行熵交换时系统内部产生的熵。只要这个负熵流（des ＜ 0）足够强，就能够抵消系统的熵增加（dis ＞ 0），使系统的总熵减小，从而使系统进入相对有序的状态，形成耗散结构。由此可见，系统开放是耗散结构得以形成、维持和发展的首要条件。系统只有不断地与外界进行信息交换、引入负熵流，才能抵消自身熵的增加，才有可能实现从无序向有序的演变。

也就是说，一个开放系统不断吸收外界能量，直到该系统能量大于内耗值后，系统便变成非平衡态。在某种"涨落"作用下，由原来的混沌无序状态变成一种新的有序结构状态。这种新的有序结构具有很强的生机与活力，同时也需不断吸收外界能量来补偿内部消耗，以维持有序的结构状态，这种结构便是"耗散结构"。

5.2.2　耗散结构理论在指挥与控制学中的应用

在指挥与控制系统的运行过程中，耗散结构理论的应用主要体现在以下几个方面。

（1）首先是保持指挥与控制系统功能的有序状态,能够实现由较低级有序向高级有序的转化和发展。指挥与控制系统无论从其结构上看还是从功能上看,都是一个复杂的耗散结构。显然,耗散结构理论和方法完全可以有效地指导指挥与控制的理论与实践。

（2）从耗散结构理论的负墒流概念来看,开放是一切系统进化的前提。指挥与控制系统是开放系统,开放也是指挥与控制系统不断发展的首要条件。只有开放,才能使指挥与控制系统内部以及与其他系统达成相互联系和相互作用,形成一种协同发展的优化结构。这样,当其他系统中某系统处于先进状态时,就能及时吸取其理论、方法和经验,就能促进指挥与控制系统的发展,使指挥与控制系统不断更新、不断富有活力。

（3）系统形成耗散结构的另一个条件是系统内有复杂的非线性相互作用。指挥与控制系统的发展,只有远离平衡态时才能实现。引入非线性动力机制,保持指挥与控制系统内部各单元之间"远离平衡"状态,指挥与控制系统形成耗散结构框架后,才能充分激发指挥与控制系统各单元的内在动力。按耗散结构理论,要调动指挥与控制系统各单元的内在动力,就要引入非线性动力机制,即各单元不必"齐步走",使各单元之间拉开距离并保持非平衡状态。通过一定方式增加透明度,势必产生紧迫感、增强竞争意识、激发各单元的内在动力。

指挥与控制系统内部各单元之间保持"远离平衡"状态,产生一般强度较大的内在动力,经过一段时间的"量变",势必产生"质变",耗散结构论称为"涨落",至此,指挥与控制系统由不稳定状态跃迁到一个新的稳定有序态。

5.3 协同学

协同学是德国物理学家赫尔曼·哈肯在研究激光理论的基础上,于20世纪70年代初提出、1977年正式问世的。

5.3.1 基本概念

协同学也称协合学,是一门新兴的学科,它横跨自然科学和社会科学,适应范围非常广泛。协同学研究的是一个系统从无序到有序转变的规律和特征。

哈肯教授在研究激光的过程中,发现其内部有许多合作现象,从而得出了协同学的概念。协同学指出:一个稳定的系统,它的子系统都是按照一定的方式协同地活动、有次序地运动的。

协同学研究的对象是由大量子系统组成的系统。如激光系统,其子系统包括原子、光子;生物系统,其子系统包括动物、植物;社会系统,其子系统包括党派和团体等。由子系统组成的大系统总有一个相对稳定的宏观结构,这个宏观结构是各个子系统相互竞争、相互协同而形成的,正是由于各子系统之间的协同作用与竞争作用,才决定了系统从无序到有序的演化,这正是协同学的精髓所在,也是协同学中协同的真正含义。

协同学在研究有序和无序转化规律时,采用了当代最先进的理论方法和数学方法,如信息论、控制论、非平衡统计等。在数学方法上,采用世界著名的法国数学家托姆创立的"突变理论"来描述有序和无序的转化。

5.3.2 协同学的体系结构

协同学有自己一系列的基本概念和基本方法,从而形成了一个科学体系。

第一,协同学用概率论和统计方法,把有序和无序变化的偶然性与必然性统一起来,从大量的偶然性中寻求从无序到有序的变化规律。

第二,协同学用系统的结构,也称"序度"的概念和方法,来描述事物有序和无序的变化。知道了系统的"序度",就可以确定系统的秩序状态。

第三,协同学还试图用各种数学模式,描述有序和无序转化的不同类型,通过对不同数学模型求解,从而定量地描述有序和无序的转化。

前面提到,每一个系统内都包括多个子系统。子系统既有自发的、无规则的独立运动,又有由于子系统之间存在一定的关联所形成的协同运动。这是协同的第一层含义。每个子系统对协同运动的贡献总和,称为序参量。在相变点之前,子系统呈现无序的独立运动。随着控制参量的增加,序参量由零逐渐增大,这是由协同产生有序的过程。系统在临界点附近时,存在有几个序参量,序参量是由计算者自己选择的。每个序参量包含一组微观组态,对应一种要实现的宏观结构。当各序参量衰减常数接近时,不能互相取代,就只能协同合作产生系统的有序结构,这是协同的第二层含义。

随着控制变量的变化,越过临界点,由一个序参量占主导地位,单独决定着系统的宏观结构。这时的有序又是各子系统之间协同产生的一种高一级有序。

在各个参量当中,有的参量从非平衡态回到平衡态的时间(弛豫时间)较短,有的则较长,较长的一个就是主要序参量。

协同学主要说明两个问题:一个是涨落问题;另一个是自组织问题。涨落,就是由于系统内部子系统的独立运动和环境条件的随机干扰,使宏观参量会偏离平均值而出现不断的波动。当接近临界点时,涨落现象更加强烈,一旦超过某种阈值,就会发生相变。

自组织,就是系统本身具有的、从不平衡状态恢复到平衡状态的能力。当控制参量超过临界值时,一种自组织破坏了,从而进入新的一轮自组织形式。

总之,协同学将统计力学和动力学有机地结合起来,提供了处理相变问题的数学模式,这是很有实用价值的理论。

协同学创立的时间虽然不长,但获得了广泛的应用,从自然科学、工程技术到社会科学都有它的用武之地。

在物理学领域中,诸如在激光、无线电、流体力学等方面都有它广泛的应用,并取得了可喜的成就。

它在化学和生物学领域,如生物进化、化学振荡、化学耗散、化学非平衡相变等研究方面也都得到应用。

在军事上,协同学的应用也很广泛,如排兵布阵,海、陆、空各军兵种的主体综合协同作战等。一个人生病了,往往需要各科会诊,即医院中各科的协同。

在地质勘探领域中,采用地球物理勘探方法,在地表面寻找某种深部矿体时采用综合方法,以及我国卫星上天、原子弹爆炸和先进国家的太空航行,均为协同的结果。这些方法集中了理论物理、试验技术、辐射化学、宇宙科学、冶金、爆炸工程、精密仪器等科学技术,是一种大规模、有组织的协作。

5.3.3 指挥与控制中的协同学

协同在几乎所有的指挥与控制方法中都起着重要的作用。某些系统,如工业时代的分级系统,强调个体责任与义务并致力于支持与加强这些个体(主要是各级指挥官)。信息时代的方法,诸如"网络中心"或"网络使能"方法,则强调协同在提高系统性能方面的作用。诚然,选择指挥与控制方法时,一个重要的问题就是恰当地定义协同的使用与限制。

图5.1描绘了协同对自顶向下指挥与控制过程的影响。这里选择了协同的三个方面作为重点:协同的特性、协同的速度以及成功协同的成功度。其中,第一方面是描述指挥与控制方法的无数因素的复合变量;第二方面只是简单表明进行协同交互需要多少时间;第三方面说明协同结果与指定协同目标间的差异程度。如同下面的讨论,协同(或缺少协同)在任何指挥与控制方法中都起着若干作用,而不只是一个作用。例如,改善可用信息的协同几乎总是带来意识方面的变化。因此,"成功的"协同往往都是多维的。在图5.1中,三个关注的变量都用阴影标明。

分析网络的起始点,是决定所有指挥与控制方法特征的三个基本要素的集合:决策权的分配、允许的交互以及信息的分发。虽然指挥与控制方法的变量都彼此相互影响,但最强大的因果链却是从决策权的分配到允许的交互集合,并从这两个因素到信息分发。信息分发受信息共享能力或是实现信息共享所需的语言、格式以及语义一致性的直接影响。

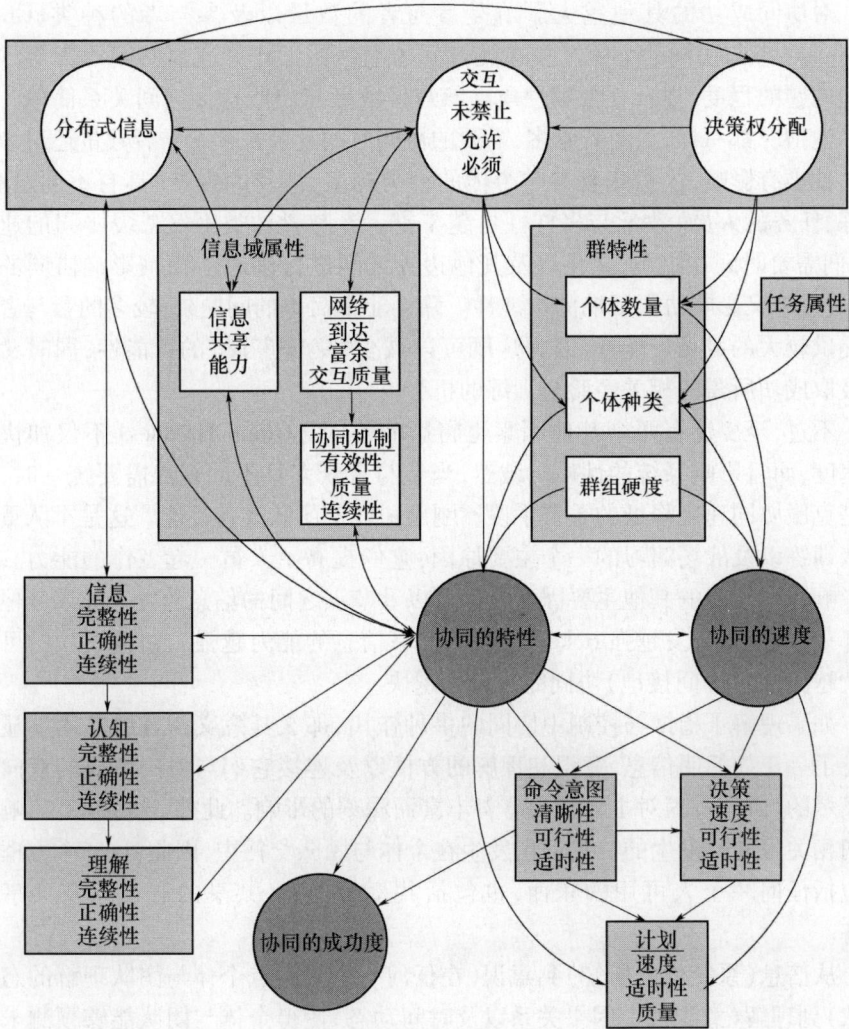

图 5.1　协同对自顶向下指挥与控制过程的影响

　　允许的交互对指挥与控制过程所使用的技术网络的特征也有强大影响。图 5.1 中,"网络"的分布信息结构特征已包含在方框中。这些网络特征包括: Reach(参与的广度)、Richness(网络内容的质量)、交互的质量(人员与系统可以在网络上进行交互的媒介的广度与深度)以及保障(网络可用的程度以及网络内容安全的程度)。这些网络特征决定着(以及这里未显示的其他因素,如人员训练与质量)协同机制,协同机制可以用可用性、实现的协同质量(数据、话音、图像等)以及协同的连续性进行描述。

对协同成功的其他重大影响是参与者的数量以及参与者的种类、Group Hardness(参与协同的个体过去在类似问题上一同工作并发展共同语言与方法处理问题的程度)以及任务的性质。参与者数量与协同速度之间关系简单。如果其他情况都一样,参与者越多,需要的协同时间就越长。参与者数量还对参与者的种类有影响,这意味着参与个体的种类越多,涉及的观点(具有不同经验、训练、任务的人员)数量与多样性也越丰富。参与者种类不仅减缓协同的速度(他们需要时间在组织、文化以及其他边界之间进行沟通),而且影响协同的性质,反过来又影响协同成功的可能性。除了非常简单的问题外,较多的参与者可以提供较大的成功可能性,因为这既可以减少"集体审议"的可能性,同时又增加吸取成功所需的相关经验与训练的机会。

不过,至少还有两个其他因素也将影响协同。Group Hardness 不仅加快协同速度,而且影响系统的性质。诚然,当参与者众多且不同观点需要统一时,刚度是克服协同速度降低的重要手段。刚度还能使团队改善性能。这是军队重视部队训练以及战场演习的一个主要原因:它们提高了人员一起工作的能力。直接影响协同性质的其他主要因素是人员以及节点之间的信息分发。如果其他情况都一样,信息分发越强 richer(捕获与共享信息的能力越强),协同成功的可能性就越大,而且(间接地)协同完成得也越快。

如果理解了指挥与控制中协同的多种作用,那么其意义深远的作用就显而易见了。正如标明信息、意识和理解的方框以及连接它们与协同性质的双向箭头显示的,协同过程对主要行为有着丰富而深刻的影响。此外,这些相互影响是密切相关且同时发生的。它们也发生在个体与团队交往中,因此,这三个方框不仅包括任何一个人可用的东西,也包括共享的信息、共享的意识以及共享的理解。

从信息(系统内的所知)到意识(在任何一个时间点个体与团队理解的态势现状)到理解(意识加上因果关系以及时间动态,使得个体与团队能够预测未来或未来的模式)也有自然流动。成功协同的目的是通过协同使个体信息、意识与理解转化为共享的信息、意识与理解。实际上,这些因素是密切联系并同时发生的。

如图 5.1 所示,协同性质影响最大的几个变量特定参数是完整性、正确性与一致性,尽管其他因素(如货币)也可能受到其影响。这些因素影响着个体与团队之间的连接以及信息、意识与理解。注意,这些影响是相互的;协同越好,个体与团队级别的信息、意识与理解就越佳,反之亦然。

在指挥与控制稍后阶段,协同速度以及协同性质的最重要影响是它们对指挥意图、决策以及计划编制的影响。成功的协同将影响指挥意图的清晰度,因为更多的参与者参与指挥意图的制定,不仅贡献了以前的知识及其合理性,而且有助于确保语义互操作性更强。此外,协同的性质还影响指挥意图是否可行,因为该意图的提出很可能借鉴了更多的观点与专门知识。协同的速度将影响着指挥意图。

协同的性质还将提高决策的可行性。比较成功的协同意味着决策,如决策意图的陈述,将考虑更多的经验、专门知识以及观点。根据完全相同的逻辑,协同的速度以及协同的性质也将影响计划编制(不管它是深思熟虑的、草率的还是匆忙的)质量、速度及时机。

总之,在指挥与控制中,协同的作用(为了一个共同的目的而一同工作)并非总是被理解或赏识的。协同是任何指挥与控制方法的基础之一,协同的程度与作用是明显区分工业时代指挥与控制方法及信息时代指挥与控制方法的因素之一。关于如何最佳地组织与利用协同是未来研究(作战模拟、演习以及作战行动的观察与测量)与实验应当关注的领域之一。从小型团队、业务以及团队动态文献中,可以了解很多关于协同的知识。但是,在军事组织、跨部门作战、联军作战、人道主义援助以及重建行动中,协同工作却很鲜见。

5.4　突变论

突变论是法国著名数学家勒内·托姆于 1968 年开始提出的,并在 1972 年出版的《结构稳定性和形态发生学》一书中系统地阐述了这一理论,它标志着突变论的诞生。

5.4.1　基本概念

突变论是研究自然和人类社会中连续的渐变是如何引起突变的,并力求以统一的数学模型来描述、预测和控制这些突变的一门新兴学科。

"突变"原意指灾难性的突然变化,强调变化过程的间断性。突变论是数学最年轻的分支,是微分拓扑学的新成果。它运用拓扑、奇点、微分定性理论或稳定性数学理论,来研究自然界各种形态、结构和社会经济活动的连续性量变是如何引起非连续性突然变化的。它被誉为"微积分以后数学的一次革命",是"用精密的数学工具描述生物、社会科学等复杂现象的一次突破"。它的研究对象遍及物理学、化学、生物学、医学以及社会科学领域。它产生后的十几年间,引起了世界科学家的广泛兴趣。它和耗散结构论、协同论等一起成为现代最新的科学理论。自然界存在两种基本变化:其一是连续变化,即量变;其二是非连续变化,即质变。人们早已掌握了用数学方式描述它们。但一个非常棘手的问题是那些界于连续变化和非连续变化之间的变化。而这类变化在物理学、化学、生物学、心理学以及社会科学中是很常见的,且非常重要。例如,影响相变的一些因素,如压力、温度等都是连续变化的,但当这些连续变化的量达到一定的临界点时,就会引起物相的非连续变化。但人们还不清楚自然界那些连续变化会引起突然性变化的一般机制。突变论的出现成功地解决了上述问题。托姆经过严密的推导,证明了一个重要的数学定理:当导致突变的连续变化因素少于四个时,自然界形形色色的突变过程都可以用七种最基本的数学模型来把握。这七种突变模型为折叠形、尖顶形、燕尾形、蝴蝶形、双曲脐点形、椭圆脐点形和抛物脐点形。

根据突变论,把那些作为突变原因的连续变化因素称为控制变量,而把那些可能出现突变的量称为状态变量,它从数学上证明了当控制变量和状态变量都为一个时,就会出现最简单、最基本的突变形式,即折叠形突变。当控制变量为两个、状态变量为一个时,就会出现尖顶形突变。当控制变量为三个、状态变量为一个时,就会出现燕尾形突变。当控制变量为四个、状态量为一个时,就会出现五维突变,即蝴蝶形突变。五维突变又分为两种情形:当控制变量为三个、状态变量为两个时,称为双曲脐点形突变和椭圆脐点形突变;当控制变量为四个、状态变量为两个时,就会出现抛物脐点形突变。

突变论能对自然界形形色色的现象提供统一的数学模型,其关键就在于它运用了"黑箱方法"。黑箱方法就是对世界上的事物,当人们还不可能或不允许深入剖析其内部细节、洞察其内部结构或机理,但可以通过外部观测或试验其输入或输出信息,去认识该事物的功能和特性时,可以通过建立模型来认识黑箱的内部结构,甚至最后打开黑箱。因此,突变论是一种在方法论上有重要意义的科学理论。

5.4.2 突变理论对指挥与控制研究的指导意义

突变理论对指挥与控制研究的指导意义体现在以下几方面。

1. 保持指挥与控制的连续性和稳定性,避免决策和行动上的巨变

对于指挥与控制来说,当内外有利因素居于主导地位且对指挥与控制起主要作用时,指挥与控制的结果便向着有利于既定目标的方向发展。当内外不利因素居主导地位且对指挥与控制起主要作用时,结果便向着背离既定目标的方向发展。在指挥与控制过程中,结果出现一定的变化是正常的,应努力利用并创造有利条件使结果朝着有利于达到目标的方向发展,防止向相反方向发展。为了使指挥与控制过程稳定地达到目标,管理者应努力避免指挥与控制过程的失控,保持指挥与控制过程和结果的均衡性。

事物结构的稳定性是突变论的基础。突变论认为事物的运动规律以及事物之间的联系都是稳定的。事物的不同质态,从根本上说就是一些具有稳定性的状态。任何一个指挥与控制系统和过程都处在不断发展变化的环境中,如规模的扩大、人员的调整、技术的进步等。诸多的变化如果均以相近的速度向相似的方向发展,则事物的结构,即指挥与控制系统和过程,依然是稳定的。一旦其中某种因素停滞不前或发生剧烈变动,突变就会发生。

2. 认清突变与渐变的关系,因势利导,化解突变危机

突变论认为:在严格控制的情况下,如果质变经历的中间过渡态是不稳定的,那么客观上就存在一个飞跃过程,也就是发生了突变。如果过渡的中间状态是稳定的,那么客观存在就是一个渐变的过程。在一定的条件下,只要改变控制条件,一个突变的飞跃过程就可以转化为渐变过程,而一个渐变过程也可以转化为突变的飞跃。所以,突变可能随时发生,同时突变也是可以避免的。只要指挥决策人员能充分认识突变与渐变的相互关系并加以有效的引导,变化的状态就可以向着有利于既定目标的方向发展。

3. 进行管理创新,实现反梯度推移

反梯度推移(渐进过程的中断)是突变理论中的一个重要思想。反梯度推移是非平衡发展的突变,即飞跃阶段。当边缘区积蓄了一定的力量,且又具备可利用的外部条件时,就可中断渐进过程并发生突变,也就是反梯度推移。在指挥与控制系统或过程中,实现从旧质转化为新质的爆发式飞跃,可最终彻底改变某些局部或过程的落后面貌。指挥与管理人员要实现反梯度推移,最需要做的就是进行指挥与控制系统或过程的创新。

5.5　自同步理论

自同步指挥与控制是一种新颖的指挥与控制方法,随着信息技术和人工智能技术的发展,自同步理论在现代指挥与控制理论中的作用逐渐凸现出来。对其理论和实现方法的分析研究已成为现代指挥与控制理论的一个重要分支。

5.5.1　基本概念

自同步是指两个或两个以上实体之间,不需要指挥与控制系统的作用,或在指挥与控制系统干预前就能对外部情况进行协调的一种交互反应模式。它是开放性指挥与控制系统的一种高级功能和形式,能对瞬息万变的情况作出自主的反应。自同步是在先进信息技术与指挥决策辅助手段基础上实现的指挥与控制的自组织、自适应的整体行为,是信息化时代所期待的解决层次结构扁平化问题的指挥方式,是分散指挥的进一步演化。

  自同步指挥与控制理论是解决信息化条件下复杂系统指挥与控制的一种有效理论。同传统的指挥与控制方式相比较,它的先进性建立在更多的基础与平台之上。正如冷兵器时代的战争仅仅需要战士的体能,而机械化战争时代需要机械能、电能、原子能等,指挥与控制的自同步需要以下四个条件:

  (1) 健壮的网络。健壮的网络是基础,保证任意指挥与控制单元间在需要建立链接关系时,能够通过指挥与控制网络进行持续不断的协作与交流。

  (2) 详细的规则。规则是领域知识的体现,这里的规则与自同步所应用的范围有关。当自同步应用在工业指挥与控制方面时,就是指工业控制流程等方面的规则。当应用在作战指挥与控制方面时,这里的规则就是作战规则与战术思想的知识。详细的规则是指挥与控制单元在处理任务或事件时保证协调行为的指南。在自同步的指挥与控制过程中,指挥与控制人员在更多时候充当了规则制定者的角色。

  (3) 先进的智能。自同步指挥与控制过程中,传统的指挥与控制系统与指挥机构被同步机制所取代。在自同步机制中,先进的智能库应该包含运筹领域的前沿技术成果,其智能库的先进性是自同步指挥与控制成效的衡量标准之一。先进的智能库不仅仅能替代指挥与控制系统与机构的运筹功能,还能实施谋略的判断与运用。先进的智能需要分布环境中计算资源的充分共享和合理调度,以达到决策、方案或指令产生的快速性。在条件允许时,还进行闭环的模拟,提示可能的事件与行为。

  (4) 充分的互信。指挥与控制单元和指挥人员之间的彼此信任是实践自同步指挥的保证。只有在互信的基础上才能保证行为的自同步,否则就会适得其反,导致指挥与控制单元间在自同步机制上彼此行为失调。

5.5.2 自同步的特点

  同步是多个行动单元共同行动的协调行为,是指挥与控制能力的一种反映。传统的指挥与控制中,同步是通过高层指挥节点协调实施的,这适合工业革命时代的技术条件。信息时代随着网络和信息质量的不断改进,对指挥速度和灵活性要求更高,促使跨时空的行动单元同步更为必要和复杂。过去通过高层指挥节点进行的同步,在速度和灵活性方面已难以满足现代指挥与控制的需求,自同步则是一种自发的、自下而上的同步方式,在速度和灵活性方面与由高层协调的同步有质的差别。

  为提高指挥速度和加速使命的完成,自同步是现代工业控制和信息化条件下军事组织内必不可少的过程。自同步过程被视为是自下而上的指挥方式,由掌握直接信息的基层单元和节点实施复杂的同步作战行动。自同步的作用是克服了常规的自上而下、直接指挥协调流程所固有的效能损失的缺点。这种协调方式提供了指挥与控制从周期性过渡到连续性的优势,实现了指挥意图和精密指挥规则的统一。

1. 自同步联系

传统的指挥与控制联系由指挥权、指挥关系决定,这种联系构成的指挥链是固定、有限和静态的,是预先约定好的关系。指挥链和指挥节点构成了指挥网,典型的指挥网是树型结构,如图 5.2(a)所示。而自同步由于是两个或多个作战组织或单元的自发协调行为,作为一种自下而上的指挥与控制方式,这种联系是动态、突发的联系。这种联系可能存在于同级之间、上下级之间、越级之间等。这种联系使作战行为具有速度、信息、互操作等方面的优势。只有在互连、互通、互操作能力的支持下,自同步才成为可能。自同步联系由态势、规则、环境、约定等因素决定,这种联系的典型结构是网络结构,如图 5.2(b)所示。

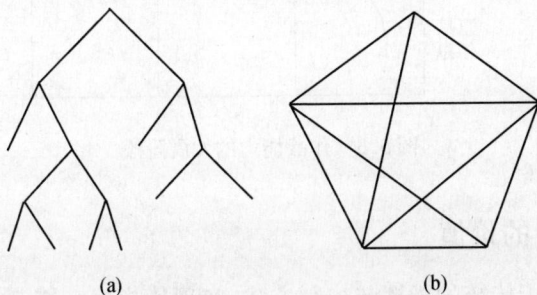

图 5.2　指挥关系网结构图
(a) 树形指挥关系网;(b) 自同步指挥关系网。

实现互操作需要自同步联系支持,互操作能达成服务的共享,能大幅度地提升资源的运用效率。自同步指挥与控制联系构成了分布式指挥与控制结构,这种结构在鲁棒性、灵活性上都具有天然的优势。

2. 指挥与控制能力与自同步

指挥与控制能力可用速度、范围、规模三个相互关联的指标进行评估,它取决于以下指挥与控制能力要素:

(1) 信息能力:信息的丰度、广度、交互和共享的程度。

(2) 互操作能力:所达到的相互合作和利用(整合、耦合)的水平。

(3) 指挥方法特征:表征指挥与控制的反应能力和灵活程度。

自同步能力是提升各指挥与控制能力要素的基础和条件。如实现指定使命指挥方式,需要系统中指挥与控制权限的前移,需要底层节点的自主性,这是以自同步为条件的,如互操作能力的提升,也需要自同步作为任务操作链的协同轴线。

对于作战指挥与控制来说,作战能力发展的高级阶段依赖于自同步,如图5.3 所示。态势认识的开发程度和指挥与控制的方式两个因素决定作战能力发展的各个阶段,在第 4 阶段,认识共享和自同步是高级指挥与控制能力的标志性能力。

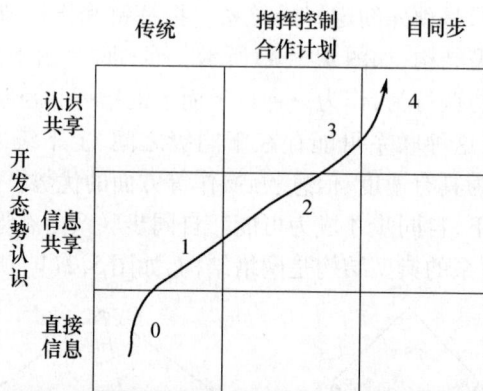

图 5.3　作战能力的发展阶段

5.5.3　自同步的价值

自同步区别于传统的指挥与控制方法,在现代指挥与控制中具有巨大的潜能,它的价值主要体现在提升灵活性方面。

指挥与控制系统由两类单元或节点构成:一类是任务单元,负责执行和完成系统和上一级单元或节点赋予的任务或行为;另一类是协调单元(或指挥节点),负责任务单元或下一级单元的指挥和协调。

指挥与控制系统是一个有特定目标函数的动态系统。为使目标函数极大化,一个重要的方法就是增加系统的灵活性。灵活性反映在多个任务单元协同运作时的沟通与协调方式上,当同层单元横向自协调时,协调路径变短,反应时间加快,但如果没有上一级单元的指挥协调,可能会出现任务冲突的局面,最终导致系统的死锁。但过于灵活,则系统的稳定性受影响,稳定性反映了系统克服冲突机制的性能优劣。在系统中,灵活性和稳定性是一对矛盾。

系统和组织的灵活性是信息时代的关键特征,是系统能力的主要要素,自同步则是提升系统和组织灵活性的主要手段。灵活性反映完成想定任务的各种方法、构思、到达目标的各种路径的能力,代表在适当的选择之间进行切换的能力。

灵活性包含鲁棒性、创新性、可塑性、适应性、反应性等成分。鲁棒性表示在各种使命任务、环境、条件发生冲突的范围内保持系统效能的能力,特别是在系统受损和降功能条件下。创新性表示认识使命和作战环境、提出创造性的方法以达到产生和保持竞争优势的能力。可塑性表示系统的自组织、自恢复能力。适应性表示面对变化的环境时,改进方法以提升效能的能力。反应性表示以适时的方法作出适当反应的能力。灵活的指挥与控制体现在能提供动态和详细的指挥意图和指令及实施自同步操作能力方面。灵活性最有效的体现是自同步,自同步是达到增加指挥与控制节拍和提升反应能力的根本途径。

5.5.4　自同步方法

实现自同步可以使系统的效能得到最大程度的发挥。虽然自同步能使系统运作更灵活、更协调、反应时间更短等,但应注意避免权力冲突、关系矛盾、运作死锁等一系列问题。

1. 结构

自同步指挥的两种典型结构如图 5.4 所示。一种是在烟囱型指挥与控制结构基础上增加自同步指挥联系而构成的,自同步方式仅作为原指挥与控制关系的补充。这样,既增加了系统的灵活性,又保持了原系统的稳定关系。另一种是完全没有指挥节点的自同步指挥结构,指挥权是动态配置的,代表了一种全新的指挥与控制方式,系统将更为灵活,更能适应复杂环境。不同指挥与控制方式的主要差别在于基本指挥与控制关系构成的联系和自同步指挥与控制关系所构成的联系的多少不同。另外,指挥关系拓扑也有所区别。

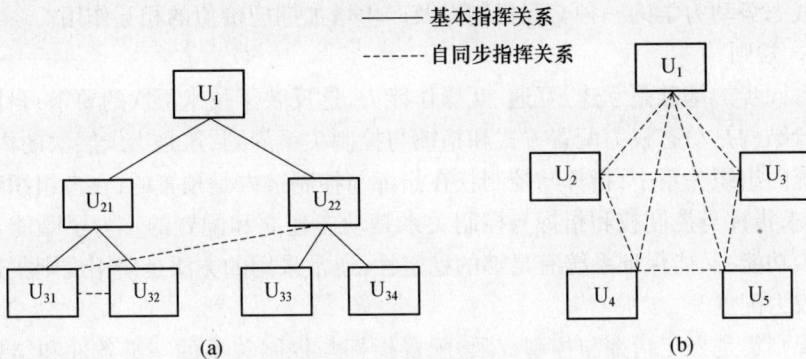

图 5.4　指挥与控制结构的两种形式

(a) 烟囱形自同步指挥结构;(b) 无指挥节点自同步指挥结构。

自同步涉及纵向和横向协调,纵向协调保证高层战略目标的一致性,横向协调同步不同的组织、功能和动作。

2. 条件

只有在互连、互通和互操作能力的支持下,才能实现自同步的指挥与控制方式。自同步的各兵力单元处于同等地位,依据一定的原则实时规定指挥与控制权限和配置指挥与控制关系。这可能存在如下问题:由于认识不统一,被动方在行动中可能存在疑虑,执行细节不到位,或具有盲目性,主动性不足,难以把握作战机会,这就要求作战任务清晰、指挥意图明确、态势统一、认识共享、指挥员之间相互信任等,这是实现自同步的软条件。

以作战指挥与控制的自同步为例,图5.5给出作战指挥与控制自同步结构的主要关键元素,包括鲁棒网络中的实体、共享认识能力、明确的指挥与控制规则集、增加价值的相互作用。

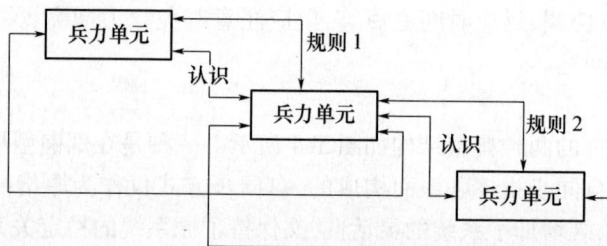

图5.5　自同步的相互作用

规则集和共享认识保证实体在缺少传统层级建制环境时实现指挥与控制。规则集描述的是在各种作战态势中的指挥与控制原则。共享认识提供正在进行的作战态势动力学的一种交互机制以及产生增加期望价值的相互作用。

3. 规则

自同步的基础是互连、互通、互操作能力,这反映了技术层次的要求;自同步的运行结构是动态权力配置方式和指挥与控制关系规则,这是组织层次的内容。在传统的组织关系中,指挥与控制权在指挥与控制链内是预置的;在自组织结构中,要求指挥与控制权和指挥与控制关系是动态建立和配置的。为了既能实现自同步功能,又能保证系统有足够的稳定性,通常采用的方法是使用规则集进行动态权力配置。

规则集是界定指挥与控制权限、配置指挥与控制关系的一组条件和结果的关系集合,通常战前可作为预案确定。通过规则集,动态地明确各个节点的指挥与控制权和隶属关系,这是自同步能够正常运行的条件,也是保证系统稳定性需要的。下面是几类可能的规则集:

(1)地域规则集:指挥与控制权按地域分配,目标和任务落入作战单元的分配域内时,该单元自动获取对周边节点的指挥权。

（2）功能规则集：不同的作战任务类型由不同的作战单元负责，如防御弹道导弹由 A 类舰拥有指挥与控制权，防御巡航导弹作战由 B 类舰拥有指挥与控制权。

（3）价值规则集：当不同作战单元同时面对作战任务时，指挥与控制权应转移到承担军事价值大的作战任务作战单元，评估任务价值应用定量指标。

（4）时间规则集：指挥与控制权转移到正在执行临界时间任务的作战单元上。

第6章 指挥与控制相关技术

指挥与控制是一项复杂的系统工程,包括的相关技术较多,如信息获取与信息处理技术、网络通信技术、图形图像处理技术、数据库技术、辅助决策技术、软件工程技术等。由于网络通信技术、图形图像处理技术、数据库技术和软件工程属于计算机科学的范畴,因此书中仅介绍信息获取技术、信息融合技术和辅助决策技术。

6.1 信息获取技术

没有信息就没有指挥与控制。通俗地讲,信息是指挥与控制的先决条件和开端,也是影响指挥与控制是否有效的关键。按业务种类不同,指挥与控制的信息主要分为以下几类:一是文字类信息,通常有命令、指示、通知、通报、请示、报告、决定等;二是数据类信息,主要是各类统计数据和实时动态数据;三是动态或静态图像类信息,如工业控制中的流程图和实时监控图像以及作战指挥与控制中的态势图等;四是图形或图形加文字数据类信息,主要有以图形方式表示的情况信息、决策信息等,并附以文字进行说明;五是最常见的话音信息,主要用于下达命令、报告情况和指挥与控制人员之间的协商等。

6.1.1 信息的获取方式

指挥与控制信息的获取方式可分为获取人工信息和获取信号信息两种方式。人工信息主要指通过人与人之间的语言、手势、表情等所获取的信息。例如,通过向从灾区走出的灾民了解灾区信息,就属于人工信息获取方式。信号信息是指利用各种传感装置所获取的电磁、光电、数字、图像等信息,如战时通过雷达、声纳、光学侦察设备等获取的信息。这里主要对信号信息的获取方式进行说明。

(1) 通信信息。通信信息是各种通信设备的信息,如作战指挥与控制中的地地、地空、空空通信的短波和超短波通信、卫星通信、散射通信中通信电台的技术参数(工作频率、编码方式、数据速率、调制样式、信号功率)及通信体制、类型等信息。

（2）光电信号信息。是指光电辐射源发出的光电信息,以及从这些光电信息中分析识别出的信息。

（3）声波信号信息。主要指依据各种声源变化所获取的指挥与控制信息。

（4）红外与激光信息。主要包括依据各种热源变化所获取的目标状态与运动参数等红外信息以及激光信号在内的各种光信息。

（5）网络信息。指通过计算机网络而得到的指挥与控制信息。对于不同的应用,它所涉及的内容各不相同。例如,对于自然灾害应急系统来说,它包括从灾区发回的文字、图片、视频等信息;而对于作战指挥与控制来说,它包括敌方的政治、经济、军事等方面的信息及与作战有关的意图、态势、任务、部署等信息。

6.1.2　对信息获取的要求

1. 及时性

信息的及时性是指指挥与控制系统获得信息的时效性。信息获取的及时性是影响指挥与控制效果的关键因素。不及时的信息将使指挥与控制的效果大大降低,甚至毫无价值。在军事指挥与控制系统中,要求雷达、红外、声纳等传感器和情报部门能得到战场态势的实时信息,以便指挥员对当前的作战态势进行准确判断,并对敌方的作战意图进行推断。在处理突发事件的应急指挥与控制中,最核心的问题是能在事件发生后的最短时间内得到事件的准确信息,以利于作出正确而全面的反应,为处理突发事件赢得宝贵的时间。例如,在"5.12 汶川地震"中,地震发生后,汶川的通信网络全部瘫痪,汶川一度成为信息孤岛。为得到灾区的真实信息,及时通过采用空降兵空降、空投卫星电话和搭建小型卫星基站等措施,使灾区通信业务和数据传输得以恢复,保障了信息获取的及时性,为抗震救灾指挥与控制赢得了宝贵的时间。

2. 准确性

信息的准确性是指指挥与控制系统所获得的信息与真实情况的一致性。信息的准确性直接决定着指挥与控制人员能否减少指挥失误,做到灵活指挥和精确指挥。对于应急指挥来说,指挥与控制信息的准确性是保证应急方案准确合理的前提,只有获得准确的突发事件信息才能保证各项物资、人员的精确到位和灵活指挥。对于作战指挥与控制来说,信息获取的准确性主要取决于以下几个方面:一是传感器的精确性,应使卫星、预警机、雷达、红外和声纳等传感器测量信息的误差最小化;二是传感器的抗干扰能力,能保证在复杂电磁环境和敌人干扰情况下传感器仍能正常工作;三是传输手段的可靠性,必须以保证传感器获得的信息能可靠地传输到作战指挥与控制系统。

3. 连续性

信息的连续性是指指挥与控制系统能不间断地得到所控制区域的人员、物资和环境的真实信息。连续性为信息的真实性和可靠性提供了保障,能够为指挥与控制提供强大、灵活的信息资源。海湾战争、科索沃战争、伊拉克战争从准备到实施,美军的太空卫星长期监视着战场情况,为作战指挥与控制提供了不间断的信息保障,才使得防区外精确打击、临空轰炸和有效反导得以实现。要达到信息的连续性首先要保证获得信息的人员和装备安全和完好,其次是在信息传输过程中的衰减要降到最低,保证信息传输过程无中断。对于作战指挥与控制系统来说,信息的连续性还表现在信息传输过程中的抗环境干扰能力及能抵御敌方的各种恶意干扰方面。

4. 安全性

信息的安全性是指所获取的信息能顺利地到达指挥与控制系统,并能防止恶意的干扰或破坏。信息的安全性:一是要求信息获取具有冗余备份手段,当一种获取手段失效或遭到破坏时,应能保证有其他的渠道获取信息;二是指信息获取过程中能同时防止人为或自然的破坏。对于抗震救灾等应急指挥与控制系统来说,信息的安全性主要体现在平时要加大无线、卫星、遥感信息获取设备的建设,以达到在突发事件情况下信息能安全、可靠地获取和传输。对于作战指挥与控制系统来说,信息的安全性主要体现在信息获取的保密性和具有抗恶意干扰的能力上。

6.2 信息融合技术

指挥与控制信息的获得必须运用包括微波、毫米波、电视、红外、激光、电子支援措施(ESM),以及电子情报等覆盖宽广频段的各种有源和无源探测器在内的多传感器集,以提供多种观测数据。通过优化综合处理,实时发现目标、获取目标状态估计、识别目标属性、分析目标的行为意图,并评定战场态势,进行目标的威胁分析,为火力控制、精确制导、电子对抗等为指挥与控制人员提供尽可能准确的信息。上述的信息过程在指挥与控制系统中被称为信息融合(数据融合)。

信息融合包括以下几方面的功能。

(1) 数据的校准。数据校准的作用是为了统一各传感器的时间和空间参考点。若各传感器的测量过程在时间和空间上是独立地异步工作的,则必须事先进行时间和空间校准,即进行时间搬移和坐标变换,以形成信息融合所需的统一时间和空间参考点。

(2) 数据的相关。数据相关的作用是判别不同时间和空间的数据是否来自同一目标。每次扫描结束时,相关单元将收集到的某个传感器的新报告,与其他传感器的新报告以及该传感器过去的报告进行相关处理。

(3)状态估计。状态估计又称为目标跟踪。每次扫描结束时就将新数据集与原有的数据进行融合,根据传感器的观测值估计目标参数,并利用这些估计值预测下一次扫描中目标的位置,预测值又被反馈给随后的扫描,以便进行相关处理。状态估计单元的输出是目标的状态估计值,如状态向量、航迹等。

(4)目标识别。目标识别亦称属性分类或身份估计,即根据不同传感器测得的目标特征形成一个 N 维的特征向量,其中每一维代表目标的一个独立特征。若预先知道目标有 m 个类型以及每类目标的特征,则可将实测特征向量与已知类别的目标特征进行比较,从而确定目标的类别。

(5)行为估计。将所有目标的数据集与先前确定的可能态势的行为模式相比较,以确定哪种行为模式与监视区域内所有目标的状态最匹配。

根据实际需要,人们已经提出了许多信息融合模型。信息融合模型可以根据信息流、控制关系、应用以及规模的不同而分为不同的模型。根据信息融合系统的外部特性和内部特性,信息融合模型分为两大类:一是基于系统外部特性的模型,如结构模型、功能模型、位置融合模型、输入输出模型等;二是基于融合算法本身特征的模型,如融合四元素模型、分层融合模型、属性融合模型等。

6.2.1　信息融合的基本要素

信息融合系统的模型一般由下面四个基本要素组成:
(1)传感器,它是向信息融合系统提供原始观测信息的信息"采样器";
(2)原始信息的特征提取、分类、跟踪和评估;
(3)目标的识别、分析和综合;
(4)信息融合结果,即信息融合系统的输出。

图 6.1 中详细说明了多目标、多传感器系统各基本要素的功能。对于信息融合系统来讲,传感器群的控制和管理是必不可少的环节。因为实际系统中需要构造闭环系统,从而根据信息融合结果实现传感器群的控制和管理。

如图 6.2 所示,美国 JDL(Joint Directors of Laboratories)信息融合小组提出了顶层级信息融合处理模型(To PLevel Data Fusion Process Model),并详细说明了各层级信息融合的任务、技术以及发展动向。该模型按照融合的目的明确地划分了信息融合系统的功能模块,其优点是可在各个不同的层级上了解信息融合的基本任务。

(1) 传感器　系统 1　　　　　　　系统 N

(2) 分类跟踪
航迹/点迹关联处理
航迹更新
聚集构成
假设构成

目标航迹文件
时间、位置、航迹历史
传感器测量

(3)识别和分析
综合/分类
数据集合结合
假设生成
目标识别判定和置信度
概率确定、功能集成

传感器控制

威胁识别
威胁分析
情报综合

(4) 报告　信息融合报告

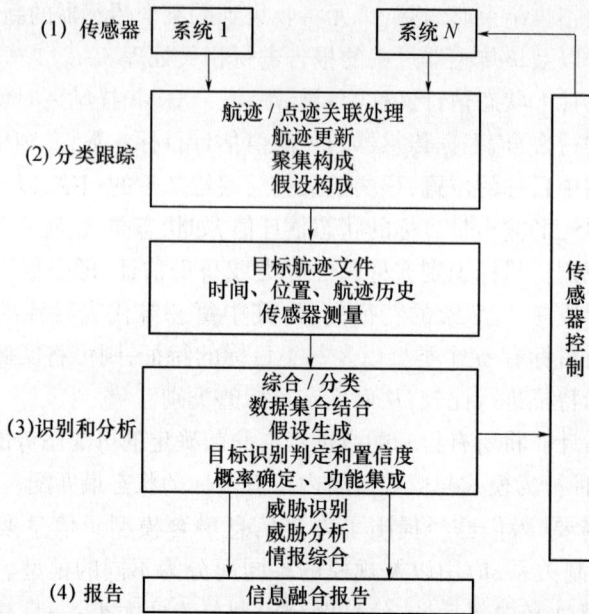

图 6.1　信息融合四元素

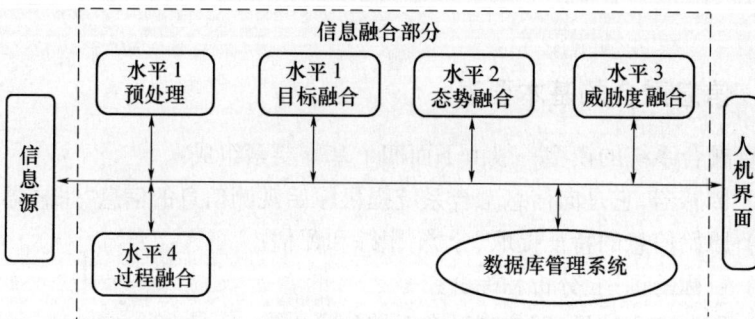

信息融合部分

水平 1 预处理　水平 1 目标融合　水平 2 态势融合　水平 3 威胁度融合

信息源

水平 4 过程融合　　数据库管理系统

人机界面

图 6.2　顶层水平信息融合处理模型

6.2.2　指挥和控制系统中的不确定性

在多传感器数据融合系统中,由于传感器自身测量不精确以及环境噪声和人为干扰等因素的影响,造成被融合的数据不确定。许多研究军用数据融合技术的专家一致认为:指挥与控制中的不确定性是影响系统性能的主要原因,因此,确定性数据融合方法不适于多传感器数据融合。本节依据图 6.3 所示的指挥与控制系统的概念模型简要讨论指挥和控制中的各种不确定性,作为介绍各种多传感器数据融合方法的基础。

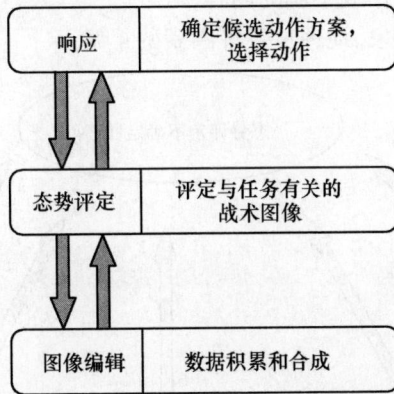

图 6.3 指挥与控制系统的概念模型

1. 数据不确定性的原因

造成数据不确定性的原因主要有以下几个方面。

1）图像编辑中的不确定性

图像编辑明显地与构成现行态势的各种信息有关,这些信息不仅来自各种传感器,而且还来自通信系统、导航系统和其他信息源。造成图像编辑不确定的原因如图 6.4 所示。

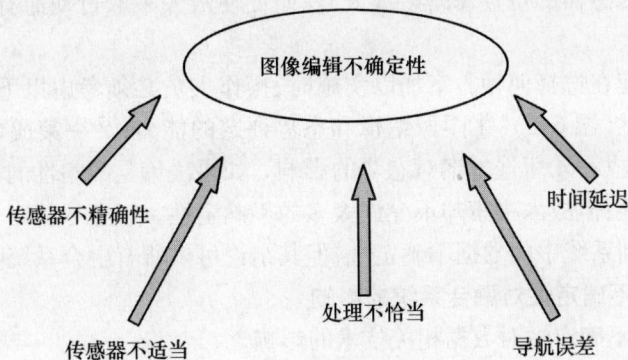

图 6.4 图像编辑中的不确定性

2）态势评定中的不确定性

态势评定是把态势特性的实际观察值与以往经验得出的知识相结合,以形成对动态变化事件的综合解释。态势评定中可能用到的知识有四类(图 6.5):

第一类知识来自图像编辑的输出,典型的是已知平台的位置估计和身份;

第二类知识是根据传感器和武器配置所得出的平台能力的详细情况；

第三类知识是各种作战手册的内容；

第四类知识是对气象、地理位置等因素的了解。

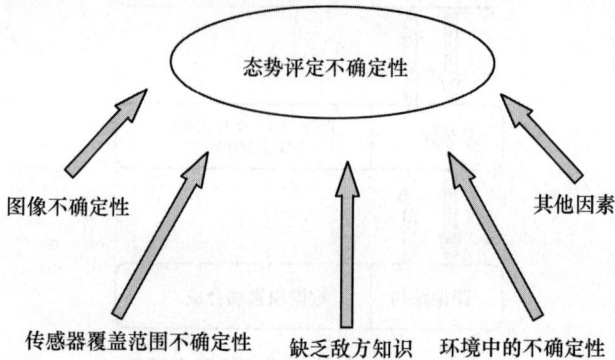

图6.5 态势评定中的不确定性

3）响应决策中的不确定性

C^3 概念模型的顶层处理称为响应，它实际上是一个决策过程，即根据态势评定结果确定几种候选方案，并从中选择一个加以实现。最佳决策的过程不仅要考虑输入数据中的不确定性，还要考虑决策过程本身含有的不确定性因素。例如，为了收集更多的信息可能需要根据决策方案开启一个特定传感器，但这样做有可能将传感器的位置暴露给敌人，反而促使敌人采取行动而有效地改变其态势。

决策过程在选择何种方案加以实施时，操作人员必须考虑以下一些因素引起的不确定性（图6.6）：①图像编辑和态势评定的能力；②决策成本；③现有约束和全部优先权；④所选方案对态势的影响。如果决策是战略性的，则可容许较多的不确定性；但战术决策却不允许太多的不确定性。以上尽管以 C^3 系统分析了指挥与控制系统中的数据不确定性，但其结论可供所有融合系统参考。

2. 数据不确定性对融合系统的影响

1）数据不确定性对数据相关技术的影响

如果数据的不确定性是由于传感器误差引起的，则在进行数据相关时，就不能使用通常所采用的一对一或几对几的数据相关技术，而必须采用点迹和航迹图像相关技术。

当融合处理涉及使用不同分辨率或探测机理根本不同的传感器观测时，就需要使用更智能的相关技术。例如，对于非同构传感器，融合处理时就要考虑分辨力的大小及目标可被一个传感器观测到而不被另一传感器观测到的情况。

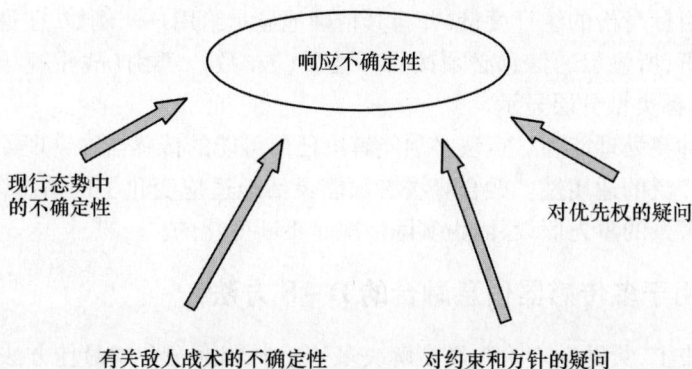

图 6.6　响应中的不确定性

2）数据不确定性对目标识别和态势评定的影响

数据的不确定性导致了证据的不确定性。证据的不确定性有以下三种表现形式。

（1）不确定的证据。证据不能确切地表示环境所含有的内容,而只能提供几种可能环境的可信度。例如,根据 ESM 报告和雷达航迹,也许能确定探测到的舰船不是一艘战斗舰船,但若没有其他信息支持（如光电传感器的信息）,却不能确定目标到底是一艘远洋船还是一艘测量船。

（2）不完全的证据。虽然任一单独的证据都可以提供某种可能结果的可信度,但与每个环境可能性都相符合的、精确的可信度一般是不能根据单个证据来确定的。未知的东西也可能正是需要完全理解环境时所缺乏的证据,因而,也是证据信息的重要组成部分,需要揭示出来。例如,雷达视距外未观测到的一枚来袭掠海导弹就比已观察到的携带导弹的战斗机更重要。

（3）不正确的证据。如果由于传感器观测或源数据中某个性质上的误差而导致产生不正确的证据（如探测到一个错误的目标）,则在融合结果中会产生严重的误差。

证据的不正确性导致在目标识别和态势估计中不能使用严格的解析方法,而必须基于现代统计理论、估计理论以及人工智能技术等。

3. 判断多传感器数据融合算法是否合理的四条标准

鉴于数据不确定性对多传感器数据融合的影响,有必要研究更有效的多传感器数据融合算法。判断多传感器数据融合算法是否合理的四条标准如下:

（1）传感器建模。每个传感器都可能在其特定的抽象级上提供信息,因此,融合算法必须能为每个传感器所提供的信息进行精确地建模。

（2）融合和显示。算法必须能对多个传感器所提供的信息进行融合、计算所得到的目标身份的统计度量,并将其精确地显示给用户。例如,在目标识别的特定情况下,所显示的信息必须按目标性质(友/敌)、类别(战斗舰/辅助舰/民船等)和目标类型分层显示。

(3)冲突处理能力。算法必须能解决任何可能的传感器冲突现象。

(4)广泛的适用性。融合算法必须能灵活地适应变化了的情况,即不依赖于对应用背景的事先假设,因为实际情况是不断变化的。

6.2.3 用于多传感器信息融合的 D－S 方法

在历史上,贝叶斯理论曾经是解决多传感器数据融合的最佳方法。但是在使用中也发现它存在着严重缺陷,尤其是它不能在所有特定传感器抽象级上给出精确的可信度表示,即贝叶斯理论强迫每个传感器必须在公共抽象级上以贝叶斯可信度作出响应,尽管大多数战术传感器在这一级上根本不可能提供详细信息。例如,根据 IFF 询问是否有响应,进行推断目标是否属"友"集或"非友"集,孤立地看,这种传感器并没有提供关于目标进一步的详细信息,但如果来自其他传感器的信息都属于"友"或"非友"这一单一的抽象级,则贝叶斯理论就完全可以完成多传感器融合任务。然而,实际情况是,要融合的数据往往处于不同的抽象级上(如类别、形状、目标类型、雷达设备、性质、传感器可靠性、特征集等),这样,就很难根据贝叶斯理论给出精确的可信度表示。

作为贝叶斯推理扩充的 D－S 推理技术(证据理论),在多传感器数据融合中得到了广泛的应用。Waltz 和 Bogler 等人研究了把 D－S 技术应用于多传感器目标识别、军事指挥与控制等方面的一般方法,在已公开的美国国防部研究报告中也发现了采用 D－S 方法进行特征级融合的实验系统。作者在解决水面目标识别问题时也采用了基于 D－S 理论的融合方法。有关 D－S 推理的基础理论这里不再赘述,本书仅讨论它在多传感数据融合中的应用。

1. D－S 方法的推理结构

任何一个完整的推理系统都需要用几个不同推理级来保持精确的可信度表示。D－S 方法的推理结构(图 6.7)自上而下分为三级:

第一级是合成,它把来自几个独立传感器的报告合成为一个总的输出(ID)。

第二级是推断,由它获取传感器报告并进行推断,将传感器报告扩展成目标知识报告。其推理基础:一定的传感器报告以某种可信度在逻辑上定会产生可信的某些目标知识报告。例如,一个传感器报告说目标拥有某种类型的雷达,那么在逻辑上就可以据此推断出目标是某种舰船或飞机。

第三级是更新,因各种传感器一般都有随机误差,所以,在时间上充分独立的、来自同一传感器的一组连续报告,要比任何单一报告都可靠。这样,在进行推断和多传感器合成之前就要先组合(更新)传感器级的信息。

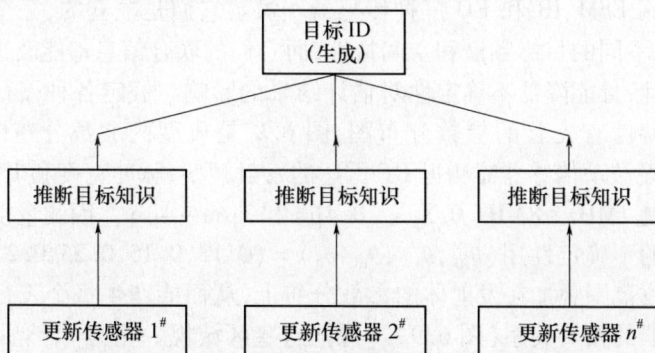

图 6.7　证据推理的推理机构

2. D–S 证据推理在多传感器数据融合中的基本应用过程

在多传感器数据融合中、应用 D–S 推理的基本过程如图 6.8 所示。它首先计算各个证据的基本概率赋值函数 m_i、信任度函数 Bel_i 和似然函数 Pls_i;然后用 D–S 组合规则计算所有证据联合作用下的基本概率赋值函数、信任函数和似然函数;最后根据一定的决策规则,选择联合作用下支持度最大的假设。

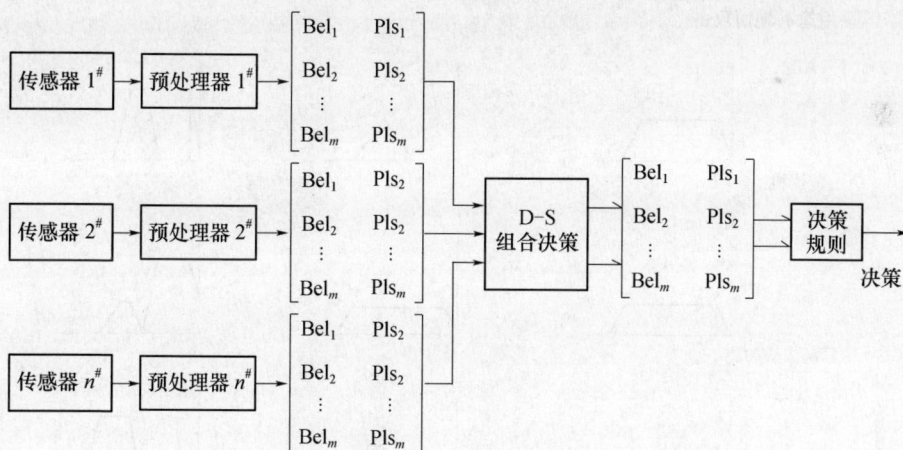

图 6.8　证据推理在多传感器数据融合中的基本应用过程

3. 应用实例

为了说明 D–S 理论在指挥和控制系统中的应用,假设有一个战术空中多传感器数据融合系统,目标类型被分成具有空中优势的战斗机、多用途或地面攻击飞机、轰炸机、电子战(EW)或 AWACS(空中预警飞机)、其他飞行器(如直升机、无人驾驶飞机、导弹以及未知飞行器),分别用 AT_1、AT_2、AT_3、AT_4 和 AT_5 表示。系统使用 ESM、IR 和 EO 三种传感器。虽然它们是独立的、完全不同的知识源,能反映不同的目标频谱和空间特性,而它们的联合信息却能改进对目标的类型识别估计,且能降低不确定性对估计结果的影响。假定各种飞行器的电磁和红外发射特性有先验的参数分布图,图 6.9 是典型的参数分布图(单位面积),图中假设被动传感器能测得 RF 雷达的发射频率、脉冲宽度和 IR 波长的接收范围分别是 $7MHz \sim 8MHz$、$0.3\mu s \sim 0.4\mu s$ 和 $3\mu m \sim 4\mu m$。因测量误差和噪声等原因引起的不确定性用 $(\theta_{RF}, \theta_{PW}, \theta_{IR}, \theta_0) = (0.13, 0.15, 0.25, 0.2)$ 表示。将传感器的接收范围叠加在发射体的参数分布上,从而能产生每个飞行器类别关于每个传感器的相对关系(图 6.9)。再把这些区域规一化为 1,然后用 $(1 - \theta)$

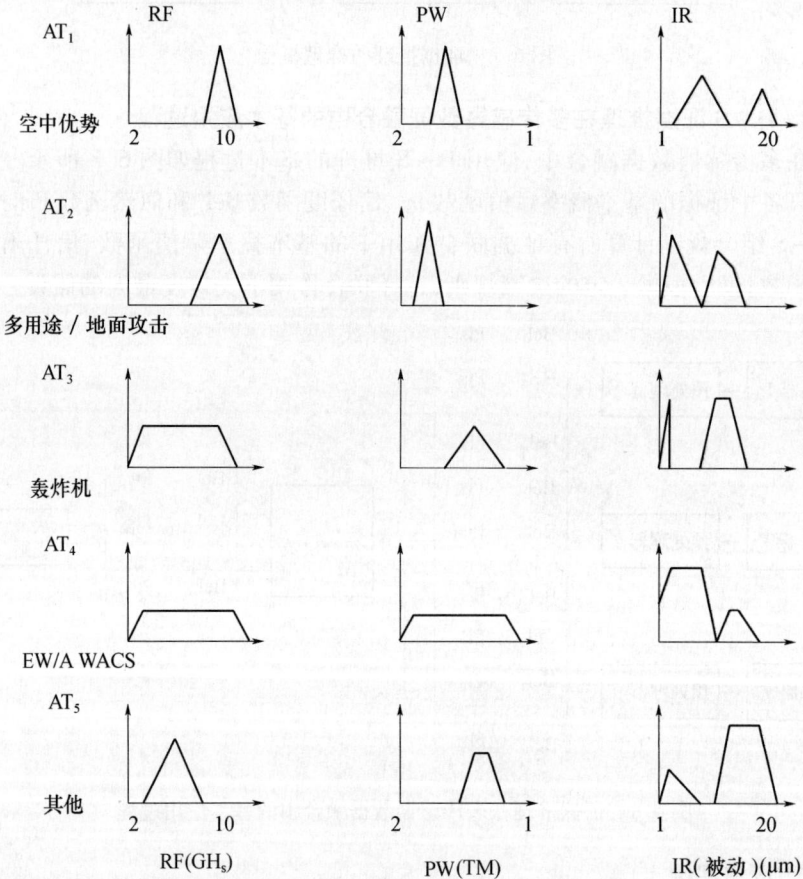

图 6.9 几种飞行器的发射特性参数分布图

乘以每个区域,由此可得到以下质量函数:

$$M_{\mathrm{RF}}(\mathrm{AT}_1,\mathrm{AT}_2,\mathrm{AT}_3,\mathrm{AT}_4,\mathrm{AT}_5,\theta_{\mathrm{RF}}) = (0.2,0.4,0.12,0.15,0,0.13)$$

$$(6.1)$$

$$M_{\mathrm{PW}}(\mathrm{AT}_1,\mathrm{AT}_2,\mathrm{AT}_3,\mathrm{AT}_4,\mathrm{AT}_5,\theta_{\mathrm{PW}}) = (0.45,0.05,0.25,0.1,0,0.15)$$

$$(6.2)$$

$$M_{\mathrm{IR}}(\mathrm{AT}_1,\mathrm{AT}_2,\mathrm{AT}_3,\mathrm{AT}_4,\mathrm{AT}_5,\theta_{\mathrm{IR}}) = (0.25,0.3,0,0.2,0,0.25) \quad (6.3)$$

光学设备观测结果为

$$M_0(\cdots,\theta_0) = (0.4,0.4,0,0,0,0.2) \quad (6.4)$$

即观测人员通过目测认为:飞行器可能是具有空中优势的或多用途的战斗机,不确定性为 20%。表 6.1 列出了 RF 和 PW 质量函数的 D – S 一致平方。

表 6.1　RF 和 PW 质量函数的 D – S 一致平方

RF→	AT_1	AT_2	AT_3	AT_4	AT_5	θ
AT_1	0.09	0.18	0.054	0.0675	0	0.0585
AT_2	0.01	0.02	0.006	0.0075	0	0.0065
AT_3	0.05	0.1	0.03	0.0375	0	0.0325
AT_4	0.02	0.04	0.012	0.015	0	0.013
AT_5	0	0	0	0	0	0
θ	0.03	0.06	0.018	0.0225	0	0.0195
PW↑						

已知飞行器类型是不相交的(对于 $i \neq j$,$\mathrm{AT} \cap \mathrm{AT} = \varnothing$)。根据 D – S 理论,$K = 2.4$ 的相关合成质量函数为

$$M_{\mathrm{RF} \times \mathrm{PW}}(\mathrm{AT}_1,\mathrm{AT}_2,\mathrm{AT}_3,\mathrm{AT}_4,\mathrm{AT}_5,\theta) = (0.43,0.21,0.19,0.12,0,0.05)$$

$$(6.5)$$

并且,不同飞机类别的证据间隔为

$$EI_{\mathrm{RF} \times \mathrm{PW}}(\mathrm{AT}_1,\mathrm{AT}_2,\mathrm{AT}_3,\mathrm{AT}_4,\mathrm{AT}_5)$$

$$= (\{0.43,0.48\},\{0.21,0.26\},\{0.19,0.24\},\{0.12,0.17\},\{0,0.05\})$$

$$(6.6)$$

由此得到结果的质量函数及证据间隔为

$$M_{\mathrm{RF} \times \mathrm{PW} \times \mathrm{IR}}(\mathrm{AT}_1,\mathrm{AT}_2,\mathrm{AT}_3,\mathrm{AT}_4,\mathrm{AT}_5,\theta)$$

$$= (0.48,0.27,0.1,0.133,0,0.026) \quad (6.7)$$

$$EI_{RF \times PW \times IR}((AT_1, AT_2, AT_3, AT_4, AT_5)$$
$$= (\{0.48, 0.506\}, \{0.27, 0.296\}, \{0.1, 0.126\}, \{0.133, 0.159\}, \{0, 0.026\})$$

$$(6.8)$$

显然,合成结果对 AT_1 和 AT_2 的支持有所增加,不确定性有所减少。如果增加观测质量函数,全部质量函数和证据间隔为

$$M_{RF \times PW \times IR \times O}(AT_1, AT_2, AT_3, AT_4, AT_5, \theta)$$
$$= (0.58, 0.33, 0.03, 0.05, 0, 0.01)$$

$$(6.9)$$

$$IR_{RF \times PW \times IR \times O}(AT_1, AT_2, AT_3, AT_4, AT_5)$$
$$= (\{0.58, 0.59\}, \{0.33, 0.34\}, \{0.03, 0.04\}, \{0.05, 0.06\}, \{0, 0.01\})$$

$$(6.10)$$

6.2.4　基于信息论的多传感器数据融合方法

有时,多传感器数据融合并不需要用统计方法直接模拟观测数据的随机形式,而是依赖于观测参数与目标身份之间的映射关系来对目标进行标识,这类方法称为基于信息论的融合方法,如模板法、聚类分析法、自适应神经网络法、表决法和熵法等。

1. 聚类分析理论在多传感器数据融合中的应用

聚类分析法是一组启发式算法,在模式类数目不是很精确的标识性应用中,这类算法很有用处。聚类分析算法按某种聚类准则将数据分组(聚类),并由分析员把每个数据组解释为相应的目标类。例如,雷达的脉冲重复区间参数和无线电频率可用来区分不同型号的雷达,当一个或多个传感器观测到一个现象(如不同型号的雷达)时,就选择传感器数据,通过一个聚类分析算法将这些数据按类(如雷达型号)分组,可以把这些数据组解释为表示目标类的隶属关系。已经提出来的分类算法有分层聚集法、迭代分割法、分层设计法、因素分析法、图论法等。图6.10表示聚类分析的概念。

为实现聚类,必须有一个聚类准则,可以把各种各样的相似性或距离度量作为数据样本的聚类准则。例如,相距30km的飞机一般不可能聚成一类,而相距100km的舰船则很可能属于同一个舰队。对聚类是否进行分级,要看聚类的复杂性。在聚类过程中,可以加入启发式知识或随机交互进行选择某些聚类参数,以提高聚类速度。最近提出的一种自适应距离聚类算法是一种比较好的方法,该方法是在聚类过程中由算法根据实际观测到的聚类结构自动修改所使用的相似性度量。

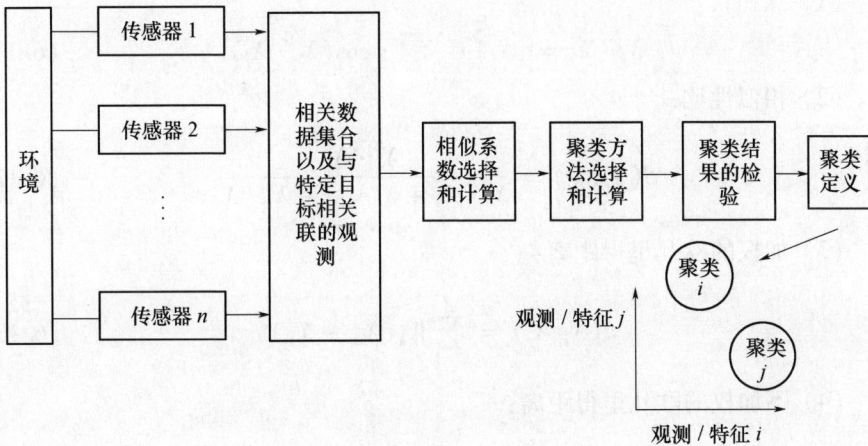

图 6.10 多传感数据融合的聚类分析方法

接下来的问题是如何寻找聚类。一般是把相似数据集中在一起成为一些可识别的组,并从数据集中分离出来,众多的不同特征数据可用不同的结果聚类来表征。包含在特征空间中的某个模式集(聚类)的模式密度一般要比其周围区域中的模式密度大。目前,已经提出了许多寻找聚类的方法,如密度搜索法等。

各种聚类方法的过程可用下面五个基本步骤来描述:

步骤 1:从观测数据中选择一些样本数据。

步骤 2:定义特征变量集合以表征样本中的实体。

步骤 3:计算数据的相似性,并按照一个相似性准则划分数据集。通常用一个预先规定的相似性度量与一个或几个阈值相比较的办法,把认为相似的模式分在同一类中。

步骤 4:检验划分成的类对于实际应用是否有意义,即检验各模式的子集是否很不相同(如根据各聚类之间的距离或者相关性)。若相同,则合并相似子集。

步骤 5:反复将产生的子集加以划分,并对划分结果使用步骤 4 检验,直到再没有进一步的细分结果,或者直到满足某种停止准则为止。至于停止规则,可以是所建立的聚类数目已满足关于类的总数的一种先验知识,或者已达到限定的计算时间或数据存储量。

当选定一种相似性度量、差别检验及停止规则后,就可得到一种特定的聚类分析算法。令 X_i 和 X_j 是两个给定的样本,它们的分量分别为 $X_{i1}, X_{i2}, \cdots, X_{in}$ 和 $X_{j1}, X_{j2}, \cdots, X_{jn}$。几种常见的相似性度量如下:

（1）点积：

$$X_i \cdot X_j = |X_i| \cdot |X_j| \cdot \cos(X_i \cdot X_j) \tag{6.11}$$

（2）相似性比：

$$S(X_i,X_j) = \frac{X_i \cdot X_j}{X_i \cdot X_i + X_j \cdot X_j - X_i \cdot X_j} \tag{6.12}$$

（3）加权的欧几里得距离：

$$d(X_i,X_j) = \sum_{k=1}^{n} W_k(X_{ik} - X_{jk})^2 \tag{6.13}$$

（4）不加权的欧几里得距离：

$$d(X_i,X_j) = \sum_{k=1}^{n} (X_{ik} - X_{jk})^2 \tag{6.14}$$

（5）布尔"与"运算（或加权布尔"与"运算）：

$$S(X_i,X_j) = \sum_{k=1}^{n} (X_{ik} \cap X_{jk}) \tag{6.15}$$

（6）规范化的相关系数：

$$\mathrm{dep}(X_i,X_j) = \frac{X_i \cdot X_j}{\sqrt{(X_i \cdot X_i)(X_j \cdot X_j)}} \tag{6.16}$$

聚类分析算法主要用于目标识别和分类。然而，由于在聚类过程中加入了启发和交互，从而使它带有很大的主观性。一般说来，相似性度量的定义、聚类算法的选择、数据的排列方位，甚至输入数据的次序，都可能影响聚类结果。Aldenderfer 和 Blashfield 用实例分析了这些因素的影响。因此，在使用聚类分析方法时，应注意其有效性和可重复性以形成有意义的属性聚类结果。

2. 表决法在多传感器数据融合中的应用

表决法在概念上是非常简单的，类似于日常生活中的民主选举，少数服从多数，以超过半数为通过。因此，就多传感器的综合标识说明来说，表决法（包括布尔"与"、"或"处理）是最简单的技术。每个传感器提供观测实体身份的一个输入说明，然后由表决算法对这些说明进行搜索，以找到一个由半数以上传感器"同意"的说明（或采取其他简单判定规则），并宣布表决结果（一个联合说明）。当然，有时可能要引入加权方法、门限技术以及其他判定方法等，从而在一定程度上增加了表决法的复杂性。但是，当没有准确的先验统计数据可利用时，表决法十分有用，特别是对于实时融合很有吸引力。

6.2.5　基于认识模型的多传感器数据融合方法

基于认识模型的多传感器数据融合(MSF)方法试图模仿人类从多传感器(眼、耳、鼻、手等)数据中辨别实体的识别过程,其中有模糊集合理论、逻辑模板法以及基于知识或专家系统等。后两类方法主要用于高级推理,解决复杂实体的存在和意图识别等,如对海军编队组成和配备的识别。限于篇幅,这里仅介绍很有应用价值的模糊集合方法和逻辑模板法。

1. 模糊集合理论在 MSF 中的应用

由 Zadeh 提出的模糊集合理论的中心思想是隶属函数 $\mu(.)$,类似于对 $0 \sim 1$ 内的数值进行概率分布。隶属函数主观上是由知识启发、经验或推测过程确定的,对它的评定没有形式化过程,这是明显缺点。尽管如此,精确的隶属函数分布形状对根据模糊演算得出的推理结论影响不大,因此,也可以解决证据不确定性或决策中的不准确性等问题。

模糊逻辑是一种多值逻辑,可将隶属程度视为一个数据真值的不精确表示。因此,MSF 过程中存在的不确定性可以直接用模糊逻辑表示,然后使用多值逻辑推理,根据上述各种演算对各种命题(各传感器提供的数据)进行合并,从而实现数据融合。当然,要得到一致的结果,必须首先系统地建立命题以及算子到 $[0,1]$ 区间的映射,并适当地选择合并运算所使用的算子。下面是一个应用例子。

在指挥与控制系统中,决策树极其重要。决策树的典型结构是二叉树,在每个阶段可能只有两种决策或假设(H_0 和 H_1),在以后阶段模糊测量与树分叉有联系。

假设一支小型海军特混舰队的司令官被告知有一个国籍不明的低空高速飞来的目标,这时他必须决定是主动防御还是被动防御。如果对目标实施射击,若目标是己方飞机,则可能造成重大损失;如果不及时摧毁目标或把目标诱开,目标又可能是攻击我方舰艇或护航船只的敌方飞机或导弹。上述决策过程可用图 6.11 的决策树来表示。

概率或似然率与每个节点分叉有关。例如,令 P_1 表示目标是己方飞机的概率,则 $(1-P_1)$ 表示目标是敌方飞机的概率;P_2 表示采用主动防御时目标被摧毁的概率,则 $(1-P_2)$ 表示目标生存下来的概率,P_2 与目标的敌我属性无关;P_3 表示采用了主动防御后目标击中我舰的概率;P_4 表示采用被动防御后目标击中我舰的概率。图 6.12 表示当这些概率已知时的贝叶斯概率决策树。

显然,只有两种决策,即主动防御(AD)和被动防御(PD),其平均代价分别为

$$AD_{avr} = P_1(P_2C_1 + (1 - P_2)C_2) + (1 - P_1)(P_2C_3 + (1 - P_2)(P_3C_4 + (1 - P_3)C_5))$$

$$(6.17)$$

$$PD_{avr} = P_1C_6 + (1 - P_1)(P_4C_7 + (1 - P_4)C_8) \qquad (6.18)$$

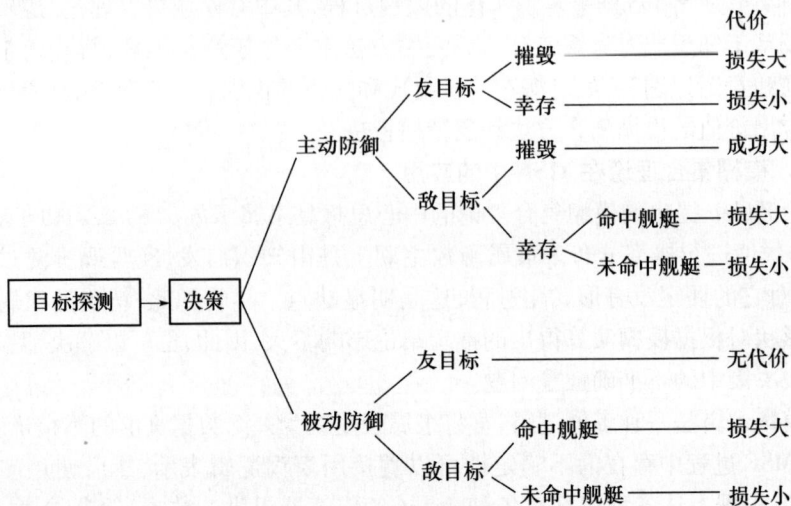

图 6.11　决策树

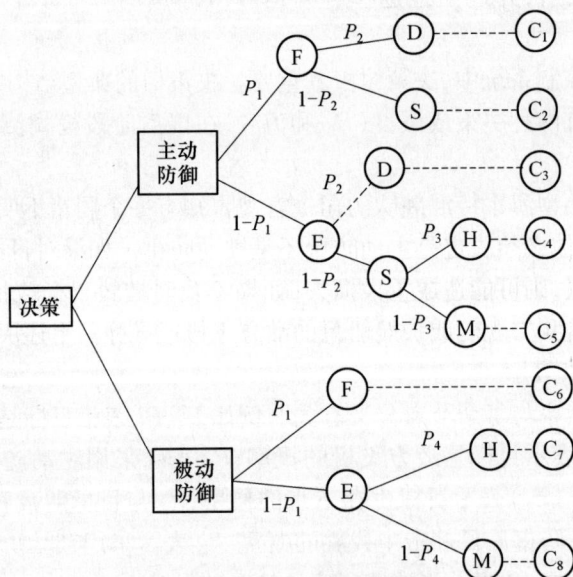

图 6.12　贝叶斯概率决策树

其中，$C_i(I=1,2,\cdots,8)$ 表示各种情况下的权或代价。

若 $AD_{avr} > PD_{avr}$，最好选用主动防御决策。但是，概率 $P_1 \sim P_4$ 是随时间变化的、不精确的、与态势有关的。因此，实际上只能用各自的模糊隶属函数内 μ_1 $(P_1),\cdots,\mu_4(P_4)$ 来表示。事实上，概率 $P_1 \sim P_4$ 或它们的隶属函数 $\mu_1 \sim \mu_4$ 是指挥官根据过去的作战经验分析得出的。图 6.13 描述了这些隶属函数。

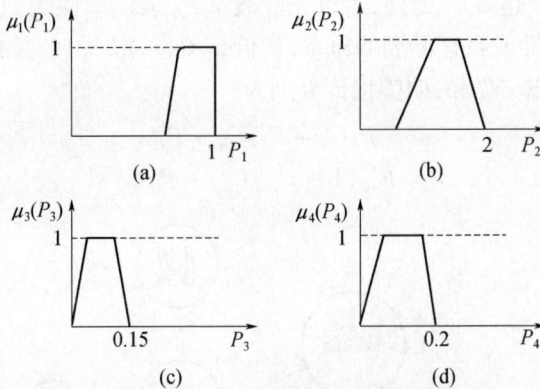

图 6.13　目标/作战的隶属函数

（a）己方目标概率（>50%）；（b）目标被摧毁概率（杀伤机会大）；
（c）舰艇命中概率（AD）（<15%）；（d）舰艇命中概率（PD）（20%左右）。

当已知 $\mu_1(P_1),\cdots,\mu_2(P_2),\cdots,\mu_4(X_4)$ 这些函数时，根据二元模糊关系的合成，可以把决策变量 $S = AD_{avr} > PD_{avr}$ 的隶属函数看作

$$\mu(S) = \max_Y[\min(\mu_1(P_1),\mu_2(P_2),\mu_3(P_3),\mu_4(P_4))] \tag{6.19}$$

令 $X = AD_{avr}, y = PD_{avr}, S = X - Y$。在二叉决策中，某个命题 A 的隶属函数 $\mu_A(X,Y)$ 能使 X 属于与假设或决策 H_0 有联系的可能的平均代价集，而 y 属于与另一个假设或决策 H_1 有联系的可能的平均代价集。根据模糊关系的交运算，有

$$\mu_A(X,Y) = \min(\mu_{H_0}(X),\mu_{H_1}(Y)) \tag{6.20}$$

$$\mu(A \to B) = \min_{X,Y}[\max[1 - \min(\mu_{H_0}(X),\mu_{H_1}(Y),\mu_B(X,Y))]] \tag{6.21}$$

其中，隶属函数 $\mu_B(X,Y)$ 表示假设或决策 H_0 优于 H_1。例如，如果

$$\mu_B(X,Y) = \begin{cases}1, & X - Y > 0(X - Y < 0) \\ 0, & 其他\end{cases} \tag{6.22}$$

则 $H_0(H_1)$ 很强或严格优于 H_1，如果

$$\mu_B(X,Y) = \begin{cases}1, & (X - Y) \geq 2.5 \\ 0.5 + 0.2(X - Y), & 2.5 \geq (X - Y) \geq -2.5 \\ 0, & (X - Y) \leq -2.5\end{cases} \tag{6.23}$$

则 $H_0(H_1)$ "有点" 优于 H_1。

在指挥与控制系统中,目标探测对指挥员决策是至关重要的,但由于虚警或探测不到目标,就会使决策数据出现了确定性,这在决策之前的数据融合中应考虑这种不确定性。

设目标被探测到的概率为 P_0,P_f 是虚警概率,C_f 是代价,则正确探测概率是 $(1-P_f)$,有关代价是 C_d。另外,若以先验概率 P_0 表示未探测到的目标的概率,P_m 是不能探测目标或目标漏测的概率,代价是 C_m。图 6.14 表示二叉目标探测过程,目标探测和未探测的期望代价分别为

$$d = P_0(1-P_f)C_d + P_f C_f \tag{6.24}$$

$$n = P'_0(1-P_m)C_{dm} + P_m C_m \tag{6.25}$$

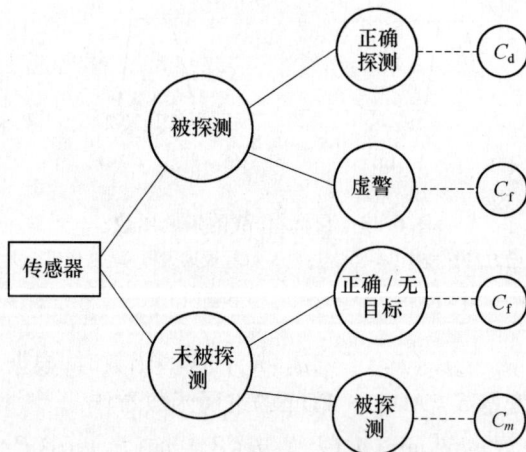

图 6.14　二叉目标探测过程

经验表明,虽然 MSF 可以减少数据不确定性,但与先验概率 P_0 和 P'_0 有关。同样,虚警和漏测概率也是不精确的。若把决策变量规定为

$$S(P_0,P'_0,P_f,P_m) = d(P_0,P_f) - n(P'_0,P_m) \tag{6.26}$$

则求出 S 的隶属函数为

$$\mu_s(S) = \max[\min(\mu_0(P_0),\mu_0(P'_0),\mu(P_f),\mu(P_m))] \tag{6.27}$$

2. 逻辑模板法在 MSF 中的应用

20 世纪 70 年代中期以来,逻辑模板法成功地用于 MSF,主要是事件检测和态势估计,但也可以用于目标识别。

模板是一种匹配概念,即将一个预先确定的模式(或模板)与观测数据进行匹配,确定条件是否满足,从而进行推理。图 6.15 是一个普通模板的例子。

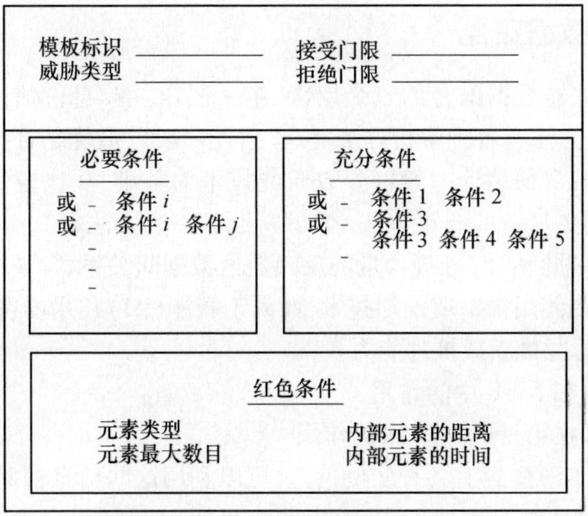

图 6.15　一个普通模板的例子

　　模式匹配的概念还可以推广到复杂模式情况,模式中可以包含逻辑条件、模糊概念、观测数据以及用来定义一个模式的逻辑关系中的不确定性等。这样,就使模板成为一种表示与逻辑关系进行匹配的综合参数模式方法。例如,一个模板可以把一个发射体的脉冲重复区间的观测值与一个先验门限进行比较,并能够确定所观测到的这个发射体与其他可能的实体在时间和空间上的关系。

　　基本的模板算法可用于将多传感器的观测数据与预先规定的条件进行匹配,以确定这个观测数据是否能提供识别某个实体的证据。模板处理的输入是一个或多个观测数据,其中,可包含一个时间周期内的有参或无参数据,因此,瞬时变化可以包含在这些结构中。输出是关于观测数据是否匹配于一个预定模板的说明,也可以包含对象间联系的可信度或概率。

　　在各种不同的应用中,模板需要该应用领域的特定信息。因此,一个普通模板要用例证来说明,如图 6.15 中的“红色条件”所示。然而,某些类型的信息对所有模板来说都是类似的,而与具体应用领域无关,如威胁类型、接受门限、拒绝门限、必要条件、充分条件以及描述或构成目标的分量等。其中,威胁类型描述战术威胁的类别;接受和拒绝门限是用户指定的数字或逻辑准则,可用于模板自动处理;必要和充分条件是预先选定的所需观测、逻辑关系和数据模式等,使得在模板自动处理中把这个模板作为一个候选物。基于模板的识别处理必须能提供根据数据库或系统用户模板进行修正模板的方法。

6.2.6　智能数据融合

按照多传感器数据融合的三个层次,第一层(位置/身份估计)处理各种数值数据,其处理方法有各种解析方法:位置估计一般以最优估计技术(如卡尔曼滤波等)为基础;身份估计一般以参数匹配技术为基础,从比较简单的技术(如多数表决法)到更复杂的统计方法(如贝叶斯、D－S方法等)。第二层(态势评定)和第三层(威胁估计)处理大量的反映数值数据间关系、含义的抽象数据(如符号),因此需要使用推断或推理技术,而人工智能(AI)技术的符号处理功能正好可用于获得这些推断或推理能力。

1. AI 技术在 MSF 中的作用

1) AI 技术在第一层 MSF 中的作用

专家系统(ES)中存有各种实例信息,可以利用这些信息辅助传统的分类方法进行身份估计。在身份估计中,通常要将目标(如舰艇)行为与存储的航线、任务一览表、政治疆界、起航基地、海上航道以及交战规则等进行匹配,这是一种逻辑相容性检验,从而可由 ES 加以利用。例如,可按照敌舰的任务类型层次来表达规则集的层次。当然,这需要各种支援数据库。也可以将 ES 的规则集直接用于观测值或由它们导出的参数,从而用 ES 方法代替传统的统计方法。由于与目标身份有关的许多参数一般就性质上来说是"模糊"的,这样,身份推理规则或专家对数据的解释就与用于 MSF 的统计方法一样有用,甚至更有用。此外,根据 Reiner 等人的研究,ES 方法还可在分类过程与位置估计过程最优耦合方面进一步得到应用。

2) AI 技术在第二层 MSF 中的应用

在第二层 MSF 上,AI 技术可以以三种方式起辅助作用:一是提供模式匹配(或样板匹配)功能,模式匹配把战场实体和事件与作战命令或任务层次相关联;二是能辅助解释各种性能模型的结果,属于智能辅助范畴;三是进行各种范围有限的决策辅助,以支援包括整个态势评定过程的各个功能。

近年来的发展趋势是开发综合工作站结构,这需要使用互相协作的专家系统、自然语言处理(NLP),以及 NLP 人机接口、立体数据库管理系统、语言输入/输出技术。将来的融合系统可能会包括学习能力,从而可能进行所谓的"冷"合成处理,即不需要任何(或有限)先验信息(数据库)的数据合成过程。

3) AI 技术在第三层 MSF 上的作用

AI 技术在第三层 MSF 中的应用潜力很大,在这方面的研究方兴未艾。例如:使用多个互相协作的 ES,以便真正利用多个领域的知识进行信息综合;使用学习系统,以便自动适应敌方作战原则/行为计划或态势驱动的变化。各种学习系统中以神经网络为基础的学习研究最为活跃;使用先进的立体数据库管理技术为更高的第三层推理过程提供支援。

2. ES 在 MSF 中的应用

目前,许多专家系统已在民用和军事上得到实际应用,因此,ES 方法用于 MSF 是很自然的事。图 6.16 是一个使用了 ES 技术的融合系统的示意图。

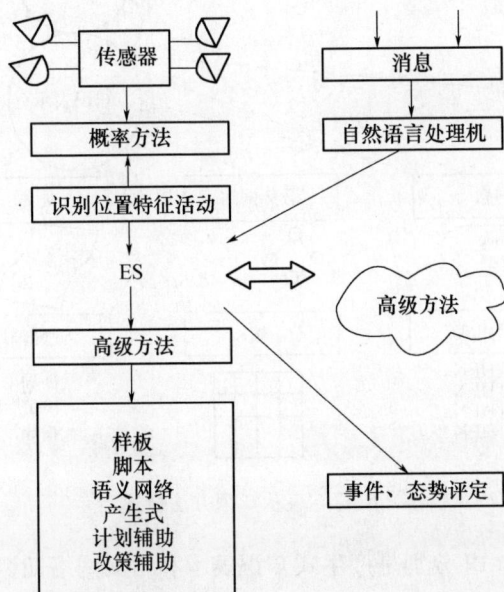

图 6.16　一个使用了 ES 技术的融合系统的示意图

系统的数据源有两类:一类是一组传感器;另一类是消息(源数据)。为使系统能处理消息,配备了一个自然语言处理机,该处理机可使系统通过理解输入的文本语法,确定文本的语义,并赋给文本一个计算机可理解的意义,如以英语形式读指令或信息。

图 6.16 中的"概率方法"一框用于从各个数据集中推断出结论,所使用的方法主要有贝叶斯、D-S、模糊集合论、聚类分析、估计理论及熵等。对于雷达和 ELINT 传感器,在分类参数时推荐使用模糊集合论对发射体类型、位置和功能进行分析。在通信情况下,建议选用聚类方法对有关调制、编码和射频(RF)特征信号进行识别。

对操作程序、通信模式以及装备功能的分析,也可选择模糊集合论。在所有情况下,无论是 ELINT、COMINT 还是 HUMINT,则可使用估计理论估计它们的位置数据。

89

一旦对输入的数据进行了标识和分类,就可以将对特定威胁具有意义的数据进行组合。这样,计算机就需要有关威胁以及组合信息方面的知识。图 6.17 概述了一组表示知识的方法。

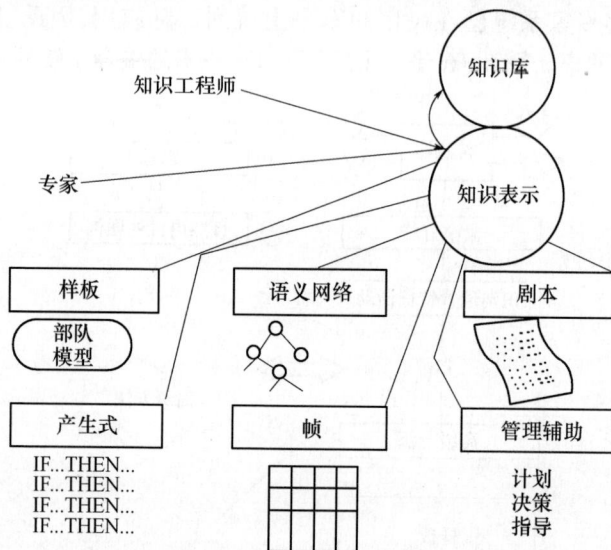

图 6.17　表示知识方法概述

图 6.18 和图 6.19 分别是产生式知识表示和语义网络知识表示的例子。

在数据融合中,使用 ES 方法的关键是知识的工程化处理。知识库的开发需要军事分析员和知识工程师的共同努力。军事分析员是军事专家,他们具有关于一个特定威胁的军事组织、交战规则、军事原则、通信、武器、电子设备、情报和其他军事装备特性等方面的经验和知识。专家把知识提供给知识工程师,然后由知识工程师解释,并以计算机可读的形式表示知识。知识存放在知识库中。

3. 在 MSF 中应用 AI 技术需要继续研究和解决的问题

虽然 AI 技术(包括 ES/KBS)在 MSF 方面有许多重要应用,但由于 MSF 学科和 AI 技术相对不成熟,从而使这两种技术没有很好地结合起来,未结合的问题有:时变动态输入数据;实时操作要求;各种数据类型和知识类型;处理和传输消息的延迟;传感器的空间分布;背景的真实性描述,专家经验和知识的获取和表示;决策过程的多级抽象;搜索技术;知识库规模太大等。下面列出为获得功能强大的军事 MSF 系统而需要研究的 AI 基本问题:

1)专家系统或以知识表示方面

获得实时性的技术;

各种数据和知识类型的协调;

IF
　　—在过去 2h 内观察到
　　—在师防区 DS7 内所有建制的炮兵已就位
　　—它们由几个非建制炮兵连补充
　　- 这些炮兵连在纵队后面 1/3 或小于 1/3 的最大距离内,侧向接近于几个可能的关键友方
目标
　　—上述信息是由高可靠性的图像传感器产生的,而传感器的实时响应时间小于 30min
　　—在 DS7 地区有关炮兵的通信增加
　　—已探测到 DS7 地区的后勤集结增加
THEN
　　- 以高概率激活"炮兵完成集结"指示灯
　　- 将知识表示为
　　- 态势/动作
　　- 预测/结论
　　- 实例/结果
　　- 建立知识模板
　　- 直观显示
　　- 将知识构成知识层次
　　- 将知识用于推理

图 6.18　产生式知识表示的例子

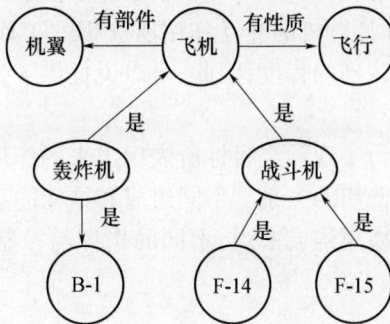

图 6.19　语义网络知识表示的例子

处理多级抽象的综合技术;
求解"非平稳"问题(随机问题)的最优解方法;
知识工程的快速求解技术;
测试和评价的技术标准。

2）自然语言处理方面

解决因军事问题的特有性质在数据融合系统中引起的问题；

快速复杂的关联技术；

MSF 与 NLP 的协调和/或对接；

语言和语言表示在概念上的统一问题。

3）模式识别方面

系统的实时处理能力；

如何在目标分类中降低虚警率；

模式识别与语义、关联、结构信息和层次推理的综合；

自适应模式识别技术。

6.3 指挥与控制中的辅助决策技术

指挥与控制中的辅助决策,按照现代决策科学的观点来说,是为实现一定目的而制定的各种可供选择的方案,并决定采取某种方案的思维活动。辅助决策不仅仅是作出抉择的一种行动,而且也是一个过程,包括作出抉择以前的准备工作和作出抉择以后的计划活动。

6.3.1 辅助决策的任务

利用数据和模型解决非结构化或半结构化决策问题的人机交互式系统并不提供结构化决策问题的解答,而是强调直接支持决策者以提高他们决策工作的质量。显然,通过用户和计算机的交互作用所获得的工作效率远远超过了由用户或计算机独立工作所达到的程度,因此,可以说提供了计算机和用户最佳合作的决策支持。

系统功能是指系统为实现预定目标所表现出来的作用和能力。系统功能与系统的组成和结构有着密切的关系。不同组成和结构的系统能够实现不同的功能。从指挥与控制系统物理构成来说,不同的指挥与控制系统所能实现的基本功能包括以下几个方面。

1. 信息获取功能

指挥与控制系统中的信息获取包括信息采集和接收。信息采集是指指挥与控制系统利用本身的侦察手段获得信息。信息接收是指指挥与控制系统接受上一级指挥机关或下一级指挥机构的信息。

2. 信息传输功能

指挥与控制系统利用各种信息传输手段,按照一定的传输规程和编码格式,将信息在指挥与控制系统内部和其他指挥与控制系统之间进行传送。信息传输的基本要求是快速、准确、可靠和保密。

3. 信息处理功能

信息处理功能包括两个方面：一是信息登录、格式检查、属性检查、统计计算等；二是数据融合，即将指挥与控制系统采集到的数据进行分类、属性识别、威胁排序等。

4. 辅助决策功能

辅助决策采用人工智能、数据库技术，以一定的模型为基础，对指挥与控制系统处理后的信息进行计算、推理，辅助作战指挥人员制定作战方案和保障方案。

6.3.2　辅助决策的特征

辅助决策系统(DSS)实质上是在管理信息系统和运筹学的基础上发展起来的。管理信息系统的重点是处理大量的数据。运筹学运用模型进行辅助决策时主要是单模型辅助决策。随着新技术的发展，所碰到的不得不解决的问题会越来越复杂，所涉及的模型会越来越多。模型类型也由数学模型扩充到数据处理模型，模型类型也越来越多。多模型辅助决策问题，在决策支持系统出现之前是靠人来实现模型间的联合和协调的。决策支持系统的出现就是为了用计算机自动组织和协调多模型运行、存取和处理大量数据库中的数据，达到更高层次的辅助决策能力。决策支持系统的新特点就是增加了模型库和模型库管理系统，它把众多的模型(数学模型和数据处理模型以及更广泛的模型)有效地组织和存储起来，并且建立了模型库和数据库的有机结合。这种有机结合适应人机交互，自然就促使了新型系统的出现，即辅助决策系统的出现。它不同于管理信息系统(MIS)的数据处理，也不同于模型的数值计算，而是它们的有机集成。它既有数据处理功能又有数值计算功能。

决策支持系统的概念及结构。决策支持系统是综合利用大量数据，有机组合众多模型(数学模型与数据处理模型等)，通过人机交互，辅助各级决策者实现科学决策的系统。

辅助决策系统使人机交互系统、模型库系统、数据库系统三者有机结合地起来。它大大扩充了数据库功能和模型库功能，即辅助决策系统的发展使管理信息系统上升为决策支持系统的。辅助决策系统使那些原来不能用计算机解决的问题逐步变成能用计算机来解决的问题。

6.3.3　辅助决策的要求

由于辅助决策系统是为指挥与控制人员的决策提供参考的，所以，直接影响着指挥与控制的适宜性和效率。因此,与一般的计算机软件系统不同,对辅助决策系统有一定的特殊要求。

1. 实时性要求

辅助决策必须具有较高的实时性,即为指挥员提供实时的信息,并能实时、准确地计算出决策依据要素和备选决策方案,以提高指挥员在指挥与控制中的快速反应能力。辅助决策的实时性要求有时会导致无法采用运算量大的优化模型,只能采用简化模型,以满足必须的实时性。

2. 科学性要求

必须采用合理的辅助决策模型,才能保证态势要素、决策要素的分析估计结果的科学性,成为指挥员决策的依据。辅助决策模型大体上可分为情况分析模型、资源分配模型和指挥优化模型。

3. 可扩充性要求

随着指挥样式和方式的不断变化,辅助决策所采用的手段和方法也应相应地改变,以满足指挥与控制系统的需要。随着指挥与控制对象和内容的变化,辅助决策的范围也在不断变化,这就要求辅助决策系统必须具有适应其范围变化的能力。所以,一个完整的辅助决策系统应具有可扩充性。可扩充性包括两方面的内容:方案库的扩充和模型的扩充。扩充方案库为的是扩充指挥方法,模型的扩充为的是适应辅助决策范围的变化和完善辅助决策体制,满足使用需要。

4. 人机交互性要求

计算机不能代替人脑,辅助决策不能取代指挥员的决策,决策活动本身是由人来完成的。在许多场合只是需要借助计算机运算速度快和信息存储量大的优点辅助人进行决策,而最终还是由人运用人的智慧进行决策。所以,所有的辅助决策系统都应具有良好的人机交互能力,协调人脑和计算机工作,完成人脑和计算机的沟通。

除此之外,根据辅助决策系统应用范围的不同,对其要求也有所不同。例如,在军事指挥与控制系统中,辅助决策系统必须具有极强的保密性。而在城市交通或应急事件处理指挥与控制系统中,辅助决策系统应当首先具有极强的表现力和直观性。

6.3.4 辅助决策的方法

目前,能用于指挥与控制辅助决策的方法较多,而且不同的指挥与控制系统所用的辅助决策方法也不尽相同。常用的辅助决策方法有运筹学方法、专家系统法、神经网络法、启发式方法等。

1. 运筹学方法

运筹学方法是应用现代计算技术研究指挥与控制的数量关系的方法,可用于工业、军事等领域,辅助指挥人员进行决策。

运筹方法可以帮助指挥员处理数量大、内容复杂的信息,完成定下决心、组织协同所需的大量计算,缩短指挥与控制周期,增加指挥决策的科学性和合理性。

运筹学方法可以通过软件包的方式来实现。软件包的框架结构基本上由数据库系统、模型库系统和人机交互系统三部分组成,如图 6.20 所示。模型库存放着各种模型,数据库主要存放地理、气象、人员、物质、装备等数据信息,人机交互系统是人与计算机交互的接口。

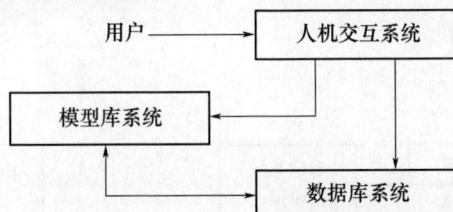

图 6.20　运筹软件包组成示意图

2. 专家系统法

专家系统利用大量的专家知识,对所研究的对象反复进行解释、预测、核实,通过一系列计算和推理,作出决策建议,实现辅助决策。专家系统结构如图6.21所示。

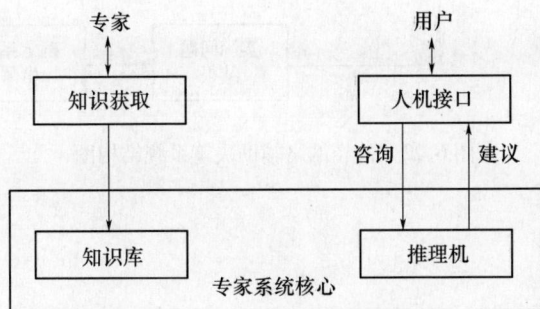

图 6.21　专家系统结构

知识库包含了决策所使用的各种知识,各种知识是通过知识获取把专家的知识经过知识工程师进行人机间的翻译和转换而得到的。推理机是专家系统的核心之一,它利用知识库中的知识进行推理和计算,回答用户的咨询、提出建议和结论。

3. 神经网络法

专家系统的知识主要是规则形成、谓词逻辑、语义网络、框架、过程性知识几种形式,这难以满足辅助决策系统模式识别、自动控制、组合优化、联想记忆的需要。

神经网络辅助决策系统的结构如图 6.22 所示。人工神经网络是由大量类似于神经元的处理单元相互连接而成的非线性复杂网络,试图通过模拟大脑的神经网络处理、记忆信息的方式来完成类似于人脑的信息处理功能。可采用分布式存储方式,采用成熟的学习算法(典型的有无导师的 Hebb 规则等),采用良好的容错性等,弥补专家系统在知识表示、获取、优化计算、并行推理方面的不足。

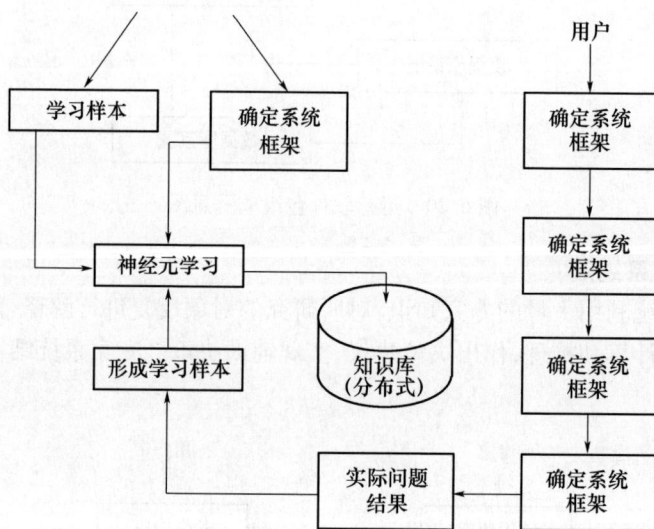

图 6.22　神经网络辅助决策系统结构图

第7章　指挥与控制系统

国际上现代指挥与控制系统(C^3I系统)研究始于20世纪50年代,经过近60年的发展,指挥与控制系统已深入到工业、国防、商业管理等各个领域。我国对现代指挥与控制系统的研究起步较晚,大概始于70年代末。与国际先进的指挥与控制系统相比还存在一定的差距,所以,我国对指挥与控制系统的研制更具紧迫性。指挥与控制系统的研究是一个以控制理论为基础、集多学科(如计算机科学、通信等)于一体的高科技工程,需要用到许多控制理论和方法,如各种滤波方法、数学规划、随机优化、决策与对策、排队论等。

1983年,美国MIT著名控制论专家M. A Thans教授从学科观点出发给出指挥与控制系统的一组定义。

（1）指挥与控制过程:指挥人员对资源和设备进行派遣或配置,以保证完成上级下达的任务的过程。

（2）指挥与控制职权:一个特定指挥员能够指示、下令、部署、移动和控制上级给予他的人员和物质的权利。

（3）指挥与控制责任:完成上级下达给一个特定指挥人员的特定任务。

（4）指挥与控制组织:指层次关系和组织规则,指挥人员通过它并利用在工作领域、地理区间上的指挥与控制职权和责任把它们自己组织起来。

（5）指挥与控制系统元素:指物理和技术上的硬件与软件,由它们产生、管理、传递、显示信息,如传感器、通信系统、计算机系统、武器系统等。

（6）指挥与控制系统:规定元素间联系的物理系统及其结构。指挥与控制系统为指挥与控制组织中的多个指挥员提供数据和信息,为指挥员之间协作提供一种手段。

7.1　指挥与控制系统概念模型

指挥与控制系统包括用于辅助获取和处理信息、辅助决策并形成指令、辅助传递信息和指令等的物质系统、信息载体或特定动作方式。

7.1.1　面向组织结构的概念模型

基于组织结构划分方法可将指挥与控制系统看成是一个组织,其构成要素归纳为以下三个部分。

1. 组织目标

组织目标指的是组织的使命任务,也是组织存在的原因。在进行具体分析时,可以将使命任务具体分解为若干个子目标。

2. 组织环境

组织环境指的是在完成使命任务过程中所处的环境,包括内部环境和外部环境。内部环境描述的是组织的自身状态,外部环境描述的是组织所处的自然环境和社会环境。例如,当一个组织是对敌直接作战的指挥与控制系统时,其内部环境可能包括指挥与控制系统中各单元的性质、数量、位置等;外部环境可能包括作战目标的性质、数量、位置等,以及与完成任务相关的天气、地形等自然条件。

3. 组织实体要素

组织实体要素主要有三类:①侦察单元,主要职能是收集来自组织目标和组织环境的各种信息,并把这些信息发送给决策单元;②决策单元,主要职能是接收来自侦察单元和其他决策单元的信息,就当前及未来其他节点的状态和行为作出决策;③执行单元,主要职能是接收决策单元的信息,并执行作战等各种任务。

指挥与控制系统实体要素,作为一个整体,分别与"指挥与控制目标"和"指挥与控制环境"发生信息或物质等方面的交互关系,而组织实体要素之间也存在交互关系。

7.1.2 基于功能实体的概念模型

采用基于功能实体的分类方法,可把作战指挥与控制系统所包含的实体分为感知实体、决策实体、执行实体、目标实体、关系实体五类。这样划分既考虑了实体之间的联系,又考虑了作战空间中的环境因素(目标实体)。

(1)感知实体。是一个感知器集合,它把目标实体、执行实体等的状态传递给决策实体。

(2)决策实体。是进行信息处理并进行决策的实体,用于指挥与控制其他实体的行为,一般指各级指挥部。一个指挥与控制系统中,必须包含此类实体,它是指挥与控制系统的核心。

(3)执行实体。根据决策实体的指令,执行决策。该实体有作战分队、武器打击平台、运输平台、后勤保障单位等。在后面的分析中,除了特别说明以外,执行实体仅指武器打击实体。对于一个指挥与控制系统来讲,它所执行的主要功能就是作战。仅指打击实体是为了简化问题,便于分析。

（4）目标实体。指除了感知实体、决策实体、作战实体等以外的有军事价值的实体以及所有敌方目标。执行实体和目标实体之间是一种主动与被动的关系，例如，当执行实体是一个打击实体时，目标实体可能是被打击的目标；当执行实体是一个运输实体时，目标实体可能是等待运输的人员、物资等；当执行实体是一个后勤保障单位时，目标实体可能是被保障的单位等。

（5）关系实体。是感知实体、决策实体、作战实体以及目标实体之间的联系。关系实体是作战指挥与控制系统功能得以实现的基础。没有关系实体则意味着指挥与控制系统中各个实体之间没有联系，各个实体彼此孤立，此时指挥与控制系统功能也将无法发挥。

由于指挥与控制系统的实体分类是基于功能的，所以，对于一些具有多种功能的实体，需要根据其主要功能进行分解。例如，同时具有侦察功能和作战功能的歼击机，需要将其看成两个功能实体：作战实体和感知实体。

下面对指挥与控制系统中实体间的关系进行分析。

指挥与控制关系，是在一定的组织编制体制下感知实体、决策实体、执行实体、目标实体根据特定任务而形成的职责关系，也就是指挥与控制系统各实体（除关系实体）之间由于指挥与控制的需要而形成的具有相互影响的"关系"。它是指挥与控制系统为了保证行动高效而形成的核心关系。

由于是实施指挥与控制而形成的关系，所以，需要从指挥与控制系统实施指挥与控制的过程来理解指挥与控制关系。一个战术级作战指挥与控制系统的指挥与控制过程描述如下：

指挥员根据使命任务作出决策，并将作战计划、命令通过作战电文的形式形成指挥与控制流下达到部队；部队根据命令以及具体情况展开作战行动；部队完成机动部署和火力打击；战场雷达、侦察卫星等装备获取与感知战场打击效果；指挥员据此作出新的决策，形成新的指挥与控制流，展开下一轮的指挥与控制过程。

从指挥与控制过程可以看出：在实施指挥与控制过程中，指挥与控制系统中的实体之间存在四种关系：指挥（纵向）关系、横向关系、资源配置关系、执行关系。

（1）指挥关系。是指等级不同的决策实体之间构成的指挥与被指挥的关系，这是一种纵向关系。通常依据编制序列确定，实践中也可由上级根据作战需要确定。它主要包括隶属关系和配属关系。隶属关系是按编制或命令规定形成的下级对上级的从属关系。配属关系是临时安排所形成的从属关系。

（2）横向关系。一般是同级决策实体之间，因完成作战任务需要建立的相互联系，包括协调关系和协作关系。协调关系是指同级的决策实体依据上级指令或作战任务,相互配合完成任务所构成的关系。这种关系是各方通过平等协商为达成统一行动而形成的,而不是依靠行使指挥权而形成的。协作关系是指决策实体为实现共同的作战目标而构成的相互依赖、相互协作的关系。

(3)资源配置关系。主要是指每个决策实体为掌握作战实体、感知实体等资源的数量,而形成的决策实体与其配置资源之间的关系。一个决策实体配置了某项资源,相应决策实体与这项资源之间就建立了资源配置关系。

(4)执行关系。主要指由于感知实体的探测、传输和作战实体的打击等行动所产生的关系。

在指挥关系、横向关系、资源配置关系、执行关系中,资源配置关系及执行关系受指挥关系和横向关系的影响,尤其是受指挥关系的影响较大。在一次指挥与控制过程中,指挥关系处于主导地位。指挥与控制关系,可以表征指挥与控制系统的指挥结构、资源配置形式和任务执行方式等内容。

7.1.3 基于物理结构的概念模型

不同任务、不同级别、不同行业、不同用途的指挥与控制系统,尽管规模大小不一、功能各有千秋、设备配置也不尽相同,但基本组成原理是一致的。典型的指挥与控制系统的组成如图7.1所示。

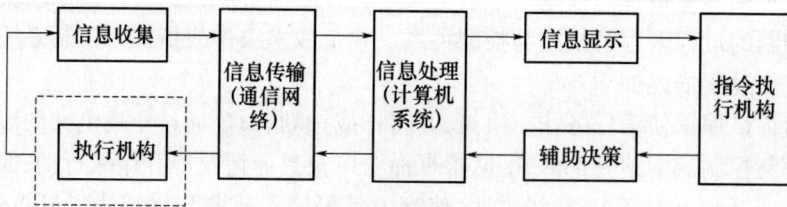

图 7.1　典型的指挥与控制系统的组成

以下分别对组成系统的各部分进行说明。

(1)信息收集系统。战场信息的收集是获取情报的一个重要部分。信息收集系统是指指挥与控制系统的各种侦察设备,如侦察卫星、侦察飞机、雷达、传感器及其他侦察探测设备等。利用信息收集系统可以获得有关敌我双方的兵力部署、作战行动、战场地形、地貌和气象条件等情况。

(2)信息传输系统。信息传输系统由各种信道、交换设备和通信终端组成,通信信道主要包括短波、有线载波、微波接力、卫星通信以及光通信等;交换设备主要包括自动交换机和电报、数据自动交换机等;通信终端设备主要包括电传机、电话机和图形显示器等。以上设备组成了具有各种功能的通信网络。该网络能迅速、准确、保密和不间断地传输各种信息,并能自动进行信息交换、加密、解密和路由选择等。

（3）信息处理系统。信息处理系统由计算机及相应的输入/输出设备组成。计算机对信息的处理,贯穿于指挥与控制系统的各个环节。

（4）信息显示。信息显示系统主要由各类显示设备,如大屏幕显示器、平板显示器、光学投影仪和记录仪等组成。它以文字、符号、表格以及图形图像等形式显示信息,为指挥员提供形象、直观、清晰的态势情报和所需要的参考数据。

（5）辅助决策系统。该系统根据输入的情报数据,估计出敌我态势,并依据所要求表达的目标进行各种精确计算,采用作战模拟的方法预测战斗进程,比较各种可能的作战方案,是指挥员定下决心的主要参考依据。

（6）指令执行机构。指令执行机构是指能把各种指令信息变成行动的执行设备和人员,如导弹的发射装置、火炮的发射控制装置以及各种遥测设备等。指令执行是将指令变成行动。

7.2　指挥与控制系统基本功能

从管理的角度看,指挥与控制系统的主要功能如下:

（1）明确指挥与控制意图（目标或目的）;

（2）确定各要素的任务、责任及关系;

（3）制定指挥与控制规则及完成任务的各种要求（进度等）;

（4）监视与评估态势及进展。

上述功能并没有体现指挥人员的职能,为了说明指挥人员的指挥能力,指挥与控制系统的功能,需要增加两个方面:①鼓舞、激发与产生信任;② 训练与教育。

在指挥与控制过程中,分配即刻、近期、中期直到远期的资源并寻求额外资源也是指挥与控制或管理的一部分。因此,指挥与控制的功能还包括资源的分配。

下面对指挥与控制系统的主要功能进行详细的阐述。

7.2.1　指挥与控制的职责和指挥与控制的关系

指挥与控制所涉及到的不只一个个体或实体。在指挥与控制范围内,不同的实体发挥着不同的作用。通过分配给实体相应的任务、明确其责任、确定它与其他实体的各种交互关系,可以明确实体的具体行为。当设计新的网络中心的指挥与控制时,需要考虑的一个重要行为是协同。协同的性质与范围将在很大程度上取决于指挥与控制所处的初始条件。

信息流与指挥关系非常紧密。在以网络为中心的情况下,信息流不再按照级别进行分发,不再受烟囱模式的限制。

在网络中心情况下的指挥与控制中,由谁决定任务与责任的分配以及确定实体之间的关系,将因情况不同而变化。传统的指挥与控制概念中假设了一些预先确定的等级关系,这些关系在很大程度上是固定的,但是,在网络中心情况下,等级关系以及分配的静态性质都不是固定不变的。任务、责任及实体之间的关系是自我组织的,并随着时间与环境的变化而变化。

对指挥与控制的质量(如部署任务、责任与关系的能力,完成既定任务所需功能)进行度量时,应当考虑以下问题:

(1) 任务分配的完整性(所有必需的任务与责任都必须分配完);

(2) 必要的关系是否都存在;

(3) 受控方是否知道并理解指控方对它的期望(对他们完成任务的满意程度)。

在需要执行的功能中包括确保目的被知悉与理解。其他所需功能的确定取决于态势的性质以及组织的性质。

7.2.2 指控过程中的行为准则和约束条件

指挥与控制系统必须确定相应的行为准则和约束条件,以保证指挥与控制目的的顺利实现。

指挥与控制过程的参与者的行为准则或约束条件既是"固定的"又是"变化的"。"固定"是指参与指挥与控制的人的自身特性及其文化或社会背景等是相对固定的;"变化"是指在指挥与控制过程中实际情况是不断发生变化的。行为准则或约束条件的具体内容取决于所采用的指挥与控制方法。

7.2.3 态势监视与评估

当指挥与控制的目标明确以后,指挥与控制系统便开始朝着实现这一目标运转。实践证明,使初始条件达到期望值所需的时间是由一系列动态因素取得任务成功所决定的。这些初始条件将根据态势变化而变化。因此,指挥与控制方法的重要组成部分就是如何发现变化并做出相应的调整。发现需要改变的能力以及调整的能力与灵活性有关。调整时,既可能是需要改变任务、责任以及关系,也可能是需要改变规则与约束条件。

美国国防部关于指挥与控制的定义隐含地假设:先提出计划,然后执行计划。在这种情况下,监视与评估既是计划编制过程的一部分,也是执行过程的一部分。实际上,指挥与控制的定义明确了这两个不同,但又有过程之间的联系。

在不使用正式计划的指挥与控制过程中,监视与评估功能的完成是有差异的。

7.2.4　相互作用

在指挥与控制中,与指挥人员能力相关的、互相关联的因素决定着两个方面:①每个参与人员愿意奉献的程度;②发生交互的性质。其结果是参与者受到鼓舞、激励以及彼此信任的程度也有可能影响信息域、认知域与社会域的业务。信任的对象千差万别,包括个体、组织以及信息收集人员,还有设备与系统,往往是通过任务与功能对个体与组织进行感知得到的。信任的程度取决于两者之间的关系,如上级、下属或对等关系。这将影响参与者如何感知其他人员提供的信息以及他们依赖他人提供信息支持的意愿。

在指挥与控制系统中,相互作用是必然存在的,相互作用的方式、方法和作用的质量对指挥与控制的效能产生明显的影响。

7.3　系统分类

7.3.1　系统分类依据

根据指挥与控制系统的级别可将其分为国家指挥与控制系统、区域指挥与控制系统和作业指挥与控制系统。

根据系统的用途可将其分为军事指挥与控制系统、交通指挥与控制系统及应急指挥与控制系统等。

根据系统的行业可将其分为综合指挥与控制系统、行业指挥与控制系统等。

每一类型的指挥与控制系统又可根据自己的特点进行相应的分类,如军事指挥与控制系统,依据其担负的任务和规模又可分为战术级指挥与控制系统、战区级指挥与控制系统、战略级指挥与控制系统。

7.3.2　系统分类

战术级指挥与控制系统按军兵种分为陆军指挥与控制系统、海军指挥与控制系统、空军指挥与控制系统;按指挥与控制的兵器分为高炮指挥与控制系统、战术导弹指挥与控制系统、地炮射击指挥与控制系统;按指挥与控制系统与火控系统之间的关联程度可以分为独立式指挥与控制系统、集中式指挥与控制系统、自备式指挥与控制系统以及分布式指挥与控制系统。

按不同的控制对象可分为军队指挥与控制系统、作战指挥与控制系统及武器平台指挥与控制系统。其中,军队指挥与控制系统控制的是人和军事团体;作战指挥与控制系统控制的是信息流;武器平台指挥与控制系统控制的是各种高技术武器装备。

按指挥与控制系统的任务可将其可分为机动控制指挥与控制系统、防空指挥与控制系统、火力支援指挥与控制系统、情报/电子战指挥与控制系统,战斗勤务支援指挥与控制系统等。按与外部协同程度可将其分为开放式指挥与控制系统、封闭式指挥与控制系统。

7.4　系统特点

7.4.1　层次性

从指挥与控制系统的基本构造来看,指挥与控制系统由基本指挥与控制单元、中间指挥与控制单元、高级指挥与控制系统单元三个层次构成,具有自下而上的"套箱式"结构。在这种层次性结构中,下级指挥与控制单元在平时通常是上级指挥与控制单元的基本构成单元。

指挥与控制系统内部的层次结构被"屏蔽"或"质点化",一旦失去下层指挥与控制单元的支持,系统内部结构就会立即扩张,形成具有自主功能和不同层次的网络,各单元的组成要素在本级指挥与控制系统的作用下,按照事先确定的计划进入相对独立的行动空间中。

7.4.2　交互性

指挥与控制系统的交互性包括横向交互性和纵向交互性。横向交互性是指不同指挥与控制系统之间的交互,即系统之间的互通、互连、互操作。纵向交互性是指不同层次的指挥与控制系统之间的交互,既有上级对下级的指挥与控制,又有下级对上级的信息反馈,上下之间互为信源和信宿。指挥与控制系统的这种纵横交互性使原本没有联系的各要素之间有了密切联系,资源得到充分有效的利用,整个指挥与控制空间形成一个整体,使指挥与控制效能大大提高。

7.4.3　扩展性

扩展性是指指挥与控制系统的功能、结构、层次等是可以不断扩张的,反映了指挥与控制系统实际上是一个开放的系统。从早期的 C^3I 到 C^4I 系统,又到 C^4ISR 系统,再到现在的 C^4ISRK 系统的过程,证明了指挥与控制系统是一个开放、功能不断扩张、信息处理能力不断提高的系统。

第8章 指挥与控制系统效能评估

指挥与控制系统效能评估是衡量系统是否能满足规定要求的重要手段。通过对系统效能进行科学合理的评估,可以确认系统性能的高低,发现系统存在的薄弱环节,提高系统的应用效果,帮助指挥人员提高指挥与控制能力。建立科学合理的效能评估指标体系,是指挥与控制系统效能评估中的关键环节。指标体系是效能评估的基础,没有效能评估指标体系,评估工作就无法进行。指挥与控制系统效能评估的方法和步骤是保证指挥与控制系统效能评估正确执行的必要保证。

8.1 概 述

指挥与控制系统是一个复杂的人机系统,和其他的武器系统相比,该系统有如下突出的特点。

(1)指挥与控制系统是一个异地分布的系统。涉及地域范围广,系统的一些部分可以分布在空间、空中、陆地和地下甚至是海底。由这些分布的单一部件或子系统构成了一个大的指挥与控制系统网络。

(2)指挥与控制系统本身不具有直接的杀伤能力。指挥与控制系统仅为指挥人员提供指挥与控制及通信、情报,是为提高指挥人员的指挥与控制能力和武器的直接杀伤效率而服务的。指挥与控制系统在现代战争中的作用越来越重要,是现代战争的灵魂。

(3)人的因素对指挥与控制系统效能的发挥具有重要作用,系统仅辅助指挥人员进行指挥与控制活动。

以上特点表明指挥与控制系统和一般的武器系统在作用效果、系统构成等方面是不一样的。这就要求对指挥与控制系统的效能评估必须与武器系统的效能评估有所区别。

8.1.1 指挥与控制系统效能评估的含义

指挥与控制系统的效能分为自身效能和使用效能。自身效能指的是系统的功能所蕴藏的有利作用。使用效能是一个指挥与控制系统满足一组特定任务要求所达到的程度。也就是说,指挥与控制系统的效能是指本身功能所蕴藏的有利作用和在特定作战环境下,通过使用该系统,对战争进程和结局所产生的有利影响程度。有利影响程度包括对部队的潜在战斗能力转化为实际战斗能力的影响程度、对部队战斗力的影响程度和对部队作战行动速度的影响程度等。

指挥与控制系统的效能评估是指利用定性和定量相结合的方法,分析、计算、评价指挥与控制系统自身和在执行特定作战任务时所能达到预期目标的程度。它是对指挥与控制系统自身效能评估和这个系统在作战条件下的使用效能评估的和。指挥与控制系统的效能评估包括以下要点。

(1)指挥与控制系统自身效能是指挥与控制系统自身的技术性能,即这个系统自身运转是否灵活、高效、安全。自身效能反映了指挥与控制系统本身的完备性,这种完备性往往在指挥与控制系统的建设中是可以控制的,它反映的是系统的静态特性。使用效能是指挥与控制系统在战场环境中,通过具体的作战指挥活动,实现一定的作战目标,在一定程度上体现指挥与控制系统的最终效能。使用效能反映了在使用指挥与控制系统的条件下,部队执行作战任务所能达到预期目标的程度。指挥与控制系统的效能评估结果应是对其自身效能和使用效能评估的和。

(2)两种效能因任务和评估目的不同,其重要程度有所差异。虽然指挥与控制系统的最终效能是两种效能的和,但评估重点和重要程度却因评估任务不同和评估目的的差异有所区别。自身效能基本相同的两个系统,其使用效能可能会相差甚远,甚至同一个系统在不同的战场环境中的使用效能也可能非常不同。所以,在评估指挥与控制系统的效能时,不仅要对系统自身进行静态评估,还要对系统进行作战条件下的动态评估,然后考虑其综合效能。指挥与控制系统的效能发挥是在战争环境下发生的,使用效能只能在作战中体现。直接发挥使用效能的时间可能很短,但对战争进程和结局却会产生重大、深远的影响。所以,使用效能是指挥与控制系统最根本的效能。

(3)指挥与控制系统使用效能具有明显的相对性。由于指挥与控制系统使用效能只能在敌对双方力量较量的环境下才能体现出来,因此,指挥与控制系统的使用效能具有明显的相对性。时间、空间、使用者、作战对象等都是影响指挥与控制系统使用效能发挥的重要因素。

① 时间因素。由于时间不同,季节、气候和天气情况各异,对于指挥与控制系统使用效能的发挥会产生不同程度的影响。而且在不同的时间段里,战争赖以存在的世界政治舞台背景、交战双方受到的国际和国内支持或反对程度、可能得到的情报支持都不相同,这些无疑会影响指挥与控制系统使用效能的发挥。

② 空间因素。由于空间不同、地形地貌不同,这不仅影响后勤、通信与情报

保障条件,而且影响交战距离和武器行程,因而影响指挥与控制系统使用效能的发挥。

③ 使用者因素。指挥与控制系统是复杂的人机系统。系统性能再好也必须由人来操作、使用和维护,最终的指挥决策也必须由指挥员作出。因此,使用者是影响指挥与控制系统使用效能的最关键因素之一。各级操作、使用、维护人员的技术水平,运用系统的熟练程度,指挥人员的经验、素质、指挥艺术乃至指挥员的性格、气质都会影响指挥与控制系统使用效能的发挥。

④ 作战对象因素。由于作战对象不同,敌对双方影响指挥与控制系统使用效能发挥的各种因素也不同,如武器、实力、指挥与控制系统性能、系统操作、使用与维护人员的素质水平等,这些因素对于己方指挥与控制系统使用效能的发挥同样有影响。

(4) 指挥与控制系统平时的使用效能和战时的使用效能具有积累效应或增强效应。指挥与控制系统只有通过平时长期运行使用,不断提高各类人员运用的熟练程度,才能充分发挥系统的使用效能。

(5) 指挥与控制系统效能可以度量。对指挥与控制系统效能的度量,不能只满足于定性分析,还应进行定量的科学分析。如果在指挥与控制系统效能评估过程中,不使用大量科学的定量分析和计算方法,那么各种评估只能是做一些表面文章,对系统的建设和使用难以提供科学的参考意见。

从总体上来说,指挥与控制系统效能可以表示为如下函数:

指挥与控制系统效能 = F(自身性能,使用环境,使用者)

8.1.2 指挥与控制系统效能评估的内容

指挥与控制系统效能评估的内容,因目的不同而异。单项效能评估与综合效能评估的内容也有所区别。

1. 从作战指挥活动的角度看效能评估内容

指挥与控制系统是一个结构复杂、功能强大的信息系统,其根本目的是为作战指挥与控制服务的,它有着自己的运行环境和特定的使命。因此,指挥与控制系统的效能评估,应紧密围绕着作战指挥与控制活动来进行。从作战指挥与控制活动的角度看,指挥与控制系统的效能评估应主要由自身效能、战斗力倍增效能、对抗效能三个部分组成。战斗力倍增效能和对抗效能属于使用效能。

(1) 自身效能的评估。指挥与控制系统由若干分系统组成,每个分系统包括若干子系统,每个子系统又包括各种设备,每个设备还包括各种部件。指挥与控制系统自身效能取决于这些设备和部件的性能,以及它们之间实现有机结合后的整体效能。

（2）战斗力倍增效能的评估。指挥与控制系统本身并不能直接给敌人造成损失，它主要是通过指挥与控制武器和所属兵力，最大限度地发挥武器系统的作战效能和所属兵力的战斗潜力，从而对作战过程和结局施加影响。

（3）指挥与控制系统对抗效能评估。随着作战环境的变化、敌人的进攻侵袭和干扰破坏，可能会使指挥与控制系统不断遭到破坏，指挥与控制系统就需要不断地进行调整和变化，使其运行状态始终保持在一定的水平上。因此，必须对指挥与控制系统的对抗效能进行评估。

2. 从技术实现角度看效能评估内容

从技术实现角度来看，指挥与控制系统效能评估的内容应包括系统的可靠性、快速性和有效性等内容。

（1）可靠性。包括系统故障率、平均修复时间、连续工作时间等内容。可靠性是衡量指挥与控制系统质量的一个主要标志。

（2）快速性。现代战争中，作战行动的日益复杂化给指挥与控制系统软件、硬件以及决策者带来了苛刻的时间限制。因此，快速性在指挥与控制系统效能评估中占有重要地位。快速性的评估主要包括系统响应时间和运行速率。

（3）有效性。有效性评估是将测得的系统性能与任务要求相比较，得出反映系统符合要求的程度。

8.1.3　指挥与控制系统效能评估的原则

指挥与控制系统效能评估的原则，是实施评估时应遵循的基本准则。为达到指挥与控制系统效能评估的预期目的，使效能评估更具科学性、权威性，指挥与控制系统效能评估应遵循以下几条原则：

1. 客观性原则

指挥与控制系统效能评估，是针对使用指挥与控制系统所进行的作战活动而进行的。对系统使用效果的评估要从指挥与控制的客观实际出发，防止只看最终效果，不看客观条件。因此，评估应依据作战目的、作战需要、客观条件、评估目的和指挥与控制系统的特点等，来考虑指挥与控制系统对战斗力的倍增效应和对作战结局的影响。评估的指标体系应根据客观统计或在长期工作实践中产生，不能主观臆断，随意设立。

2. 系统性原则

指挥与控制系统的功能是分系统功能结合后所产生的系统整体功能，因此，对其效能的评估也必须着重从系统整体上考虑。从指挥层次上看，指挥与控制系统是一个自上而下的等级递阶结构。对其效能的评估也必须考虑这一结构特点，不能孤立地把评估的衡量标准仅仅局限在本级的指挥活动和作战效益上，还应将本级的指挥与控制系统同更大的战场环境联系起来。不仅考虑本级指挥活动对下一级指挥层次的影响,而且还应考虑本级指挥活动对上级指挥层次的影响。

3. 可行性原则

指挥与控制系统虽然是由多个分系统构成的、具有多种功能的复杂系统,但对指挥与控制系统效能评估而言则必须做到简单易行。如果为求全而使评估过程和评估指标过于复杂,不但得不到正确的结论,而且还可能陷入误区,产生错误结论,失去评估的意义。为此,对评估项目、评估标准、评估程序、评估组织形式的确定,都必须从指挥与控制系统和作战环境的具体情况出发,做到切实可行;对于评估方法的选择也要做到灵活、恰当;应允许在评估中建立的指标有一定的弹性范围,在此范围内可做合理的调正,在综合评估时,对指挥与控制活动中创造性的成分,可做适当加权,但权重要适当,不可超出规定的范围。

4. 定性和定量相结合的原则

定性是定量的基础和前提,定量是定性的深入和细化,两者往往是相互渗透、相互包容的,定性的评估方法中包含着定量的因素,定量的评估方法中也蕴含着定性的成分。

5. 统一性原则

指挥与控制系统效能的优劣是在统一标准下通过鉴别、比较而衡量出来的。如果没有统一的评估标准和统一的评估方法,鉴别、比较就无从谈起,进行效能评估也将失去意义。

6. 静态和动态相结合的原则

评估指挥与控制系统的效能包括评估系统的自身效能和使用效能两个方面。自身效能可静态评估,而使用效能评估则必须动态地进行。指挥与控制系统使用效能是通过其自身效能的发挥体现出来的,对指挥与控制系统使用效能的分析与评估,必须建立在对指挥与控制系统自身效能分析与评估的基础上。

8.1.4 指挥与控制系统效能评估的目的和意义

对指挥与控制系统的效能进行评估,不仅对指挥与控制系统的理论发展具有重大意义,而且有利于认识指挥与控制系统在作战中的地位和作用,找出制约其效能发挥的因素,为提高其自身效能和使用效能提供科学依据。指挥与控制系统效能评估的主要作用如下:

(1) 为指挥与控制系统提供设计决策;

(2) 对指挥与控制系统的建设提供规划决策;

(3) 为作战提供决策;

(4) 突出指挥与控制系统在作战中的地位和作用；

(5) 促进指挥与控制系统的效能提高；

(6) 充实和深化指挥与控制系统理论。

8.2　指挥与控制系统效能评估的指标

指挥与控制系统的总体效能与效能指标间一般存在三种关系：一是线性系统的总体效能等于各指标项所体现的效能之和；二是有序、稳定、协同的非线性系统，其总体效能大于各项指标效能之和；三是处于无序、混乱状态的非线性系统，其总体效能小于各项指标效能之和。

对指挥与控制系统进行效能评估时，首先应建立评估模型，选择合适的效能指标体系并使其量化，这是做好指挥与控制系统效能评估的起点和关键点，也是难点。只有正确合理地选取指标体系，才能为后面的效能评估奠定基础。

某一效能指标只能反映整体目标的一个局部或某一方面的状况，而指标的集合（指标体系）才能反映整体目标的全部。对指挥与控制系统的效能进行评估，必须制定一个充分体现指挥与控制系统特点的完整指标体系，才能对指挥与控制系统全面、客观地认识，从根本上保证评估的科学性，才能有效地防止因评估者认识能力不同而产生的巨大差异及克服单凭主观印象而笼统评估的弊端。

8.2.1　确立指标体系的原则

评估指挥与控制系统效能，必须与实际运用相结合，以系统在使用环境中完成使命的程度为标准。评估所产生的客观作用必须与评估目的相一致。效能指标的选取，应由指挥人员、系统分析人员和专业技术人员反复推敲，共同协商决定，且遵循以下原则：

（1）可测量性。用于量化评估的效能指标体系应能反映系统本身性能的各个方面，但一个重要的前提就是能够对其进行定量处理。定量值可以通过数学计算、平台测试、经验统计等方法得到，能给出具体数值或按大小排序。

（2）完备性。指标体系应能全面地反映系统的各个方面，特别是系统的关键性能指标更应选准、选全。只有这样，才能对指挥与控制系统有一个合理、客观、全面的评估。

（3）独立性。在确立指标体系的过程中，一个重要的原则就是要使所选取的指标在整个指标体系中相互独立，不能相互包含。坚持独立性原则，并不排除所选取的指标项之间可能存在相关性。

（4）客观性。所选的指标应能客观地反映指挥与控制系统内部状态的变化,逼真地把所研究的问题同系统有关的不确定性联系起来,不应因评估人员不同而有所差异。

(5)一致性。系统指标体系的确立应与评估目的保持一致,评估指标要面向任务,对于系统的不同任务应采用不同的评估指标,保证指标的选取与系统所要担负的任务密切相关。

(6)灵敏性。系统效能应能随着指标体系中指标参数的改变而发生相应变化,若系统指标体系中的指标参数已发生变化,而系统的效能值不发生变化或变化不明显,这样的指标对整个系统的效能评估就没有意义。

(7)可理解性。选取的指标应简明易懂,且使用方便,使指挥人员、系统分析人员和专业技术人员能准确理解和接受,便于形成共同语言。

8.2.2　指挥与控制系统效能指标

根据指标度量的级别和指标确立的原则要求,评价指挥与控制系统所必需的指标如下:

(1)尺寸参数。尺寸参数是物理实体固有的性质和特征,其数值决定着系统静态的性能和结构,如大小、重量、口径、容量、亮度等。

(2)性能指标。是度量系统行为属性的指标,如吞吐量、误码率、信噪比等。

(3)效能指标。效能指标是度量系统在其运行环境中完成使命情况的指标,如检测概率、响应时间、指定目标数等。

(4)作战效能指标。这类指标是度量指挥与控制系统与其作战部队和武器相结合后完成使命情况的指标。尺度参数和性能指标一般与环境无关,属于技术指标的范畴,容易获得;效能指标和作战效能指标必须与人和武器相结合,且应考虑作战环境和对抗条件及使用人的熟练程度等。

8.3　指挥与控制系统效能评估步骤

8.3.1　确定目标

确定目标就是搞清楚决策者提出的实施效能评估的目标。为此,需要着重清楚两个方面的情况。

(1)清楚所评估的指挥与控制系统在其全寿命周期中所处的阶段。指挥与控制系统的全寿命周期包括概念建立、设计研制和作战使用三个阶段。概念建立就是从广泛的系统目标或作战目标出发,建立系统总体目标和需求,标识最能影响系统目标的系统特征。设计研制阶段即实现详细的工程设计、建造并测试系统阶段,以确定系统及其子系统是否满足技术规范,是实施工程评估和测试大纲的阶段。作战使用阶段重点评估系统是否满足概念建立阶段所确定的有效性要求。因所处的阶段不同,对其评估的侧重点也不相同,所选指标体系与评估方法也会差异很大,评估前分清这点对指挥与控制系统评估的针对性和准确性都极为重要。

（2）清楚分析的层次。这里的层次有两方面的含义:第一是该指挥与控制系统的规模层次,如战术、战役和战略层次;第二是指挥与控制系统的结构层次,即系统层、分系统层、子系统层、要素层、设备层和部件层。

8.3.2 约束条件

制定约束条件就是明确指挥与控制系统各层次的范围,包括列出系统有待评估的全部要素范围并加以分类。

确定指挥与控制系统效能评估的约束条件应按内、中、外三层进行。内层是指挥与控制系统本身,中层是其控制的部队,外层则是其面临的环境。

作为内层的指挥与控制系统本身由四部分组成:一是物理部分,包括硬件、软件、武器平台及有关基础设施;二是组织结构,主要是使物理部分能有机结合的各种协议和标准;三是使用系统的人员,主要指他们的军事素质和运用系统的能力;四是系统运行,主要包括信息流程、指挥人员使用系统的程序和方法。前三部分可看作是系统的静态表现,而最后一部分则是系统的动态行为。

中层是指挥与控制系统直接控制的部队,效能评估的最终目的就是考察系统对这些部队战斗力的倍增程度。

外层即环境层,它是实施评估时所假定的环境因素。它描述指挥与控制系统工作所处的时空、电磁环境以及所有军事行动参与者的行为和能力。环境层必须代表可能的未来条件,并定量地描述所假定的诸多因素可能采用的数值范围。假定的因素包括敌我双方的兵力部署、作战原则、官兵能力、地形天候等。选择各因素时,应优先考虑那些对评估结果影响较大的因素。

8.3.3 分析流通过程

分析流通过程就是借助一般作战指挥活动,如情报采集与处理、作战决策与计划、组织实施与控制等,考察具体指挥与控制系统运行的动态过程,以便明确相应实体要素应具备的功能。一般指挥与控制系统运行过程的控制回路模型如图8.1所示。

这个模型把指挥与控制系统看作是与"环境"相交互的大系统。整个交互过程分为感知、判断、生成、决定、计划和命令等环节。这些环节按一个闭合回路顺序处理信息,从感知战斗环境到己方部队作战环境。

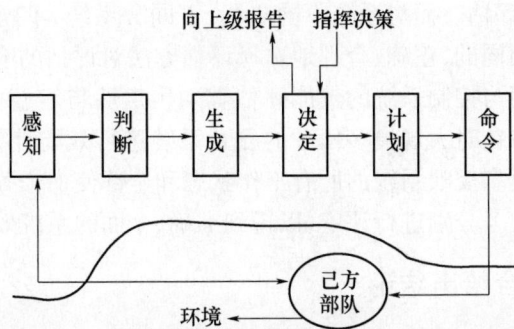

图 8.1　一般指挥与控制运行过程的控制回路模型

"感知"就是通过侦察探测系统搜集有关敌方兵力部署、行动和其他战场环境信息,及接受己方部队关于敌方实际态势的报告。"判断"就是把感知到的各种信息通过数据融合变换为有关敌方意图、作战能力和我方部队现实情况的信息,以建立关于敌我当前态势的假设。在此基础上,比较当前态势与要求态势的差别,评估此差别是否影响进一步的行动。"生成"就是生成消除当前态势与要求态势偏差的备选方案。决定就是做出"选择",从多个备选方案中选出最有利的方案,或者将这些备选方案综合成一个最佳方案。"计划"是执行所选行动方案的具体措施。"命令"就是根据所拟定的计划向所属部队下达的作战命令。己方部队在接到作战命令后开始行动,如进攻使敌遭受伤亡从而影响战场态势变化,"激励"指挥与控制系统的感知功能,系统又开始下一轮的运行周期。通过分析系统运行过程为下一步定义指标体系奠定基础。

8.3.4　定义指标体系

定义指标体系是通过自顶向下分析指挥与控制系统的任务,综合考虑指挥、控制、通信等过程及物理实体和结构这三个方面的相互关系,选择一组完整适用的分层次指标体系。依据该指标体系,评估指挥与控制、情报侦察、预警探测、军事通信、电子对抗、机要、测绘、气象、作战信息保障等达到各种功能要求的程度及整个系统的自身效能和作战中体现的使用效能。指挥与控制系统在实现各功能的性能指标,通过具体分析各功能的作用加以选定,如感知功能用精度、判断功能用不突然程度、生成功能用方案可行性、计划功能用灵活性、命令功能用广度和可靠性等。

8.3.5　选择评估方法

指挥与控制系统结构复杂、功能强大,在其开发过程中要经过多次各层次的系统检测、分析和评估。而对系统不同阶段、不同分系统、不同目的的评估所使用的方法是不尽相同的,正确、合理地选择评估方法对评估的准确性与实用性至关重要。我军指挥与控制系统的效能评估宜采用定性与定量相结合、动态与静态相结合的方法。在对大规模多任务的复杂系统进行效能计算和分析时,由于很难用一个分析模型反映系统的所有工作状态和全部使命任务,因此,一般应根据其不同的使命任务分别进行评定,以得到准确、全面的系统效能。

8.3.6　数据综合给出结论

数据综合给出结论是指在定义了评估指标体系且正确地选择了评估方法之后,对评估过程中得出的数据进行综合处理并给出结论。得出的数据实际上是利用合适的“数据产生系统”求得的,它是各种想定中各类效能指标的数值。可供选择的数据产生系统有演习、试验、模拟对抗、仿真、模型或主观判断等。综合处理数据时可采用定性和定量相结合的方法,按决策者的意图对上一阶段求得的各层次指标的大量数据进行聚合并给以解释。对效能指标的数据综合有多种方法,各种方法各有所长。在充分考虑其适用范围后,常常是多种方法混合使用,取长补短。

运用正确的方法、遵循科学规范的程序、恰当准确地评估指挥与控制系统效能,其目的是发现制约系统效能正常发挥的薄弱环节,有针对性地提出全面提高指挥与控制系统自身效能和使用效能的对策措施。应该说,评估本身并不是“防病治病的药”,它的任务是对一个个指挥与控制系统进行全面检查,并给出“诊断”结论,为“防护、医治”这些系统提供科学依据。当然,对于系统效能的评估结果既要充分肯定其对指挥与控制系统建设的重要指导作用,又要防止盲目僵化地使用评估数据。为此,一方面要对系统效能评估结果进行严格的误差分析,并进行纠错处理,使其能最大程度地反映系统的真实状态;另一方面,还要将一般情况下的评估结果与系统运行时的具体环境相结合,使其真正发挥出应有的积极作用。

8.4　指挥与控制系统的效能评估方法

指挥与控制系统效能评估方法主要分为连续型和离散性两大类。连续型方法有 SEA 方法等;离散性方法有模糊综合评判法、层次模型法等。从指挥与控制系统的自身效能与使用效能评估的角度出发,可以将效能评估方法分为静态评估方法、动态评估方法和综合效能评估方法。另外,层次分析法为静态评估方法,SEA 方法为动态方法。

从评估的过程看,常用的系统效能评估方法如兰彻斯特方程、作战模拟、影响图方法、SEA 方法、原型仿真、网络理论、层次分析、系统动力学方法和加权平均等。有的只适用于系统评估的某个环节,有些适合于其中的几个环节甚至全过程。在整个评估过程中,一般要用到多种方法。

从评估的目的看,评估方法也存在着针对性。如 MCSE 是一种结构化的自顶向下的评估方法,是评估指挥与控制系统较好使用的工具。而度量指挥与控制系统与作战结果的关系,则使用兰彻斯特方程、作战模拟和影响图方法。单项指标的评估则可采用 SEA 方法、原型仿真和影响图方法、Petri 网方法、排队网络、层次分析法、Trade – off Study、DARE、灰色理论、指数评估方法等。

这里首先简要介绍几种评估方法,然后重点介绍 SEA 方法在指挥与控制系统的效能评估中的应用。

8.4.1　PAU 方法

系统效能评估 PAU 方法是由美国海军提出的。采用的系统效能模型由性能、可用性、适用性三个主要特性组成。系统效能的定义为:在规定的环境条件下和确定的时间范围内,系统能够完成其指定任务的程度。

其中,性能是指系统在规定的环境下可靠地工作时完成任务目标的能力,用性能指数 P 度量;可用性是指系统准备好并能充分地完成其指定任务的程度,用可用性指数 A 度量;适用性是指在执行任务中该系统所具有的诸性能的适用程度,用适用性指数 U 度量。

系统效能用效能指数 E 度量,基于 PAU 方法的系统效能指数的数学描述:在规定的条件下工作时,系统在给定的一段时间内能够成功的满足工作要求的概率。表达式为

$$E = PAU \tag{8.1}$$

式中　E——系统效能指数;

　　　P——系统性能指数;

　　　A——系统可用性指数;

　　　U——系统适用性指数。

8.4.2　PRD 方法

该效能评估模型由战备完好率、任务可靠度、设计恰当性三个部分组成。它定义系统效能指数为,系统在给定的时间内和规定的条件下工作时,能成功地满足某项工作要求的概率。

其中,战备完好率是指系统正在良好工作或已准备好,一旦需要即可投入工作的概率;任务可靠度是指系统在要求的一段时间内持续良好工作的概率;设计

恰当性用系统在给定的设计限度内工作时,成功地完成规定任务的概率来度量,即

$$E = P_{OR}R_M D_A \qquad\qquad (8.2)$$

式中　E——系统效能指数;

　　　P_{OR}——战备完好率;

　　　R_M——任务可靠度;

　　　D_A——设计恰当性。

8.4.3　ADC 方法

ADC 方法是美国工业界武器系统效能咨询委员会(Weapon System Efficiency Industry Advisory Committee,WSEIAC)评价武器系统用的模型。它的目的在于根据有效性(Availability,战备状态)、可依赖性(Dependability,可靠性)和能力(Capacity)三大要素评价系统,把这三大要素组合成一个表示系统总性能的单一效能度量。

咨询委员会对 ADC 的解释是:无论在什么时间只要需要使用某个系统,它首先应处于能正常工作的准备状态,而且假如知道系统是有效的,那就需要它在执行任务过程中能可靠地工作,最后系统能够有效地完成预定的任务。用向量 **A** 表示开始执行任务时系统的可能状态,用可靠性矩阵 **D** 描述系统在执行任务期间的随机状态,用 **C** 表示能力向量,则系统效能 **E = ADC**。

同 PAU、PRD 方法一样,ADC 模型考虑了系统结构和战术特性之间的相关性,强调了相同的整体性,能客观地反映系统的效能,但要确定系统效能要素需要准确而详细的资料数据,因此,往往只能在效能概念的指导下,根据有关专家的主观判断粗略地给出评价,所获得的效能往往是一种“主观效能”。

8.4.4　层次分析法

层次分析法(Analytic Hierarchy Process,AHP)是美国匹兹堡大学教授 T. L. Saaty 于 20 世纪 70 年代中期提出的多准则决策方法。它将定性分析和定量分析结合起来,给出决策问题的定量结果。它的基本思想是将决策问题分为若干个层次,一般取:目标层、准则层和方案层三层;通过比较确定各个准则对目标权重及各方案对每一准则的权重;将上述两组权重进行综合,确定各方案对目标的权重。

1. 层次分析法建模的一般步骤

第一步:建立层次结构模型。

一般分为三层,上面的一层为目标层,中间是准则或指标层,下面是方案

(决策)层。目标层一般有一个因素,其他各层有若干个因素,各层元素间的关系用相连的直线表示。

第二步:构造成对对比矩阵。

设某层有 n 个因素, $X = \{x_1, x_2, \cdots, x_n\}$,要确定它们对上一层准则或目标的影响程度,确定在该层中相对于某一准则所占的比重(也就是把 n 个因素对上一层目标的影响程度排序)。通过两两比较产生一个成对比较矩阵 $A_n = (a_{ij})$,其中 $a_{ij} > 0$ 表示第 i 个因素对第 j 个因素的比较结果,满足条件 $a_{ii} = 1$, $a_{ij} = 1/a_{ji}$ $(i, j = 1, \cdots, n)$ 。

在产生比较矩阵时,一般使用 1~9 比较尺度。其含义见表 8.1。

表 8.1　1~9 比较尺度

尺度	含义
1	第 i 个因素与第 j 个因素影响相同
3	第 i 个因素比第 j 个因素影响稍强
5	第 i 个因素比第 j 个因素影响强
7	第 i 个因素比第 j 个因素影响明显强
9	第 i 个因素比第 j 个因素影响绝对强

第三步:层次单排序权重向量及一致性检验。

层次单排序是确定下层各因素对上层某因素影响程度的过程。

在成对比较矩阵 A_n 中,如果满足 $a_{ij}a_{jk} = a_{ik}(i, j, k = 1, \cdots, n)$,则称 A_n 是一致矩阵。对于一致矩阵,它的最大特征值为 $\lambda = n$,其余为 0。

但在实际中,常常不满足,允许不一致,但是不一致有一定的允许范围,因而需要进行一致性检验。一致性指标定义为 $CI = (\lambda - n)/(n - 1)$,其中, λ 为成对比较矩阵的最大特征值。显然,CI 越大,不一致的程度越严重。为了衡量不一致性,引入随机一致性指标 RI,Saaty 给出的 RI 对应取值表见表 8.2。

表 8.2　随机一致性指标取值表

n	1	2	3	4	5	6	7	8	9	10	11
RI	0	0	0.58	0.90	1.12	1.24	1.32	1.41	1.45	1.49	1.51

定义一致性比率 $CR = CI/RI$,如果 $CR < 0.1$,则通过一致性检验。此时,使用归一化后的最大特征值 λ 的特征向量 $w : A_n w = \lambda w$ 为权值向量,它就是层次单排序权重向量。

第四步:层次总排序权重向量并作一致性检验。

假设目标层为 Z，准则层有 m 个因素，$A_1,\cdots,A_m$，对目标层的权重为 $a_1,\cdots,a_m$；决策层有 n 个因素，$B_1,\cdots,B_n$，对上层因素 A_j 的归一化一致性权重为 $b_{1j},\cdots,b_{nj}(j=1,\cdots,m)$，则 B 层的总排序权重向量为 $b_1,\cdots,b_n$。为清晰起见，把它排成表 8.3。

表 8.3 B 层的层次总排序

A / B	$A_1,A_2,\cdots,A_m$ $a_1,a_2,\cdots,a_n$	B 层的层次总排序
B_1	$b_{11},b_{12},\cdots,b_{1m}$	$\sum_{j=1}^{m} a_j b_{1j} = b_1$
B_2	$b_{21},b_{22},\cdots b_{2m}$	$\sum_{j=1}^{m} a_j b_{2j} = b_2$
$\vdots$	$\vdots \quad \vdots \quad \ddots \quad \vdots$	
B_n	$b_{n1},b_{n2},\cdots,b_{nm}$	$\sum_{j=1}^{m} a_j b_{nj} = b_n$

设 B 层 $B_1,\cdots,B_n$ 对 A 层中因素 $A_j(j=1,\cdots,m)$ 的单层次排序一致性指标为 CI_j，随机一致性指标为 RI_j，则层次总排序的一致性比率为 $\mathrm{CR}=\sum_{j=1}^{m} a_j \mathrm{CI}_j / \sum_{j=1}^{m} a_j \mathrm{RI}_j$，当 $\mathrm{CR}<0.1$ 时，认为层次总排序通过一致性检验。到此，根据最下层(决策层)的层次总排序作出决策。

2. 层次分析法的优缺点

层次分析法的主要优点：一是系统性，它将对象视作系统，按照分解、比较、判断、综合的思维方式进行决策；二是实用性，它将定性与定量相结合，能处理传统的优化方法不能解决的问题，应用范围广，同时，这种方法使决策者与分析者能够沟通，决策者甚至可以直接应用，这增加了决策的有效性；三是简洁性，只要了解层次分析法的基本原理和基本步骤，计算非常简便，结果简单明确，容易被决策者理解和掌握。

同时，层次分析法也有明显的局限性。主要表现在：一是守旧，它只能从原有的方案中优选出一个，不能产生新的方案；二是粗糙，该方法的比较、判断和结果的计算过程都比较粗糙，不适合精度较高的问题；三是具有较强的主观性，因为在整个决策过程中人为的因素影响很大，结果可能难以服人，采用专家群体决策的办法是克服这一缺点的一种有效途径。

3. 最大特征值及其特征向量近似算法

也正是由于层次分析法比较粗糙，所以，在计算每一层因素的成对比较矩阵的最大特征值及其特征向量时，可以采用近似算法。最简单的近似算法是和法。和法的大意简介如下：

假设成对比较矩阵为 $A = (a_{ij})_n$。对矩阵 A 施行如下变换：将矩阵 A 的每一列归一化，即将 A 变换为矩阵 $B = (b_{ij})_n$，其中，$b_{ij} = a_{ij} / \sum_{i=1}^{n} a_{ij}$；再将矩阵 B 的每个列分块矩阵相加并归一化，就得到最大特征值的归一化特征向量，也就是说，假设 $B = [B_1, \cdots, B_n]$，其中 $B_i = [b_{1i}, \cdots, b_{ni}]^T (i = 1, \cdots, n)$。T 表示矩阵转置，则所求的归一化特征向量就是 $W = [w_1, \cdots, w_n]^T = \sum_{i=1}^{n} B_i / \sum_{i,j=1}^{m} b_{ij}$。进一步计算矩阵 $AW = [c_1, \cdots, c_n]^T$，则最大特征值就是 $\lambda = 1/n \sum_{i=1}^{n} c_i / w_i$。

8.4.5　模糊综合评判法

模糊综合评判法是以模糊数学为基础，应用模糊关系合成原理，对受多种因素影响的对象，把所考虑的各种因素用隶属度函数进行量化，按多项模糊准则参数对系统的隶属度等级状况进行综合评判的一种方法。应用模糊综合评判的一般步骤如下：

步骤 1：确定评判对象所考虑的因素，也即指标集 $U = \{u_1, \cdots, u_n\}$；

步骤 2：确定评语等级集合 $V = \{v_1, \cdots, v_m\}$；

步骤 3：按单因素进行评判，建立指标集与评语集之间的模糊关系矩阵 $R = (r_{ij})_{n \times m}$，其中，$r_{ij}$ 为指标集 U 中要素 u_i 对评语集 V 中评语 v_j 的隶属度。

步骤 4：确定被评判对象，相对于 U 中各因素的隶属度行向量 A。

步骤 5：选择合适的合成算子。将 A 与 R 合成，得 $B = A \circ R$。最后，按最大隶属度原则，给出被评判对象的评判等级。

模糊综合评判是把各种单因素的信息最大限度地考虑进去，以得到一个信息依据充分的总判断。其评判的结果是一个向量，而不是一个点值，这是模糊判断与其他评判方法不同的地方。它既可以用于主观指标的综合评判，也可以用于客观指标的综合判断。在该算法中，合成规则的选取至关重要，需要根据不同的要求做出合理的选择，在该算子的选择上大多倾向于对应项相乘，然后取最大。当然，具体怎么取应当考虑评判的主要标准。

8.4.6　系统效能分析法

系统效能分析法（System Effectiveness Analysis, SEA）是美国麻省理工学院 A. H. Levis 在 20 世纪 80 年代提出的一种系统效能分析方法。由于这一方法具有较强的分析能力及广泛的适应性，正日益显示出广阔的应用前景。

SEA 方法基于六个基本概念：系统、使命、环境、原始参数、系统性能度量和系统效能。

（1）系统是由相互关联的各个部分组成并协同动作的有机整体。

（2）使命是赋予系统必须完成的任务。

（3）环境是与系统发生作用而又不属于系统的元素集合。

（4）原始参数是一组描述系统、环境及使命的独立基本变量,它们分为系统原始参数(如 C^3I 系统中的探测半径、系统反应时间、通信手段、可通率等)、环境原始参数(如系统所面临的交战双方的兵力、目标威胁等)、使命参数(如系统完成任务的时间与程度等)。

（5）系统性能度量(MOP)是描述系统完成使命品质的量(如系统完成任务是敌我相对状态、毁伤敌人的概率等),它与系统使命的含义密切相关。

（6）系统效能(E)是指在一定环境条件下完成规定任务的程度。

上述诸概念中,前三个用于提出问题,后三个用于确定分析过程中的关键量。

SEA 方法框架如图 8.2 所示。

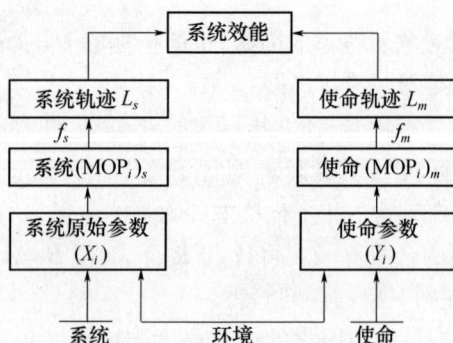

图 8.2 SEA 方法框架图

SEA 方法的分析步骤如下:

步骤 1:确定系统、环境和系统使命;

步骤 2:由系统、使命抽象出一组性能度量 $\{MOP_i\}$;

步骤 3:根据系统在环境中的运动规律,建立系统原始参数 $\{X_i\}$ 到性能度量的映射 f_s, $\{MOP_i\}_s = f_s(X_1, \cdots, X_r)$。

步骤 4:根据使命要求,建立使命原始参数 $\{Y_i\}$ 到性能度量的映射 f_m, $\{MOP_i\}_m = f_m(Y_1, \cdots, Y_n)$。

步骤 5:对于系统原始参数 $\{X_i\}$ 的一组特定参数,通过 f_s 映射到度量空间 MOP 的一个对应的点,当这些参数在取值范围内变化时,就在度量空间 MOP 形

成了系统轨迹 L_s。同理,对使命原始参数 $\{Y_i\}$ 通过映射 f_m 产生使命轨迹 L_m。这些轨迹通常对应一些区域。

步骤 6:系统在运行时落入系统状态轨迹区域是随机的,假设随机分布密度为 $h(s)$,同时落入使命轨迹区域的状态的概率大小就是系统完成使命的可能性,即系统效能,所以系统效能 $E = \int_{L_s \cap L_m} h(s)\,\mathrm{d}s$。

SEA 方法的难点在于如何建立系统属性参数、使命参数到性能度量空间的两个映射,以及如何确定两个轨迹的公共区域,它们也是整个评估过程的重点,必须借助一定的方法,把相同的结构、功能、行为和原始参数对系统运行过程的影响描述出来,从而体现它们在系统完成使命过程中所起的作用。这种映射一般是非线性的,比较难于建立,这给 SEA 方法的使用带来了困难。

8.4.7　系统模型法

使用系统模型是评估作战效能的一条可行途径。目前,使用较多的是影响图方法、兰彻斯特方程方法和蒙特卡罗方法。

(1) 影响图方法是麻省理工学院 James Bum 于 20 世纪 70 年代提出的一种复杂系统规范建模分析方法。这种方法起源于系统动力学,在构建系统动力学微分方程模型的基础上进行分析。影响图方法首先找出表征系统运行过程所必须的系统参量,通过分析系统参量间的相互依赖、影响关系,得出一个有向图,然后根据有向图和系统参数的实际含义,得出系统状态的微分方程。最后由系统状态微分方程考查系统各尺度参数和性能参量对系统使命任务的影响,从而对系统整的整体效能做出评价。从影响图建模方法的建模过程来看,它从实际系统出发进行建模,能够比较真实地反映原始系统的特性,并包含了系统的各个因素。然而,对复杂系统而言,一般情况下很难找到有效的微分方程模型。

(2) 兰彻斯特战斗理论是现代战争理论的经典基础。兰彻斯特方程法就是基于兰彻斯特战斗理论的一种效能评估方法。它在一些简化的假设条件下,建立了一系列描述交战过程中双方兵力变化数量关系的微分方程组,通过战斗效能比和交换比等指标的计算得出效能评估结果。兰彻斯特方程法主要用于作战效能的评估,其优点是将战斗过程中的因素量化,并利用解析方程描述客观的约束条件。缺点是其考虑的情况比较理想,而现代战争具有复杂多变的特点,用解析方程无法反映出随机因素和模糊因素的影响。

(3) 蒙特卡罗方法基于统计理论,描述了作战的随机过程。但在描述作战效能时有两大障碍:一是基本状态数量的巨额维数;二是信息处理与认识过程的描述。蒙特卡洛方法只能采取枚举法,列出所有可能的信息活动及其发生概率,这在微观仿真中都是很困难的,然而不这样又难于将信息对决策的作用、对策对战果的影响表示出来。

8.4.8 模拟分析方法

模拟分析方法是指用建模仿真技术建立系统的仿真模型并进行仿真实验,由仿真实验得到系统数据,经过提及处理后得到系统效能指标评估值。用作战模拟方法分析评估系统作战效能的优势在于它可以很全面地描述系统之间复杂的交互作用,从而有效地表达对抗体系内所有的协同作用和对抗行为。由于复杂系统参数众多,在模拟时会产生大量的数据,对这些数据的分析就非常重要。探索性分析法就是比较典型的一种。

探索性分析方法是美国兰德公司在研究国防规划与武器论证问题时提出的一种方法,其基本思路是考察大量不确定性条件下各种方案的不同后果,通过对多维不确定空间的有效探索,获得对系统的知识。探索性分析允许在忍辱细节之前,先获得宏观的、总体的认识,从而可以很好地辅助方案的开发和选择。探索分析方法要求建模人员对问题有深入的理解并能有效地建模,它适合于解决宏观范围内的效能评估问题比较合适。

当然,还有许多其他的评估方法,限于篇幅,不再赘述。

8.5 效能评估示例

8.5.1 ADC 方法示例

我们想按系统效能模型求某装甲车辆作战 10h 的系统效能。假设系统平均故障间隔时间 MTBF = 160h,系统平均修理时间 MTTR = 4h,系统性能效用值数据为 $H = (0.2,0.4,0.8,0.6,0.7,0.6)^T$,其分量分别表示火力性能、机动性能、防护性能、通信性能、电气性能和操作人员素质,指标因素权重向量 $W = (0.3,0.2,0.2,0.1,0.1,0.1)$。

系统可用性(有效性)矩阵 A 用系统完好率 α_1 以及故障率 α_2 来描述。其中,$\alpha_1 = \text{MTBF}/(\text{MTBF} + \text{MTTR}) = 0.976$,$\alpha_2 = 1 - \alpha_1 = 0.024$,即 $A = (0.976,0.026)$。

系统的可信度 $D = (d_{ij})_{2 \times 2}$ 用服务概率描述,当系统完好时,服务不小于 10h 的概率 $d_{11} = e^{-10/\text{MTBF}} = 0.94$,服务小于 10h 的概率 $d_{12} = 1 - d_{11} = 0.06$;当系统发生故障时,服务不小于 10h 的概率为 0,服务小于 10h 的概率是 1,所以,取 $d_{21} = 0$,$d_{22} = 1$。

系统固有能力矩阵 $C = (c_1,c_2)^T$,其中,$c_1 = WH = 0.49$,表示系统正常工作

时的能力,$c_2 = 0$,表示系统故障时的能力为 0。

系统的效能 $E = ADC = 0.45$。

8.5.2 SEA 方法示例

要对某指挥系统进行效能评估,假设系统的可决策概率是 $0.95 \sim 0.60$(含可靠性),系统延迟时间(包括反应时间和计算效率)为 $15s \sim 175s$。系统的使命是在 $120s$ 内作出决策,可决策的概率不得低于 50%。

无论是系统参数还是使命参数都选为决策概率和时延,也就是 $X = \{X_1, X_2\}$。其中 X_1, X_2 分别表示系统的决策概率和时延,$Y = \{Y_1, Y_2\}$,Y_1, Y_2 分别表示使命的决策概率和时延。

系统和使命的性能度量 MOP_1 是决策概率,MOP_2 是时延。$\{MOP_1, MOP_2\}_s = f_s(X) = X$,$\{MOP_1, MOP_2\}_m = f_m(Y) = Y$。

系统轨迹 L_s 为二维空间区域:$L_s = \{(X_1, X_2) \mid 0.60 \leqslant X_1 \leqslant 0.95, 15 \leqslant X \leqslant 175\}$,使命轨迹 L_m 为二维空间区域:$L_m = \{((Y_1, Y_2) \mid 0.5 \leqslant Y_1 \leqslant 1, 0 \leqslant Y_2 \leqslant 120\}$。它们的公共区域为 $L_s \cap L_m = \{(Z_1, Z_2) \mid 0.60 \leqslant Z_1 \leqslant 0.95, 15 \leqslant Z_2 \leqslant 120\}$。

假设系统状态在系统轨迹区域 L_s 内是均匀分布的,分布密度函数 $h(s) = 1/S_1$,其中 S_2 是区域 L_s。假设区域 $L_s \cap L_m$ 的面积为 S_2,则系统效能为

$$E = \int_{L_s \cap L_m} h(s)\,\mathrm{d}s = S_2/S_1 = \frac{(0.95 - 0.60)(120 - 15)}{(0.95 - 0.60)(175 - 15)} = 0.656$$

第9章　指挥与控制在现代战争中的应用

指挥与控制是现代战争的核心。有效的指挥与控制是战争取得胜利的决定性因素。如果没有准确、快速、协调的指挥与控制,即使最先进的武器装备和最熟练的士兵也发挥不了作用。因此,现代战争也可以称为指挥与控制战。

9.1　现代战争的特点

现代战争的主要特点是使用信息化网络,即利用先进的通信和计算技术把宽广区域分布的各兵种连接成高效的和协调的部队。信息化网络能使战场指挥员快速地掌握战场空间的总情况和战场态势,制定对抗敌方的策略,完成整个作战任务。命令的快速传递、快速执行是完成作战任务的基础。通过命令的快速传递使得战场指挥员能够快速地收集信息,作出行动决策,立即采取制服敌方的行动。利用快速性、欺骗性和突击性等可以制造并利用敌方的弱点,抓住稍纵即逝的时机,使战术和火力对自己有利。可以把作战兵力集成为快速的、连续的统一体,以便压制敌方采取行动。

9.1.1　信息化

信息作为信息平台出现是对传统工业平台的超越,是世界新军事革命发生、发展的重要标志和基础。信息平台的创立,引发了人类战争的中介系统第三次革命,使"控制是军事行动的一种基本形式"这一古老的命题被重新摆到人们的面前,并被注入了新质。控制是信息化战争中与进攻、防御并列的基本作战形式。控制作为独立的基本军事行动出现,打破了进攻、防御的二元对立,而形成了进攻—防御—控制的三元结构。

信息时代,是相对于人类社会的游牧时代、农业时代、工业时代而言的,以信息化为主导,普遍采用现代信息技术,从而充分高效地开发利用信息资源,是提高社会生产力、推动经济发展和社会进步的又一新的历史时期。美国防部 C^3I 办公室研究处原主任戴·S·艾伯茨在《网络中心战》一书中谈到信息对社会的影响时指出:"①改变着财富的创造方式;②改变着能源的分配;③增加了复杂性;④缩短了世界的距离;⑤压缩了时间,从而加快了社会生活的节奏"。信息时代的本质特征是一切领域的信息化。毫无疑问,信息化也深刻地影响着军事领域。正如江泽民同志指出的:"信息化是新军事变革的核心。人类社会的战争形态正由机械化战争转变为信息化战争。"信息化战争,是以信息化军队为主要作战力量,以信息化武器装备为主要作战手段,以信息为主导的陆、海、空、天、电融为一体的战争。信息时代及其信息化战争的革命性演变,促使作战指挥与控制发生了深刻变革,出现了一些新的发展趋势。把握好这些发展趋势,可以适应新时代和新战争形态的需要,可以在新形势下实施高效的作战指挥与控制,有利于建设信息化军队与打赢信息化战争。

信息时代,信息网络技术广泛用于作战指挥与控制中,该信息采集、传递、处理、存储、使用一体化,因而,实现信息流程优化、信息流动实时化、信息决策智能化,从而使作战指挥与控制体制及其机制发生了许多新的变化。在指挥结构方式上由树状指挥结构向网络扁平指挥结构转变;在指挥信息保障方式上,由自我保障为主向战场信息共享为主转变;在指挥决策方式上,从单级封闭式集中决策向多级开放式分布决策转变;在指挥与控制方式上,由预先计划控制为主向以作战行动为主近实时动态调控为主转变;在指挥与控制效果评估方式上,由概略评估为主向精确评估为主转变。信息网络技术的发展,推动与支持了作战指挥与控制平台一体化。作战指挥与控制平台一体化,主要是指在信息化战争中,通过信息网络将诸军兵种、战略战役战术、多维空间的作战指挥与控制融为一体。它是信息化战争作战指挥与控制的重要条件。

9.1.2　网络化

军事进步总是以技术进步为基础的。同样,现在战争的网络化是以信息技术领域的成就为基础的。

在计算机领域,几十年来在商业需求的驱动下,微计算机技术有了极其惊人的发展。在硬件上,和 10 年前相比,计算机 CPU 的主频、内存容量、硬盘容量、网络速度等均有 2 个 ~3 个数量级的提高,并且仍在继续提高。LCD 显示屏、刷新(Flash)存储器等新技术产品也已经进入规模化应用阶段,为信息显示和存储提供了更优异的手段。专用集成电路(ASIC)技术的发展使集成电路技术的应用变得越来越灵活,即使小批量的需要也照样可以开发专用芯片。在软件上,软件开发工具的发展和软件资源的不断积累,已经使软件开发变得越来越容易,而软件的功能却越来越强大。

民用信息技术的飞速发展改变了军品技术优先于民品技术的传统规则。在发达国家,军工企业为了保持本公司产品的竞争力、跟上竞争步伐,普遍开始应用商业准军用(COTS)技术开发信息作战装备,这已经成为缩短装备开发周期、降低装备开发成本、提高装备技术水平的基本措施。近年来,国内的军工企业也已经开始采用 COTS 技术。

因此,当军工领域转入 COTS 技术轨道后,民用 IT 领域的巨大技术资源也就成为发展网络化作战系统的主要支撑条件。目前,软硬件技术条件已经不再是发展网络化战争的制约因素。网络化战争的创新性更主要地是体现在技术体系和开发体系上。

9.2 现代战争对指挥与控制的要求

9.2.1 准确

信息技术改善了战场观察、决策优先级、资源分配和损伤评估的能力。传感器、武器平台、指挥机构、后勤保障中心等情报源的信息融合,先进的计算机处理系统,精确的全球定位系统以及无线电通信,提供了精确确定友军和敌军位置的能力,并可完成收集、处理、分发相关数据到成千上万个地点,能为决策者及时提供准确信息,极大地影响着未来的军事作战。部队可以通过这种系统提高战场总体空间的感知能力,能在感兴趣的区域内生成更精确的友军和敌军作战情况的交战图。这种战场空间感知能力能提高了战场态势感知能力,缩短了反应时间,使掌握该技术的军队对战场变得更加透明。

9.2.2 快速

信息化战争中,由于信息、网络、网格等高新技术的支撑,出现了战场数字化、空间多维化、平台网络化、情报可视化、机动快速化、打击远程化、指挥与控制手段自动化、指挥决策智能化、行动效果精确化;使战役战斗趋于融合、类型样式区分淡化、手段综合运用一体、行动效果实时精确、同步作战并行行动;出现了物理分散、逻辑集中的指挥部和虚拟指挥部,动态组合的模块化部队,大范围异地的武器制导和接力交战,总统到士兵、让士兵呼唤飞机打坦克的行动;出现了信息战、网络中心战、行动中心战等。美国防部 C^3I 办公室研究处原主任戴·S·艾伯茨在《网络中心战》一书中指出:"网络中心战的特点是,能够为地理上分散的力量(由实体构成)创建一个高度共享的战场态势感知来实现作战行动的自同步。并通过其他的网络中心战行动来实现指挥员的意图。"还可进行虚拟协同,"网络中心战的行动者(或射手)自身并不一定拥有传感器,决策者自身并不一定拥有行动者。网络化产生了战场力量对比的动态重构。"在海湾战争中,美航力量不间断地、实时地,为各作战指挥中心与行动部队提供情报信息,美空军 F117 隐形轰炸机在沙特阿拉伯基地起飞攻击伊拉克南部的指挥中心,美海军从波斯湾和红海发射巡航导弹攻击巴格达的指挥中心,美陆军"阿帕奇"直升机攻击伊拉克边境的预警雷达站,三军行动几乎都是同时展开的,各打各的目标。伊拉克战争中,美军遂行任务的飞机,一直保持着空中待命状态,从使用召唤到完成空中打击仅需 3min～5min。充分体现了作战指挥与控制行动的一体化。信息化战争作战指挥与控制行动的一体化,客观上要求作战指挥与控制要特别关注指挥与交战行动的整体性和一体性、指挥与控制和交战行动过程的有机融合,以实现自取所需信息、自适应协同、自同步交战。

9.3　现代战争中的作战指挥与控制一体化

网络化为改善严格按级划分和制度化的指挥与控制过程提供了新的机遇,其改善表现在通信速度的显著增加、决策者与战斗人员互通能力的提高、传感器更加灵敏、网络使共同感知成为可能,以及指挥与控制链中指挥员和战斗人员更加知识化。归纳起来,其改善体现在指挥与控制周期缩短、能协同制定计划和任务实施,以及提高作战决策灵活性和自同步能力等方面。

9.3.1　思想一体化

作战指挥与控制思想一体化,主要是指在信息化战争中,作战指挥与控制融为一体,作战指挥与控制思想融为一体。它是信息时代作战指挥与控制发展的重要趋势,主要反映在两个方面。

(1) 作战指挥与控制的一体化。信息时代最突出的特征是信息化、网络化、全球化。信息化战争最突出的特征是数字化、网络化、自动化、智能化、一体化。这些为指挥与控制体制一体化提供了先决条件和必然条件。从传感器到发射平台,C^4 ISR 系统将指挥、控制、通信、计算机、情报、侦察、监视等融为一体,是最好的说明。

(2) 指挥与控制指导思想的一体化。信息化战争条件下,作战的类型、形式、方法多种多样,加之机械化战争时代军种协同性作战的传统影响,容易造成指挥与控制思想不统一。目前,出现了集中统一指挥、网络式指挥、偏平式指挥、精确式指挥、前馈式指挥、相关自主式指挥、游动互访式指挥、一体化指挥、联合指挥、空天一体作战指挥、一体化联合作战指挥等。未来信息化战争条件下的基本作战形式是一体化联合作战,如果每个军兵种都按照各自的作战思想去参加一体化联合作战,其结果是可以想象到的。所以,信息化战争作战指挥与控制的一个重要发展趋势,就是作战指挥与控制指导思想一体化。

9.3.2　体制一体化

作战指挥与控制体制一体化,主要指在信息化战争中,将以统一的作战指挥与控制体制及其机制,实施一体化指挥与控制活动。它是信息化战争对作战指挥与控制发展的必然要求。影响作战指挥与控制体制一体化最根本的因素有两个方面。

(1) 信息化战争一体化联合作战形式的需求。对信息化战争形式,江泽民同志曾指出:"在基本作战形式上,依据现代联合作战不断向陆、海、空、天、电多维一体的高级阶段发展的情况,我军也要进一步从以单一军种为主向诸军兵种一体化联合作战转变。"由此看出,未来的信息化战争,不同于以往的机械化战争,其基本方式是非对称、非线式、非接触的远程精确打击,基本形式是一体化联合作战。一体化联合作战,是信息化军队或初步具备信息化作战能力的军队,依托信息系统,在多维空间对诸军兵种作战单元和要素进行综合集成的作战体系,在统一指挥下,围绕统一作战意图实施灵敏、快速、精确、高效的整体作战。美军联合出版物指出,联合作战是统一行动,因此,统一指挥是联合作战的核心问题。因而,联合作战解决的是统一指挥与控制军事力量的问题。建立合理的联合作战指挥与控制机构,理顺联合作战指挥与控制关系,是搞好联合作战的关键和核心问题。一体化联合作战力量一体、空间一体、行动一体、保障一体、体系对抗,要求作战指挥与控制体制必须一体化,以一体化作战指挥与控制的整体效能保证一体化联合作战的胜利。

(2) 信息时代信息网络技术发展的推动。工业时代的机械化战争其指挥与控制技术手段相对落后,形成了从最高统帅到基层分队,从上到下纵长横窄、横向不联接的"树"状指挥体制。信息化战争条件下,这种体制暴露出信息流程长,平级单位之间、侦察系统与武器系统之间不能横向沟通,抗毁能力差,被切断"一枝"就影响一片,切断"主干",则全部瘫痪等弊端,使作战指挥与控制受到诸多限制。

9.3.3　平台一体化

作战指挥与控制平台一体化,为的是适应信息化战争一体化联合作战指挥与控制的需要,为的是满足有效聚合和精确释放陆、海、空、天、电相关作战要素整体能量的需要。信息化战争的特点是:诸军兵种作战力量多种,陆、海、空、天、电战场多维,指挥、控制、侦察、情报、信息、通信、预警、监视、机动、打击、保障等作战要素多项,太空、航空、陆上、海上、水下、信息等武器平台多类,太空战、空天一体战、非对称作战、非线式作战、非接触作战、精确作战等作战形式多样。如果没有以作战指挥与控制为核心的一体化信息系统平台,通过信息网络技术的联通、融合和综合集成,将上述众多因素聚合为一个纵向到底、横向到边的一体化作战体系,要想打赢信息化战争是不可能的。因此,作战指挥与控制平台一体化,是信息时代信息化战争发展的必然要求。美军认为:"军队信息化建设的主要任务是不断完善综合电子信息系统。"为适应信息化战争的需要,为实现各类系统的一体化,美军强化了综合集成,正对国防部和陆、海、空三军的 140 多个各级 C^4I 系统,分步集成为一个统一的大系统,以实现互连、互通、互操作。美军的作战指挥与控制系统的发展,走过了 C^2、C^3I、C^4I、C^4ISR、C4 IKSR、C^4 IKW SR 到 GIG 的逐步升级过程,不断提升了打信息化战争的条件和能力。作战指挥与控制平台一体化,也是我军建设信息化军队,打赢信息化战争的艰巨任务。江泽民同志曾指出:"要加强军事信息设施建设和核心技术的攻关,实现我军指挥与控制、情报侦察、预警探测、通信和电子对抗的一体化。"并强调:"要充分利用国家信息基础设施和技术资源,以现有指挥与控制系统为基础,以天基信息系统为重点,建设能够支持实施一体化联合作战的陆、海、空、天、电一体的综合电子信息系统,一体化联合作战的一个重要特征,是建立诸军兵种指挥要素高度融合的联合作战指挥机制。"因此,在军队信息化建设进程中,采用一体化指挥与控制平台、数据链、地域通信网、战术互联网等网络技术,将各种、各类、各型军事指挥信息系统进行纵横联通的综合集成,是作战指挥与控制平台一体化的具体实践,必将大大提高信息化战争一体化联合作战指挥与控制的整体效能。

9.3.4　信息一体化

作战指挥与控制信息一体化,主要是指在信息化战争中,作战指挥与控制信息的高度共享,能实时互连、互通、互操作。它是信息化战争作战指挥与控制的核心与主导。

在人类社会的不同发展阶段,由于信息技术和信息应用水平的差别,其对社会发展的影响是截然不同的。在农业时代,信息技术低下、信息流量小,信息难以对社会发展产生较大影响,更多的主要是"物质"的作用。在工业时代,信息技术发展较快、信息使用范围扩大,使信息对社会发展所产生的促进作用逐步增大,但更多的主要还是体现"能量"的重要性。

随着信息技术成为世界新技术革命的核心和先导,随着信息流量的急剧膨胀,信息对社会发展的促进作用极大地表现出来。在信息时代,信息与物质、能量一起,成为人类社会赖以生存的三大要素,成为一种重要的战略资源,成为可以支配物质资源和能量资源的特殊资源。人类战争的发展经历了冷兵器时代的战争、火器时代的战争、使用线膛武器的战争、使用飞机和坦克及军舰的机械化战争、拥有核武器威慑的核战争,正在向以信息化武器为主导的信息化战争发展。前几种战争主要体现和强调的是物能、机械能的作用,而信息化战争极大地表现出来的是信息的主导地位与作用。信息既是一种直接的战斗力,又是战斗力的倍增器,已成为一种重要的战略资源。信息资源通过操纵和控制战争中的物质资源和能量资源,可以大大提高军队的作战效能并减少其他战斗要素的投入。信息资源在战争中的应用,改变了过去单纯用拥有多少个装甲师、航空编队、航母战斗群来衡量军队战斗力的做法,而将各种信息资源应用于战争的含量视为战斗力的重要标准。这是因为计算机中一盎司硅产生的效能也许比一吨铀还大。争夺战场综合控制权,包括制天权、制空权、制地权、制海权、制电磁权,核心是制信息权。美军2020联合作战构想,将信息优势、形成决策优势与行动优势放在战略的头等位置,完成作战指挥与控制所需的"发现—定位—瞄准—攻击—评估"链路的信息流程,从海湾战争时需要100min、科索沃战争时需要40min、阿富汗战争时需要20min,已经发展到伊拉克战争只需几分钟,最短仅为10余秒。信息对信息化战争的特殊影响力,客观要求作战指挥与控制信息的一体化、主导化、实时化、实用化。要求作战指挥与控制要突出地关注信息源、信息流程、信息质量、信息融合、信息分发、信息共享、信息决策、信息优势等。如在作战指挥与控制中使用的"六图一表"共享态势图,它包括了地面态势图、海上态势图、空中态势图、电磁态势图、卫星过境图、气象水文图、战况统计表,是这方面的积极探索及实践。

9.4　现代战争中的指挥与控制系统

作战指挥与控制系统分为三个层次:国家级、军种级和平台级。国家级作战指挥与控制系统在大规模战争中才启用,对于常见的小规模战争来说,军种级和平台级指挥与控制系统起着至关重要的作用。这里对后两个层次的指挥与控制系统加以介绍。

9.4.1　美国陆军指挥与控制系统

美国陆军指挥与控制系统包括陆军全球指挥与控制系统、陆军战术指挥与控制系统、旅和旅以下作战指挥系统。

1. 陆军全球指挥与控制系统

陆军全球指挥与控制系统是美陆军战略、战区和军以上使用的指挥与控制系统。在紧急情况下,它在陆军部队的动员、部署使用和保障方面起准备、决策及计划拟定与执行的作用。

陆军全球指挥与控制系统由计算机硬件、软件和通信系统组成。它以标准化方式实现与陆军作战指挥与控制系统、联合军种系统以及其他单一军种系统的兼容与互通。

2. 陆军战术指挥与控制系统

师和师以上的战术指挥与控制系统主要是陆军战术指挥与控制系统(Army Tactical Command and Control System,ATCCS)。ATCCS 包括五个独立的指挥与控制分系统和三个通信分系统。当系统全部投入使用时,将形成从陆军战术最高指挥官到单兵战壕的作战指挥和控制网络。五个独立的指挥与控制分系统通过这三个通信系统融合成一个简捷、紧凑的陆军各军种合成的战场应用系统。美国陆军战术指挥与控制系统体系结构如图9.1 所示。

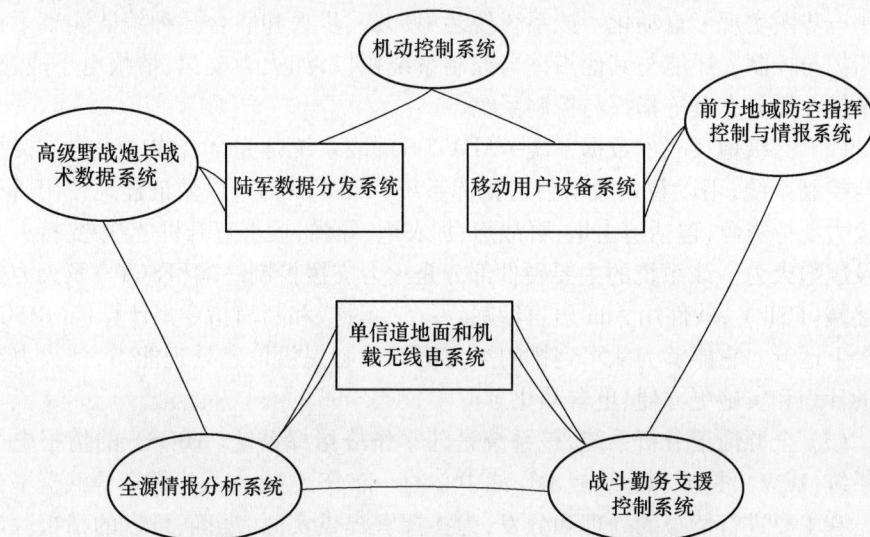

图9.1 美国陆军战术指挥与控制系统体系结构

1)三大通信系统

(1)陆军数据分发系统,该系统能够给战术指挥官及其参谋提供其所属作战部队的位置、定位和导航报告,以及提供一个自动化、安全保密、近实时的无线电通信系统。陆军数据分发系统包括如下三个主要产品:增强型位置定位报告系统(EPLRS)、近期数字电台(NTDR)和 16 号链(联合战术信息分发系统—JTIDSO 多功能信息分发系统—MIDS)。

(2)单信道地面和机载无线电系统(SINCGARS),该系统是美国陆、海、空军和海军陆战队在近距离内应用的新一代甚高频战斗网无线电系统,是战术战场指挥员在前沿 20km 阵地内指挥部队和空中支援的主要手段,配有 ECCM 模块,具有电子反干扰能力,能提供高度可靠的保密话音和数据通信。SINCGARS系列电台包括便携式、车载型(低功率和高功率两种)和机载型。

（3）移动用户设备系统，该系统是目前最具代表性的地域通信网，它可以为美国陆军战术指挥官在军和师作战区域内提供保密的、自动化的、高度机动性的、快速部署的和可以生存的战术通信。该系统包括六个功能部分：地域覆盖、有线用户入口、移动用户入口、用户终端、系统控制和分组交换数据网，采用了数据通信、传真通信和话音通信。

2）五个指挥与控制分系统

（1）机动控制系统（MCS），该系统为陆军战术指挥官及其参谋（军至营）提供计划、协同、监控战术作战自动化。它使陆军作战指挥系统建立和分发战场通用态势图实现了自动化。该系统使装甲部队、步兵和联合兵种编队实现了自动指挥与控制。还能与其他指挥与控制系统接口，如火力支援、情报电子战、防空及战斗勤务支援等指挥与控制系统。

（2）高级炮兵战术数据系统（AFATDS），该系统是完全合成的火力支援指挥与控制系统，用以替代战术射击指挥系统（TACFIRE），以便最佳地使用所有的火力支持资源，包括迫击炮、野战炮、加农炮、导弹、攻击直升机、空中支持火力以及舰炮火力。该系统的主要硬件部分是火力支援控制终端（FSCT）及火力支援终端（FST），软件用 Ada 语言编写，可在"奔腾"和精简指令集计算机（RISC）平台上运行。它能够为从军到排的火力协调中心提供信息处理能力，使火力支持的计划和实施更方便、更自动化。

（3）全源情报分析系统，该系统是陆军作战指挥系统（ABCS）的情报电子战系统（IEW），是军和师级战术作战中心的一部分，装在作战指挥车等武器平台上。它主要进行情报的处理和分发，为指挥官提供实时、准确、可靠的情报。该系统由计算机、士兵作战中心支援设备及通信设备等组成。它融合全信源的情报，给作战指挥者提供资源管理能力和目测战场及更有效地进行地面作战所需的全信源情报。

（4）战斗勤务支援控制系统（CSSCS），该系统是一种计算机软件系统，用于装备从旅至军以上各指挥梯队。该系统按一个帐篷配置来部署，还能装在由项目管理战术作战中心（TOC）提供的一系列标准综合性指挥所系统（SICPS）内。它迅速采集、存储、分析和分发至关重要的后勤保障、医疗、财政和参战人员的信息。该系统能给指挥官及其参谋及时地提供作战勤务保障（CSS）、态势感知和部队调遣信息，为战略战术指挥官提供及时、准确、可靠、重要的情报信息。

（5）前方地域防空指挥与控制及情报系统（FAADC2I），该系统是一个集武器、传感器和指挥与控制为一体的综合性系统，包括通用硬件、软件和通信设备。它用于自动指挥与控制近程高、中、低空防空武器，装备于军、师、导弹营及训练基地，是防空武器、传感器和指挥与控制一体化的系统。其核心是一个空战管理作战中心和若干陆军空中指挥与控制站。它为军、师及师以下防空武器系统提供指挥与控制及目标信息。它保护机动部队、重要指挥所及作战保障部门、作战勤务保障部门免遭低空袭击。

3. 旅和旅以下作战指挥系统

21 世纪部队"旅和旅以下作战指挥系统"为各级指挥官提供作战指挥保障，它能综合和处理纵向和横向的数据。它与所有战场作战系统相联的子系统汇聚成为一个计算机化的数字网络。该系统与其他陆军作战指挥系统互通和交换数据与信息，而且使单个士兵和运动中的武器也具有这种能力。各级之间的互通性和各级内部之间的互通性将是该系统的主要特色。

9.4.2　海军舰艇编队指挥与控制系统

海上舰艇编队作战是现代海战的基本作战样式。舰艇编队作战的决策过程是一个实时的、动态的决策过程，不但要重视战前的决策，制定合理完整的作战计划，更要注重战斗过程中的实时指挥与控制，以便及时捕获战机。在编队作战过程中，作战使命有反潜、防空、电子防御、战术突击、登陆作战等。编队内各舰艇、飞机、潜艇和侦察卫星、传感器网络等作战单元有搜潜、防空、伴动等作战任务。

1. 舰艇编队作战指挥与控制结构

尽管航母编队、驱护编队等的组成结构不同，但协同作战的关键都是指挥与控制系统之间的协同，这一点是相同的。现代舰艇编队指挥与控制系统结构通常是分布式结构，如图 9.2 所示。各个作战单元中的作战资源（传感器、作战台位、武器、导航、通信设备等）通过网络或总线连接起来组成一个有机整体。编队内各作战平台通过战术数据链（卫通、短波、长波通信等）实现互连、互通，在一定程度上实现了互操作，从而实现编队内各传感器、指挥与控制系统、武器系统的协同。编队作战能力不是编队中各作战资源作战能力的简单叠加，而是各部分能力相互协调、相互作用的综合结果，使整体达到大于各个平台作战能力的总和，从而实现整体作战能力的涌现。

2. 编队指挥与控制系统基本要素

（1）作战指挥人员。作战指挥人员应能根据现代海战场态势的多变性，及时应对各种变化，作出相应的决策。

（2）通信单元和探测单元及人机接口。通信单元主要负责指挥中心与外部的通信联络，如指挥命令的上传下达、同级协同、战场信息共享等；探测单元主要感知战场环境的变化；人机接口负责作战决心、作战计划、情报等信息的录入和人工干预作战过程，并将以上结果传给信息处理单元和辅助决策单元。

（3）信息处理单元。该单元接收来自探测单元及通信单元传来的信息，包

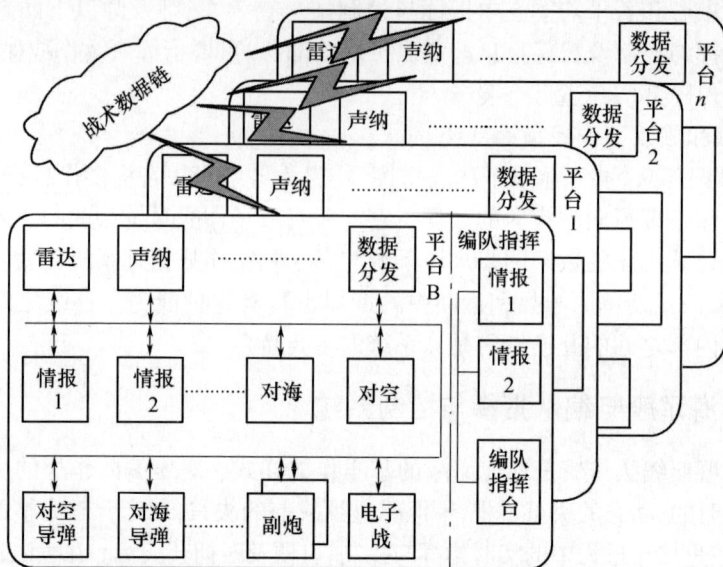

图 9.2　水面舰艇编队指挥与控制系统结构图

括语音指挥信号、战场态势等信息。然后,将其进行融合、分类处理,并使用时空对准、航迹互连、证据理论等传统融合算法和现代神经网络、模糊理论、支持向量机、聚类分析等现代信息处理方法,得出各类信息的属性。如果是一般的信息就送到态势评估单元;如果是特殊的信息,如战场情况发生剧变、有战机可乘、需要马上采取突击行动,则将这些信息送往紧急反应单元。

（4）态势评估单元。态势评估单元接收从信息处理单元传来的信息及海情、气象等情况,然后根据这些战场信息进行海情、任务、敌我情况判断分析,并将结果送入辅助决策单元。

（5）应急反应单元。作战中,战场情况千变万化,战机稍纵即逝,作为指挥员必须随机应变,以抓住战机,取得作战胜利。应急有两种情况:一种是必须马上采取的行动,即使存在推理过程也只能是简单地使用知识库中的经验知识;另外一种情况是虽然紧急,但还不至于要立即采取作战行动,只是需要修改原有作战决策。如上级派来支援部队,或是下级接收到作战任务后的上报计划,这就需要融合这些情况而重新进行部署和决策。当然,更多的情况是两种情况并存,一方面采取行动,另一方面重新规划。

（6）辅助决策单元。该单元是指挥与控制系统的核心,它根据态势评估结果并结合知识库中的战术规则完成作战规划,生成作战决策,产生作战行动方案,供指挥人员参考。

第 10 章　网络中心战的指挥与控制

网络中心战是一种能获取信息优势的作战样式,能通过网络使传感器、决策者和射手达到态势共享、增加指挥速度、加快作战节奏、增大杀伤力、提高生存能力和自同步能力。从本质上说,网络中心战就是通过有效地连接战场空间中的知识实体将信息优势转化为战斗力。

在平台中心战时代,指挥与控制一直以配角身份位居幕后,而作战平台与武器,如新一代高性能战斗机、核潜艇和超声速导弹等,才是战争的主角。随着网络中心战的出现,指挥与控制正逐渐成为引人注目的中心,指挥与控制将越来越重要。指挥与控制能最大限度地发挥战斗效率,能在网络环境中促使效益倍增,因而使其成为现代战争中的关键因素。

10.1　网络中心战中指挥与控制的特点

10.1.1　速度更快

美军认为,指挥与控制的基本测量标准之一就是指挥与控制的速度。速度越快,从识别战场态势到选项评估、选择正确的行动方案,再到最后产生可实行的命令,这一过程所耗费的时间就越短。由于高新技术和新概念武器装备的广泛应用,使得战争节奏加快、作战样式转换迅速、战场情况变化急剧,这些都对指挥与控制的时效性提出了更高的要求。

“网络中心战”是指利用强大的计算机信息网络,将分布在广阔区域内的各种传感器、指挥中心和各种作战平台(单元)合成为一个统一高效的大系统,实现战场态势、武器装备、信息等作战资源的共享。

“网络中心战”强大的威力主要来自于信息网络支撑下的作战体系结构。按功能,可以把整个网络分为三个互相连接的网络:传感器网络、武器系统网络(交战网络)和通信网络。

从网络中心战的作战体系结构来看,网络中心战的“网络化”使得传感器在全天候条件下也能够对战场实施实时、全时空的、全频域的侦察监视;通信网络能够保证安全高速地信息传输和交换,作战人员和分析人员可以更快地收发情报和数据。也就是说,在网络中心战中,战场上敌我双方部队的位置、动向和战果,能够更准确、近实时地传送到各级指挥中心,使各级指挥员能够及时全面地感知战场态势,从而缩短了指挥决策的周期,大大提高了决策质量和决策速度;武器系统网络能使各个作战单元在多维战场上高度协调一致地配合甚至同步。各级指挥与控制系统既能及时掌握与其作战单元密切相关的局部战场情况,也能实时了解整个战场的全局信息,并能根据战场的实时变化,及时进行作战判断、决策和行动,实现相互之间的适时、主动协同与同步。此外,网络中心战中的全球信息网格技术所具有的联通性、互操作性、灵活性和自适应性可大大化解指挥跨度增加所带来的复杂性。在指挥对象一定的情况下,指挥跨度的增加,可以减少指挥层次,这都大大缩短了作战指挥与控制的时间。

10.1.2　更加精确

在未来的信息化战争中,指挥员应对的是无形的信息空间和有形的物理空间。穿梭于两个空间的战场信息瞬息万变,作战指挥与控制要求高,协调难度大,指挥与控制复杂性增加,这给指挥员带来了前所未有的新问题。

战场指挥员要做到精确地指挥与控制,就必须掌握整个战场的精确信息,网络中心战有助于实现这一点。网络中心战中,设在卫星、飞机、舰艇和地面上的所有传感器组成了一个庞大的传感器网络,依据分散的传感器所收集到的数据,可以快速融合生成整个战场空间的战场态势,其完整性和精确程度远远超过了任何单个传感器所能达到的水平。传感器网络构成了全方位、全频谱、全时段的多维侦察监视预警体系,从而能最大限度地获取战场信息,实现战场的"单向透明"。多传感器信息的有效融合,可得到对被感知对象的更精确的总体性描述,为精确的指挥与控制打下了基础。

从攻击的角度来讲,由各种空基、陆基和海基武器系统所组成的武器系统网络,使协同火力打击有了可靠的依托。指挥与控制中心能够根据被打击目标的特点精选打击力量,让处于最佳攻击位置或最佳攻击时机的作战要素来完成任务,实现"火力打击精确化"。网络中心战有能力让指挥官更精确地了解态势、掌握预期效果、优选行动方案以及更准确地评估作战行动效果,以便在需要时重新交战并减少附带损伤。

10.1.3　整体性增强

现代战争是陆、海、空、天、信一体化的联合作战,参战军兵种众多,战场空间也空前扩大。信息技术的交叉渗透,使一体化成为信息时代的重要特征。这就要求各级指挥官必须具有高度的全局观念,各级指挥与控制系统必须从整体出发、相互配合、制定并实施严密的计划,有效地对部队实施指挥和控制。

　　美军认为:以往的平台中心战,其平台内的信息共享是有限的,作战的指挥与控制实际上主要限制在各个参战部队的内部,因而平台之间协同作战整体性受到限制。而美军的网络中心战通过实现各部队、各武器平台的网络化,促进了所有参战部队的共享战场态势能力、作战协同能力,实现了真正意义上的联合。从美军网络中心战的体系结构可以看出:网络中心战有能力使整个作战部队实时地共享战场态势、透视战场、快速精确决策、高效地协调部队、精确打击敌人,从而实现一体化的作战过程。网络中心战所形成的传感器网络、通信网络和武器系统网络能够把各个作战单元连接成一个有机的整体,实现作战力量的一体化。在未来的网络中心战战场上,虽然各种作战力量在空间上可能更分散,但通过网络却可以实现更密切、更精确的作战协同。不论是装甲突击部队,还是分散在广阔海洋上的庞大战舰群,以及正在天空飞行的战机等,每个作战单元既处于不停的运动之中,同时又紧密连接在一起,整个网络中心战部队形成一个作战整体,努力实现最优的整体作战效能。

10.1.4　更为灵活

　　现代战争离不开信息系统的支撑,全球信息网格就是作为网络中心战的核心信息支撑技术提出来的。根据美国防部《网络中心战报告》和其他有关著述,全球信息网格将为入网的所有作战单元提供合成的、一致的战场态势图,这个态势图将是协同作战指挥与控制的重要依据。全球信息网格可以使各个作战单元的协同作战处理系统独立地按照相同的算法、使用相同软件平台、依据格式严格一致地输入数据并进行信息传递与处理。这样,就能保证各个节点分别进行并行信息处理。战场态势图对于整个战区都是通用的,因而联网的每个节点都能共享所有其他成员的信息。这种严格意义上的分布处理方式使全球信息栅格中的每一个节点都具有物理意义上的相同性,于是每个节点的逻辑关系就可以在网络空间内进行重新定义和灵活调整,每一个节点都可以作为"主节点"而获得指挥与控制其他"附属节点"的权力。所以,网络中心战将使军队能够根据战场的变化,对整个指挥与控制系统的各个层次进行灵活快速的调整,使战场指挥与控制系统能够迅速适应战场环境的变化。

10.1.5　协调性更好

　　随着科学技术的不断发展,各种高技术武器及新概念武器不断出现并应用于战争。要想有效地发挥这些武器装备的作用,不仅需要更加全面、准确、及时的情报信息,而且需要有十分具体、周密的计划;不仅需要有组织的后勤支援和环境保障,而且需要有特定的环境条件和多方面的协调配合。所有这些,都要靠指挥与控制进行具体的计划组织和全面的运筹协调。

在网络中心战条件下,各个作战单元之间的配合高度协调,各级指挥与控制中心可以根据共享的战场信息,进行判断和决策,相互之间密切配合,在军事行动中实现自适应自同步。这种自适应、自同步为主的协调方式,形式上更为宽松,但协调程度却更高。现代战争物资消耗更加迅速和巨大,各类保障工作量相应增加。网络中心战能使部队有极高的保障能力,指挥与控制人员可以将各种保障力量有效地组织起来,在各种军事行动中,在正确的位置和时间,以正确的数量向部队提供正确的人员、设备和补给。

10.2　网络中心战对指挥与控制过程的影响

传统的指挥与控制过程是一系列有序反复的步骤,决策或指挥与控制过程相应地嵌入到了各梯队和下级指挥与控制环。指挥与控制环的速度由最高级指挥与控制中心的需求推动,但反过来又受整个组织的作战节奏限制。比较典型的是,最高作战司令部通过颁布一个标准的战时程序来规定指挥与控制过程,该程序详细规定了各步骤和时间节点。每一步依赖前一步。随时间推移,每一步按顺序执行,各梯队的活动严格按级分开,下级正在执行现有的计划,而上级却在制定新的计划。这种指挥与控制方法缺乏灵活性,每个周期及相应的活动锁定在一个固定的时间框架内,每一个事件在下一个事件开始之前必须完成。上一个周期没有使用的信息将会注入下一个周期,忽略了时间敏感信息及各活动、事件的协同和综合的重要性,导致了战斗力的下降,有时会失去关键的战机。

目前,军队仍然采取机械化时代按作战空间划分军兵种的分立体制,这种格局正随着技术的发展暴露出各种缺点。信息化作战使得现有诸军兵种紧密融合为一体,相互界限更加模糊,现有军兵种划分已不适应网络中心战的一体化作战需要。按作战功能划分军兵种是解决现存问题的方法之一,如按照侦察监视、指挥与控制、精确打击和支援保障四大作战职能划分军兵种等。按照这种思路构建军队,将从根本上抛弃工业化时代军队建设的模式,革除偏重发挥军兵种专长和追求单一军兵种利益的弊端,使作战力量形成"系统的系统"或"系统的集成",充分发挥整体威力,实施真正意义上的一体化联合作战。

10.2.1　压缩指挥与控制时间

通常,军事指挥与控制只能在一定的时间窗口内进行,态势认识偏差和决策时间是相互矛盾的,要减少认识偏差就需要足够的情报收集时间。但是,当减少认识偏差所需的时间太长时,决策时间就会落在规定的时间窗口之外,这时再完美的决策对于指挥与控制来说也会变得毫无意义。网络中心战缩短了战斗准备阶段的信息收集、处理、发送、定下决心、形成文书并将其传送给执行者的时间，也缩短了指挥员定下决心的时间和战术武器系统的射击准备时间。网络中心战对指挥与控制时间的压缩如图 10.1 所示。

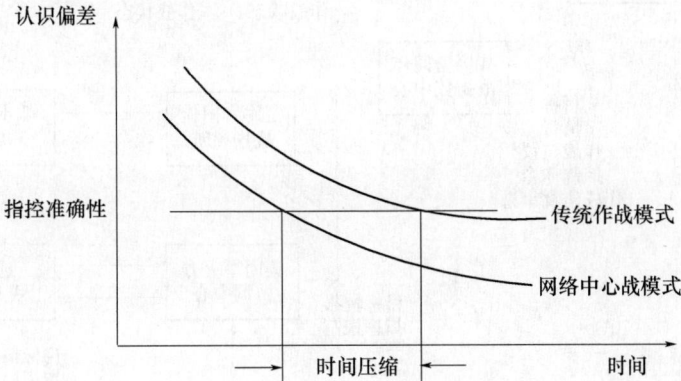

图 10.1　网络中心战对指挥与控制时间的压缩作用

10.2.2　形成协同指挥与控制模式

信息获取和传输方式的变化必然引起指挥与控制体制进行相应的变革。信息网络提供的信息共享能力使部队指挥部可以更加分散、生存能力更强，使战斗单元变得更小、更灵活。指挥体制的变革，主要体现在由原来的平台中心战向网络中心战的转变，使指挥与控制网络更加扁平化、网络化，并形成横向连通、纵横一体的指挥与控制体系。外形扁平就是要减少指挥层次，缩短信息流程，充分发挥网络的横向作用，使尽量多的作战单元处于同一个信息流动层。横向连通不仅使平级单位之间能直接沟通，各作战平台之间也能实时交换信息。纵横一体是指进行一体化的指挥与控制，使"整个战场和部队像一台巨型计算机"，从而实现信息流程最优化，信息流动实时化，信息采集、传递、处理、存储和使用一体化。

与平台中心战的树状指挥与控制结构不同，网络中心战条件下的协同指挥与控制是在信息共享基础上的，实现各平台目标信息的及时分发，并通过指挥与控制结构和指挥权限的动态重组实现及时、精准的指挥决策。下面以空军空中编队和陆军远程火炮群对目标的联合火力打击为例，说明对网络中心战条件下的协同指挥与控制，如图 10.2 所示。

在目标没有被发现之前，侦察监视机与空军地域合成指挥所和集团军火力协调中心以及战术空袭编队和远程火炮群不存在直接通信。但是，当战区协同

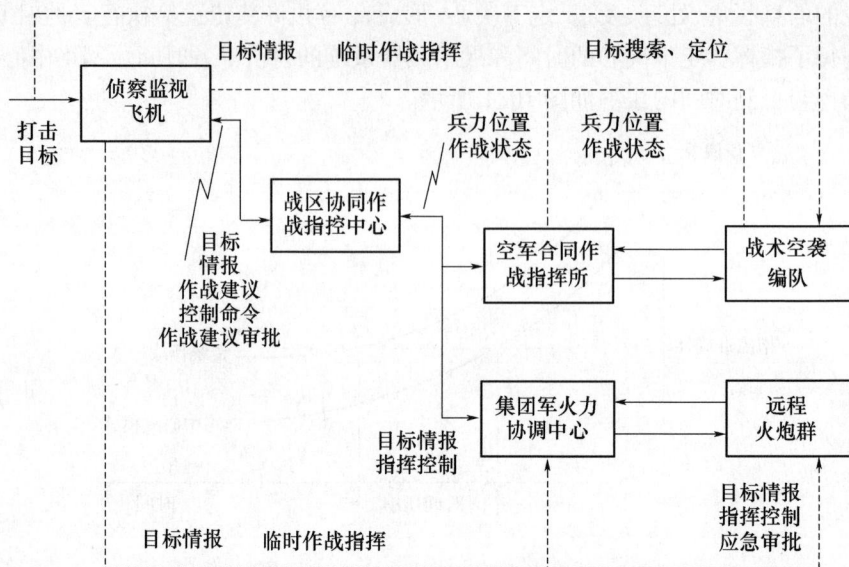

图 10.2　协同指挥与控制模式

作战指挥与控制中心确定由战术空袭编队和远程火炮群实施火力打击时,侦察监视机将与空军地域合成指挥所和集团军火力协调中心以及战术空袭编队和远程火炮群均建立双向通信。如果通信能力受限,侦察监视机也可以仅与战术空袭编队和远程火炮群建立双向通信。不过,上一级指挥机构需要监听下一级与侦察监视机的通信。

在此种指挥与控制模式下,侦察监视机将蓝方装甲分队的地点、路径和速度的最新情报直接传达到各级指挥机构以及战术空袭编队和远程火炮群。战术空袭编队和远程火炮群均能够在下一通信周期获得目标情报更新,消除了由战区、空军地域合成作战指挥所和集团军火力协调中心转发的时延,使得目标情报的准确性和实时性得到大幅提高。前者可以不断调整攻击阵位和航线,减少目标搜索范围;后者则可以减少火力打击区域,提高打击精度。

同时,联合火力的指挥与控制权限不全部集中于战区协同作战指挥与控制中心,侦察监视机可以根据战场突发情况,向战区协同作战指挥与控制中心提供作战建议;在获得同意和授权后,可以直接对战术空袭分队或远程火炮群实施临时控制,下达作战命令。

10.2.3　提高决策质量和灵活性

由于系统通过各种通信网络将各层次的终端有机地联系起来,指挥员和指挥机关可以真正做到有效指挥与控制各个兵力协调作战。通过网络连接可快速收集与处理情报,使指挥员可随时掌握战场的实时情况,对整个作战行动实施有效的集中统一指挥与控制。

通过网络条件下的信息共享,可以更准确地了解战场任何角落的敌方兵力损伤、对比情况,然后通过系统迅速地了解我方兵力及兵器的储备数量、地点,最终选择最佳的方案,并以命令的形式迅速下达到各执行单位付诸实施。使用网络链接系统和各种武器,可将二者进行科学的结合,使战斗行动多样化和行动内容复杂化、丰富化。

通信条件的改善、信息的共享提高了决策的质量和灵活性。

10.3　网络中心战给指挥与控制带来的挑战

信息和网络是网络中心战的双动力,信息和网络给指挥与控制带来了机遇,同时也带来了巨大的挑战。

(1) 由于时空的压缩和信息的泛滥,指挥与控制变得越来越复杂。致使信息管理能力滞后于信息日益增长的需求,且缺乏将信息转化为战场知识的能力。

(2) 网络的可靠性与安全性直接影响指挥与控制的效率和效益,指挥与控制的失误会直接导致行动的失败。当前的指挥与控制系统在整个联合作战范围内并不兼容,信息从一个系统到另一个系统需要接口转换,容易发生错误;而且网络一旦遭到攻击,指挥与控制就可能瘫痪。

(3) 信息共享越多,高层指挥员对战场进程的预计能力就越强,易产生对任务执行的微观控制。在指挥与控制实施过程中,如何处理宏观指导与微观控制之间的关系是对指挥员的一个挑战。

网络中心战不仅仅是技术上的变革,也是作战观念的根本性改变。因而,带来的挑战不仅有技术实现的困难,也有人的观念转变的鸿沟。

10.3.1　网络中心战对指挥与控制系统的要求

现代信息技术的快速发展和现代战争对信息的需求,促使建设新型的指挥与控制系统,这就对数字化战场指挥与控制系统提出了新的要求。

(1) 必须把战场指挥与控制系统作为国家基础设施的组成部分来建设。即把战场指挥与控制系统中各军兵种的共同部分进行统一规划、综合设计、统一建设,需要建立计算机网络、数据库、系统软件、共用信息处理软件等标准,供各军兵种共用。各军兵种的战术应用软件则可单独研制。

(2) 指挥与控制系统应采用一体化体系结构,减少纵向指挥层次,增强横向联系,有利于联合作战。

（3）必须重视战场指挥与控制的互操作性。

（4）战场指挥与控制系统应具备信息战防御能力。必须建立多级安全体系，加强信息保密等。

（5）提高作战指挥与控制的连续性。现代战争的战役战斗将在空前广阔的空间昼夜持续地进行，指挥员和指挥机关必须不间断地搜集和处理战场信息，加强对战役战斗发展情况的预测，实施正确的不间断连续指挥。指挥员和指挥机关要善于利用一体化指挥与控制系统的生存能力，保障指挥与控制的稳定性。要提高指挥与控制系统的生存能力，首先需要减少指挥与控制系统被敌发现的可能性；其次要减少在敌袭击下的损失概率。

（6）提高决策人员和系统操作人员的素质。为了充分发挥人员在指挥与控制战中的决定性作用，就必须提高决策和指挥人员的运筹谋略和指挥才能，同时还要提高系统操作人员的协同作战能力。

10.3.2　现有指挥与控制系统与网络中心战需求之间的差距

1. 系统建设缺少全局考虑，各军兵种协同能力差

各国经过多年建设，已拥有了大量信息资源，但由于历史和体制的原因，这些信息资源是由各军兵种在不同时期各自建设的，在布局上基本是条块分割、自成体系。从物理上看，现有网络基础设施是线性信息传递，其结果是各个部队的上下通信尚可应付，但与其他部队却无法实现互连、互通。从逻辑上看，各部门的信息资源之间相互独立，形成了"烟囱式"系统的信息"孤岛"，限制了信息的横向流动和共享。这种"烟囱式"系统的现象不仅表现在不同时期、由不同部门主持研制的系统上，也表现在一个大型系统的各个分系统、子系统上。为了把这些分系统、子系统集成为一个整体，往往要耗费大量时间和经费。有些项目尽管从其组成的分系统、子系统上看已达到了预期的要求，但由于是"烟囱式"系统，存在信息互通能力差、整个系统无法顺利地运行的问题，因而无法解决系统和系统之间的集成和互操作问题，结果是降低了不同部队之间的协同作战能力。

2. 侧重于信息收集传输，信息处理能力不足

军事通信量越来越大。在海湾战争中，高峰期卫星的通信量达到兆比特每秒级。伊拉克战争中，仅卫星的通信吞吐量就达到海湾战争的几倍。指挥员从来没有像今天这样，拥有大量的信息，但是，指挥员手中的信息并非越多越好。面对过多的信息，指挥员会感到没有足够的时间分析判断、定下决心。把所有的信息都呈现给指挥员，一来无法处理，二来也没有必要。信息系统应只将指挥员所需的信息传给指挥员。目前，信息系统还不具有这种按需传送信息的能力。

3. 系统计算能力弱,决策支持能力不强

在计算能力方面,不能保障指挥员进行分布式指挥与控制的要求,协同处理能力非常有限,各级指挥员不能迅速地检索、分类、存储、搜索和恢复所需的信息。决策能力方面,主要靠指挥员的个人素质和经验,指挥与控制系统仅仅起辅助作用,且决策速度慢、水平不稳定、决策结论的可靠性差、人与系统相分离,因而不能充分发挥系统在决策方面的整体效能。

4. 指挥体制不能满足信息化战争的要求

随着信息化战争的来临,现有的指挥与控制体制暴露出了不少弊端。主要表现在:①指挥层次多、信息流程长、不便于互连、互通。由于信息流程长、决策层次多,往往对信息化战争瞬息万变的战场情况难以作出快速反应,容易贻误战机。②军兵种之间指挥体制条块分割,使得各军兵种作战单元之间缺乏实时沟通和协调,不适应多维空间的一体化作战需要。③指挥机构庞大,抗毁能力差。④指挥效率低下。

10.4　网络中心战理论在指挥与控制中的具体应用

网络中心战的指挥与控制部分是网络中心战的核心,连接着传感器系统和武器系统。其主要作用包括提供指挥与控制作业平台、提高信息综合处理能力及提供智能决策能力等。其目标是:在对抗条件下能够获取信息优势并将其进一步转化为知识优势及决策优势,从而更有效地实施作战指挥与控制,将己方部队的作战潜力最大限度地转换为现实战斗力。美军在相关报告中指出:信息优势只有转化为知识优势、决策优势才能真正发挥“战斗力倍增器”的作用。从这个意义上说,优势的体现最终将集中表现于系统的运行之中。

10.4.1　网络中心战在水面舰艇防空作战中的应用

CEC 是美海军在网络中心战作战思想下提出的,是目前世界各国唯一具有实战能力的网络中心战网络。CEC 是利用计算机、通信和网络技术,把海上舰艇编队中各舰艇的目标探测系统、指挥与控制系统、武器系统以及预警机系统等连成一个有机整体的网络。允许舰艇编队在极短的延时内共享各平台上探测系统所获得的所有数据,从而把整个舰艇编队连成一个整体。

协同作战能力可以说是网络中心战的一个具体体现。协同作战能力是通过将整个编队的所有舰艇的防空探测设备联网,组成一个编队防空网来实现的。所有舰艇的信息处理系统采用相同的软件、硬件标准,所有舰艇通过网络能够获得相同的目标航迹。当一枚反舰导弹位于某一舰艇的探测区域内时,该舰艇将探测到的目标瞬间航迹信息通过网络传输到其他舰艇,并使其提前做好作战准备;当多艘舰艇都测得该目标的瞬间航迹信息时,通过网络互相传送,可以共同解算出该目标的航迹;每艘舰艇的威胁判断和火力分配中心计算机根据目标航迹决定由哪艘(或者是哪几艘)舰艇使用何种武器对目标实施最有效的拦截。协同作战能力可以同时对多个目标进行有效拦截。通过协同方式进行防空作战,可以大大提高整个编队的区域、海平面和点三个层次的防空能力。CEC 条件下的舰艇编队防空作战概念如图 10.3 所示。

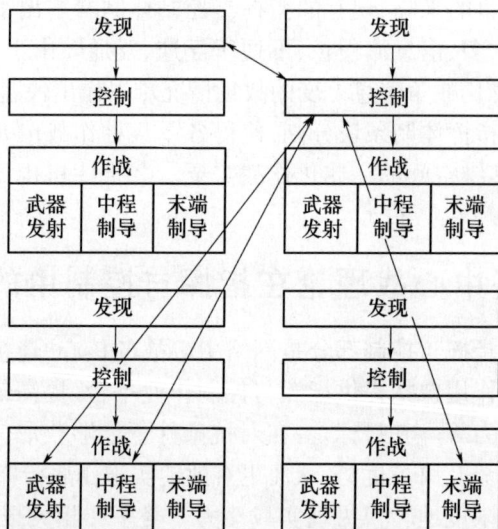

图 10.3 CEC 条件下的舰艇编队防空作战概念图

从图 10.3 可以看出,网络中心战条件下的舰艇编队防空作战同传统的舰艇编队防空作战有着本质的区别。传统的舰艇编队防空作战中,探测、指挥与控制、武器发射、制导基本上全部由平台自身独立完成;而在网络中心战条件下,探测、指挥与控制、武器发射、制导可能由不同的平台来共同完成。这在某种程度上也体现了"整体大于部分之和"的原理。

协同作战条件下,尽管平台的性能好坏对作战有影响,但是作战的重心却不再是单个平台而是整个协同网络。编队内各平台传感器性能有差异,探测精度、探测距离等差异性可能比较大,但在网络中心战条件下,所有传感器资源组成了一个远、中、近,高、中、低以及满足不同精度不同需求的传感器网络,这样就可以发挥各平台传感器的优势。图 10.4 和图 10.5 分别描述了传统方式和协同方式的传感器工作方式。

图 10.4　水面舰艇编队传统方式传感器工作方式

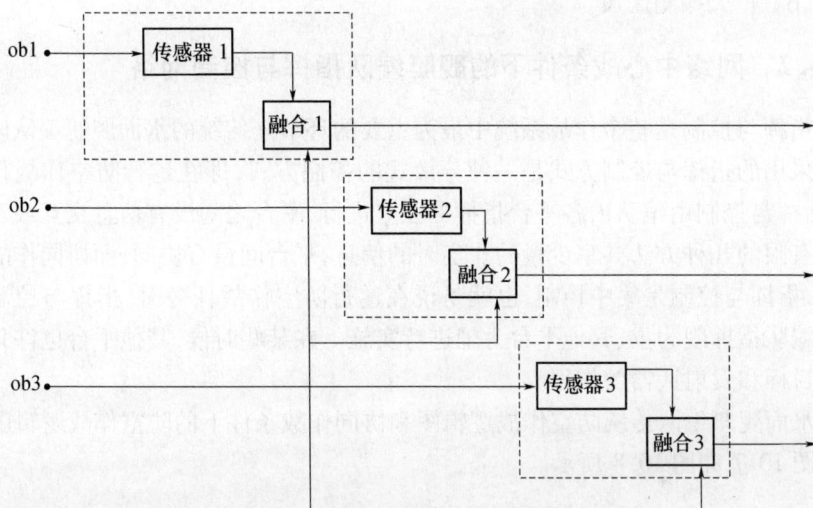

图 10.5　水面舰艇编队协同方式传感器工作方式

图 10.6 描述了协同作战条件下传感器网络的复合跟踪功能。这里,复合跟踪功能主要是指编队内不同传感器获得的同一目标不同时刻的信息进行融合后最终得到了这一目标的完整信息。

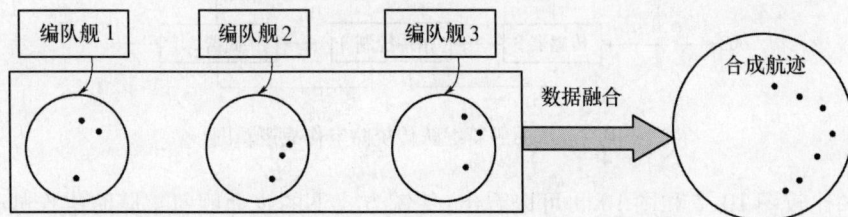

图 10.6　传感器网络的复合跟踪功能

从图10.5和图10.6可以看出,协同作战条件下的传感器网络工作方式有如下特点:

（1）用更短的时间产生战场态势；

（2）具有复合跟踪功能；

（3）具有捕捉提示功能；

（4）融合更多的传感器数据；

（5）极大地提高跟踪准确性、连续性和目标识别能力；

（6）扩大探测区域。

10.4.2　网络中心战条件下的舰艇编队指挥与控制网络

指挥与控制是整个作战系统中最为重要的环节。传统的水面舰艇编队防空作战采用的指挥与控制方式是一种分散式的控制方式,即在遂行防空作战任务时,指挥与控制由编队内各平台指挥员独立进行,平台之间没有信息交互或者只通过有限的几种方法共享少量的非实时的信息,平台间没有协同;而协同作战方式下,指挥与控制是集中控制,也就是说在遂行防空作战任务时,指挥与控制主要以编队指挥舰为主、其他平台为辅进行实施。在某些时候,其他平台也许只起探测目标和发射武器的作用。

水面舰艇编队传统防空作战逻辑图和协同作战条件下的防空作战逻辑图分别如图10.7和图10.8所示。

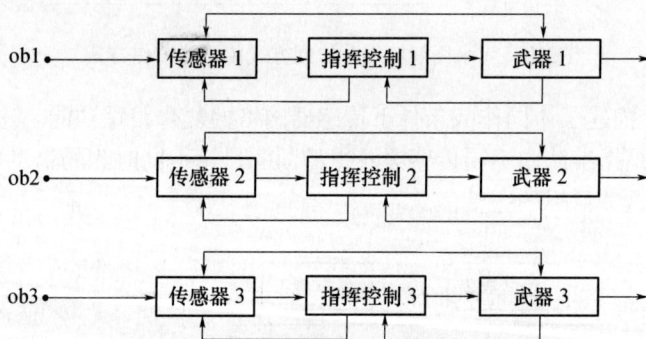

图10.7　水面舰艇编队传统防空作战逻辑图

比较图10.7和图10.8可以看出:传统方式下的水面舰艇编队防空作战过程中,各平台的资源是相对独立的;而协同方式条件下,编队将资源进行整合成三大类,或者说是三大网络,即传感器网、指挥与控制网和火力网,指挥与控制网在其中起核心作用。三大网络之间的关系如图10.9所示。

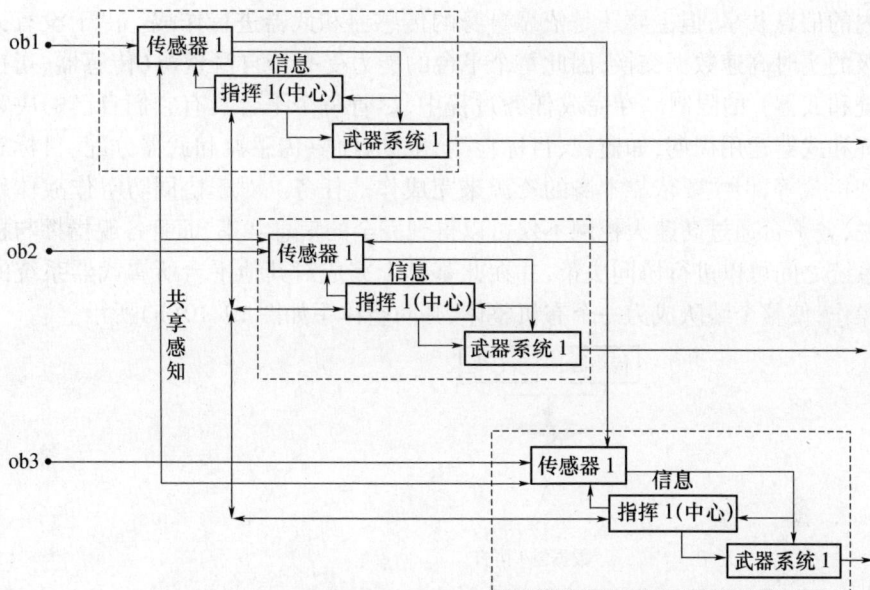

图 10.8 水面舰艇编队协同作战条件下的防空逻辑图

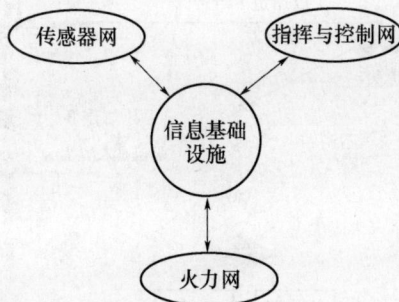

图 10.9 协同作战条件下三大网络的关系

　　对于传统的编队防空作战体制来说,各平台之间主要依靠数据链传输战术信息。因为受战术数据链传输速率和带宽的限制,所以可共享的信息较为有限。以美军海军舰艇编队常用的数据链为例,Link - 11 的最快传输速率只能达到 2.25kb/s,Link - 22 在高频和超高频时的最高传输速率也只能达到 2.2kb/s 和 12.6kb/s。而基于指挥与控制协同的舰艇编队协同防空作战,舰艇编队中的各舰除采用数据链路外,主要依靠高速火控网将各舰的传感器、指挥与控制系统和武器系统联成一个有机整体,信息传输的实时性较强、信息量也较大。

　　如图 10.10(a)所示,在传统防空模式下,虽然编队中的各舰可进行一定范围内的信息共享,但主要还是依靠自身的传感器和武器进行作战。由于没有火控级的实时高速数据交换,因此每个平台的能力受平台自身资源(传感器、指控系统和武器)的限制。在完成任务过程中,尽管每个平台具有它们自己的决策指挥和武器运用周期,如监视、目标检测、威胁评估、传感器和武器分配、目标获取和拦截等,但主要依靠本身的资源来完成作战任务。对于协同防空作战体系来说,各平台通过高速火控网不仅可以得到完全的信息共享,而且各舰指挥与控制系统之间可以进行协同决策,并在此基础上完成对其他平台所属武器系统的互操作,使整个编队成为一个有机整体,其防空体系如图 10.10(b)所示。

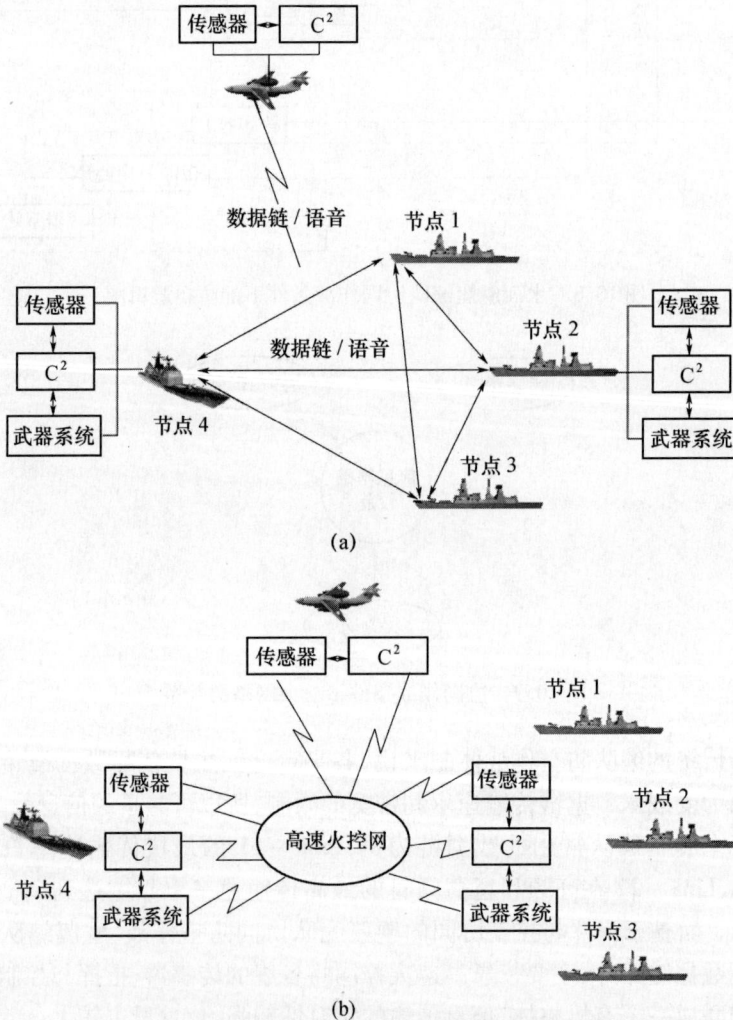

图 10.10   舰艇编队传统防空模式与网络中心防空模式比较

第 11 章　指挥与控制在国家应急事务中的应用

指挥与控制实践随着技术的发展而不断发展。随着侦察定位技术、通信技术、网络技术的发展以及指挥与控制理念的变化,指挥与控制实践在不断变革之中。同时,指挥与控制实践随着社会的发展,为适应不同的需要,也在逐步丰富和完善。如为了满足抗洪抢险的需要,国家建立了抗洪抢险应急指挥系统;为了应对类似 SARS 等突发性疾病的危害,国家建立了公共卫生应急处理系统。

11.1　应急指挥体系

应急指挥体系通常包括组织体制、运行机制、法制基础、保障系统四个环节。它们是指挥与控制体系的重要组成部分,直接影响着系统的正常运行,具有不可替代的作用。应急指挥与控制体系是否能高效地发挥作用,与这四个环节密不可分。由于本书是一本论述指挥与控制理论的书籍,因此,只对应急指挥与控制体制、应急指挥与控制的运行机制和保障系统进行介绍,而对法制基础不做论述。

11.1.1　我国应急指挥与控制体制

我国的应急体制建设自 20 世纪 90 年代初就开始探索。然而,政府真正将应急管理提到重要议事日程,还是在 2003 年的 SARS 疫情之后。2005 年召开了建国以来第一次全国应急管理工作会议,此后,各级政府相继成立了专门的应急管理机构,从而逐步形成了全国性的应急管理体系。2006 年 1 月,国务院公布了《国家突发公共事件总体应急预案》;2007 年 11 月 1 日颁布的《中华人民共和国突发公共事件应对法》是应急法制建设取得的重大成果,标志着我国应急管理工作逐步走向成熟。

我国的应急指挥与控制体制主要是针对自然灾害、事故灾难、公共卫生和社会安全等方面的社会预警体制。其目的是形成统一指挥、功能齐全、反应灵敏、运转高效的应急机制。提高保障公共安全和处置突发事件的能力,是政府全面履行职能,特别是加强社会管理和公共服务职能的一项重要工作,也是构建和谐社会的一项重要任务。在我国政府及各部门行政管理体系结构下,我国的应急指挥与控制是一个庞大的体系,它不仅在国家、省、地市(县)等层面上横向拉通各职能部门并做到上传下达,同时纵向上需要在各专业部门上下级组织之间建立起垂直的专业应急沟通网络,而且两者之间还会有交叉。

我国应急指挥与控制体系如图 11.1 所示。国家应急指挥与控制体系包括国家应急指挥与控制系统、省级应急指挥与控制系统和地市(县)级应急指挥与控制系统三个层次。其中,国务院为国家应急指挥与控制系统的最高领导机构,其下属职能部门包括公安部、水利部、国家地震局、国家气象局、民政部、卫生部和交通运输部等政府部门。各省应急系统由省应急中心和各省所属公安厅、水利厅、地震局、气象局组成。各省应急中心受国务院应急中心的直接领导。各市应急系统的组成与省级应急系统结构基本相同,市应急中心负责对全市的应急事件进行指挥与控制,市所属的公安局、水利局、地震局、气象局等部门在处理应急事件时受市应急中心的指挥并向市应急中心负责。

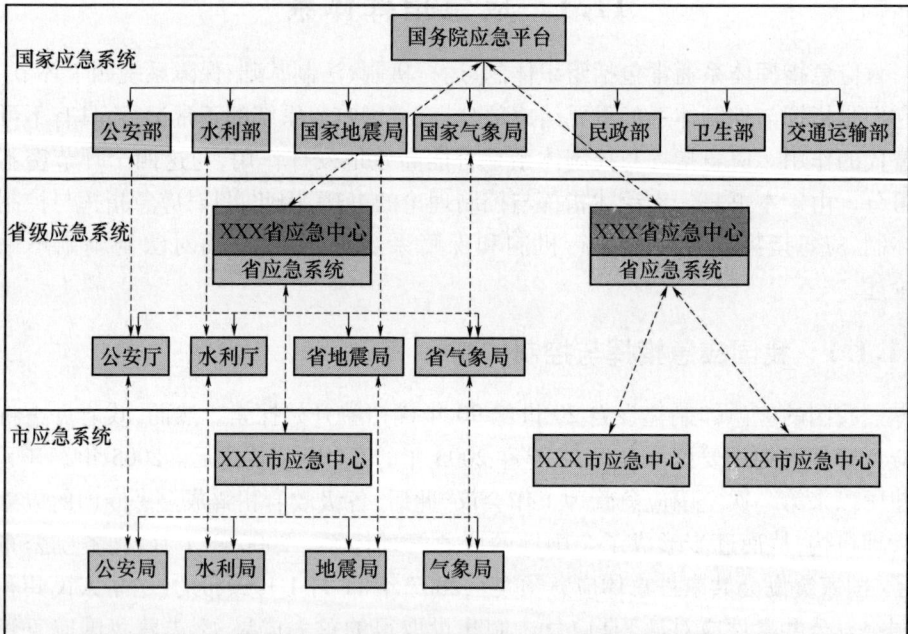

图 11.1　我国的应急指挥与控制体系

除此之外,国务院应急平台在国内与军队(武警)应急平台相连接,在国际上与国际应急机构相连接,保证了军队应急救援力量和国际救援力量的及时介入。国家应急体制的建立,接通了各职能部门,从技术中整合了孤立资源,达到了"及时了解、快速反应、准确决策、统一调度、妥善处置、全程监控"的目的。

11.1.2　我国应急指挥与控制运行机制

如图 11.2 所示,当发生突发紧急事件时,事发地应急指挥中心在接到报警后,将根据事先制定好的应急预案,判断事件的预警级别,将事件现场的相关信息,包括报警情况、现场声音和视频图像等内容按照专用的规范流程第一时间上报省应急指挥中心;省应急指挥中心按照预案启动相应的应急程序,相关的省领导通过视频监控、电视电话会议、协同办公系统等现代化手段了解情况,并和各职能部门的负责人商议处置意见。由省应急指挥中心牵头,将当地政府、公安、军队、卫生等系统组成联合应急力量,处置重大突发事件,并在事件处置的过程中全程监控处置过程和效果,及时以多种方式向省领导汇报,必要时按照要求上报国务院。省应急指挥中心是全省应急指挥系统中信息汇总的节点和指令下发的源。

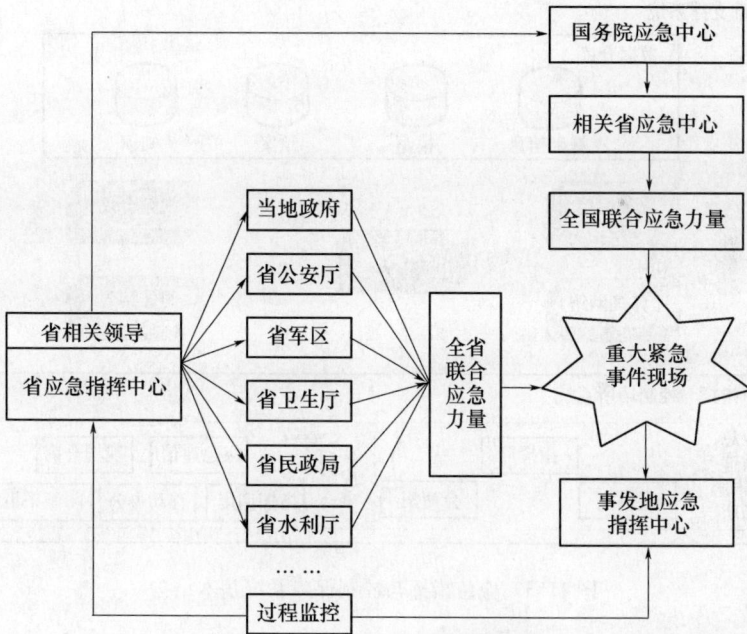

图 11.2　我国应急指挥运行机制

当情况紧急、影响重大时,国务院应急指挥与控制中心根据需要启动国家应急指挥预案,召集国家相关部委协商讨论解决问题的办法,并按预案动员全国联合应急力量奔赴灾区进行紧急事件的救援,并通过国家应急指挥与控制网络进行即时指挥并将事件情况向党中央和全国人民通报。

11.1.3 应急指挥与控制保障系统

为了保证科学有序地建设如此复杂的应急指挥与控制系统,近年来国家发布了一系列相关规范及要求,并对应急指挥与控制保障系统给出明确的分类定义:应急指挥与控制保障系统包括综合应用系统、基础支撑系统与应急指挥与控制场所系统等(每个系统中还有很多分系统子项),其基本结构如图11.3所示。

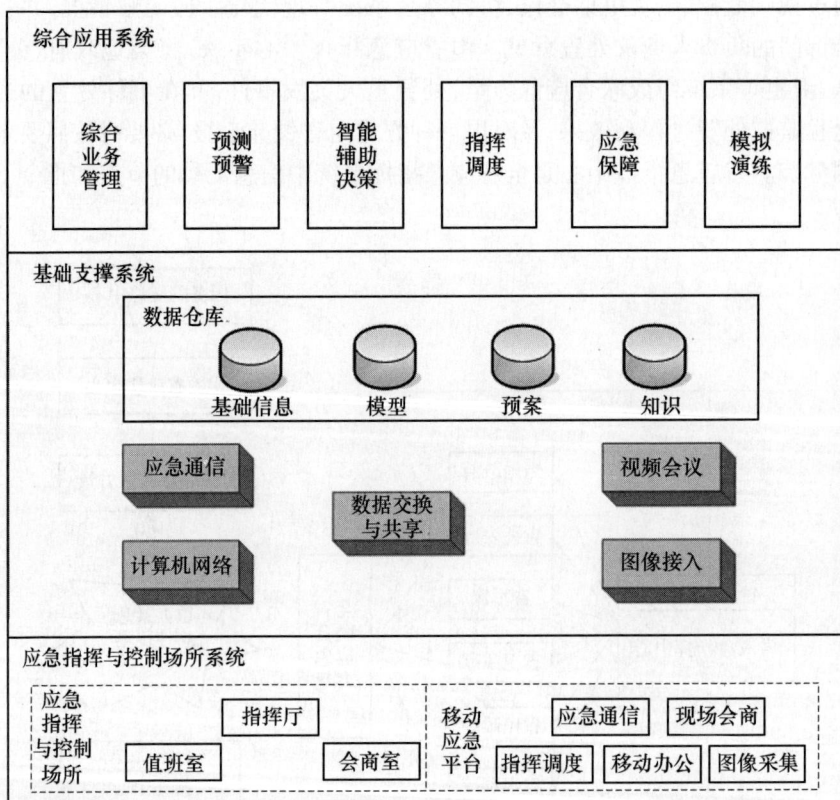

图 11.3 应急指挥与控制保障系统基本结构

1. 综合应用系统

综合应用系统是在基础支撑系统的基础上建立起来的应急指挥与控制决策和训练系统。其主要功能包括应急方案制定、人员物资调度和平时的应急指挥与控制模拟演练。通常情况下,综合应用系统包括综合业务管理系统、预测预警系统、智能辅助决策系统、指挥与控制调度系统、应急保障系统、模拟演练系统等。

2. 基础支撑系统

基础支撑系统在应急指挥与控制系统中起着承上启下的关键作用,也是应急指挥与控制系统的核心。没有它,应急指挥中心/指挥车只是一个空壳,综合应用系统也只能是一个空中楼阁。基础支撑系统的作用是对事件和相关信息进行采集、传输、存储加工并被最终用户所使用。一个理想的应急指挥与控制基础支撑系统架构如图 11.4 所示,主要包括以下四个部分。

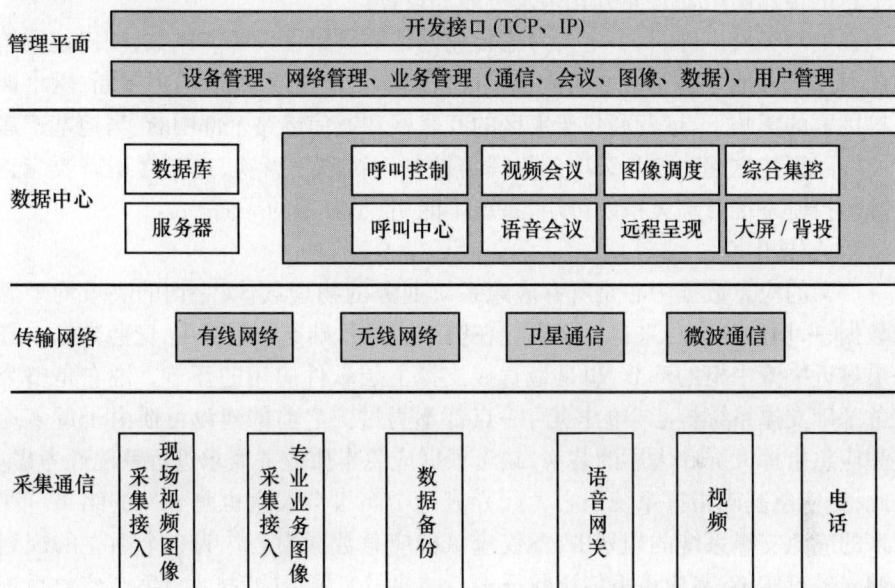

图 11.4　基础支撑系统基本结构

1）采集通信

包括各类前端信息采集和各类通信系统的终端,为应急指挥与控制系统早期所需的各类信息提供足够的汇集能力及指挥通信能力。信息采集分为视频图像信息采集和数据库数据采集两大类,根据数据的保密性,又可以分为内网涉密数据和一般数据。一个完整的信息采集系统是由分布在前端的各种采集设备和后台的控制管理设备构成的。

视频图像信息采集将各类厂家各种平台的视频监控图像进行整合,统一接入,进行资源调度。目前,基于 IP 技术的视频监控方案已经比较成熟,对于应急视频接入这种跨域、跨系统、跨空间距离的需求而言,是最适合的解决方案。前端通过 IP 编码采集,后端通过 IP 解码呈现,中间通过 IP 网络承载,IP 存储实现

153

数据存放。整个系统控制管理是基于 NGN 架构的。数据库数据采集主要包括
GIS、气象云图、车辆/人员 GPS 跟踪、医疗/手术/显微/影像等,有些是结构化数
据,有些是非结构化数据。

2)传输网络

传输网络主要包括高质量的有线网络、WiFi/WiMAX/3G 等全新高带宽无
线接入、紧急情况下的卫星通信系统,以及作为应急主要指挥与控制手段的微波
通信系统等。传输网络的主要作用是信息的汇集、水平信息的整合和共享。指
挥平台的传输网络要有充分冗余及可靠性设计。

在处理突发事件时,一定要考虑传输网络的抗毁性设计。例如,汶川地震给
中国西部部分地区的网络通信造成了极大破坏。在线缆中断、电力中断、网络拥
塞等因素的影响下,运营商位于灾区的互联网和通信链路全部中断,当地基于运
营商线路而建立起来的各级应急指挥与控制系统陷于瘫痪,造成真正需要应急
指挥与控制系统时却无系统可用、系统不能用、不好用的局面。

3)数据中心

广义的应急数据中心是所有应急系统业务的物理载体,一切的决策均来源
于数据,一切的预案均来自于积累。在整个应急基础支撑系统中,应急数据中心
是最靠近决策中枢的环节,也是最直接支撑上层软件应用的环节。说它是整个
应急基础支撑系统核心中的核心,一点都不为过。之前的建设习惯由于过多地
关注应急指挥大屏和大厅的装修,缺乏根据应急本质业务需求进行系统性考虑。
因此,把应急基础指挥系统中心大厅弄成一个高级会议室也是必然的结果。在
未来的应急支撑系统的规划中,不仅应该把应急数据中心作为一个独立的规划
课题来进行实施,更应该将传统数据中心的建设实施经验、技术方案与应急系统
对数据的要求结合在一起,从而实现一个以应急业务为目标的数据中心方案。

4)管理平面

管理平面的主要功能是实现应急指挥与控制系统的设备管理、网络管理、业
务管理(通信、会议、图像、数据等)、用户管理等各种管理功能,为所有应急业务
提供高效的资源管理,并且它的持续优化整合最终体现在应急系统的易用性上。
同时也为综合应用系统提供良好业务接口(软件)。综合应用系统的效能最终
体现在接口的丰富性上和管理平面对下面各个平面管理的紧密度上。

3. 应急指挥与控制场所系统

应急场所系统分为固定式应急指挥与控制场所和移动式应急指挥与控制平
台两部分,是指挥与控制人员进行态势了解、决策和物质、人员调度的办公和生
活场所。

在硬件上,应急指挥与控制场所依托网络系统实现有线、无线、卫星和微波

等信号的接收,并通过大屏幕显示、数字会议、视频会议等系统将事件情况向指挥人员进行显示,完成辅助决策和命令的下发和情况上报。在软件上,系统主要依托综合管理系统,在系统总线控制下,对设备、软件等进行监控管理和用户管理,实现信息的快速收集、灾害快速评估、灾害动态评估、应急辅助决策、应急指挥与控制管理和信息发布等功能。

　　在突发事件的现场,只有通过移动式应急平台来实现数据、语音和图像的传输。通信手段主要是由 CDMA、GSM 移动网和集群通信、无线宽带网络和卫星通信来保证现场与应急平台、移动应急车之间的通信。针对突发事件处置的图像、应急预案、任务下达、处置的结果等都需要通过移动网络、卫星等传输到应急平台,并通过政务外网实现多部门的共享。

11.2　区域性传染病疫情指挥与控制系统

　　2003 年的"非典"、2006 年的"禽流感"和 2009 年的"甲流"给全国乃至全世界人民带来了巨大的损失和恐慌,也为中国和世界的卫生组织一次次敲响了警钟。建立区域性乃至全国性的传染病疫情指挥与控制系统已成为预防突发性高传染性疾病的重中之重。建立区域性传染病疫情指挥与控制系统的目的:使疾控中心工作人员可随时向省人民政府和中央人民政府领导汇报全省或全国疫情的发生和防控情况,省和中央的有关领导也可以通过该系统对当前防控工作进行统一指挥。采用现代化的应急指挥与控制系统,对于处理像甲型 H1N1 流感这样的紧急突发事件,保障社会稳定,避免更大的损失和危害,可以发挥重要的作用。

11.2.1　系统应具备的能力

　　针对突发区域性传染病疫情处置的应急管理特点,系统应具备应急准备、监测分析、预测预警、反应处置、事件终止、恢复重建、评估等能力。并能通过循环反复,不断地提升系统的应急处理能力。

1. 应急准备能力

　　应急准备能力主要包括三个方面:一是区域性传染病疫情指挥与控制中心应开展培训、演练和研究工作,模拟应急业务以提高应急处理能力;二是完善相关政策法规、预案的能力;三是规划储备应急医疗卫生资源,建立突发公共卫生事件的防控体系的能力。

2. 监测分析能力

　　监测分析能力是指应急中心负责接收、分派、核实与处理突发性传染病的报告,协调组织卫生机构开展突发传染病的预防和监测工作,获取动态监测、事件调查和疫情评估信息,跟踪事态发展的能力。主要分析方法有空间分布分析、时间历史曲线分析、动态演变分析、病例的逗留、影响和交叉分析、卫生统计学分析、扩散模式分析、流行转归分析等。

3. 预测预警能力

根据突发传染病疫情处置流程与预案,应急中心采用辅助决策工具和在线专家研讨等多种方式对事件进行评估,并针对评估结果利用指挥与控制系统发布预警信息,针对相关突发事件快速开展有关工作准备,落实预案与方案所涉及工作的准备情况,及时通报与汇报进展情况。

4. 指挥与控制能力

按照有关规定启动突发性传染病疫情应急预案,根据预案迅速开展指挥与执行工作,有条不紊地组织、调度人员与物资,开展应急的专业处理与相关配合工作。同时根据反馈情况,动态评估事件的发展情况,及时调整处置措施,最大限度地减少损失。

5. 评估完善能力

应急中心进行科学总结,完善相关预案,开展应急处置研究和探讨,总结经验和教训,制定有针对性的防控措施等,以提高应急处理能力。

11.2.2 系统构成

典型的区域性传染病疫情指挥与控制系统的构成如图 11.5 所示。由图 11.5 可以看出,区域性传染病防治指挥与控制体系由传染病报告系统、传染病

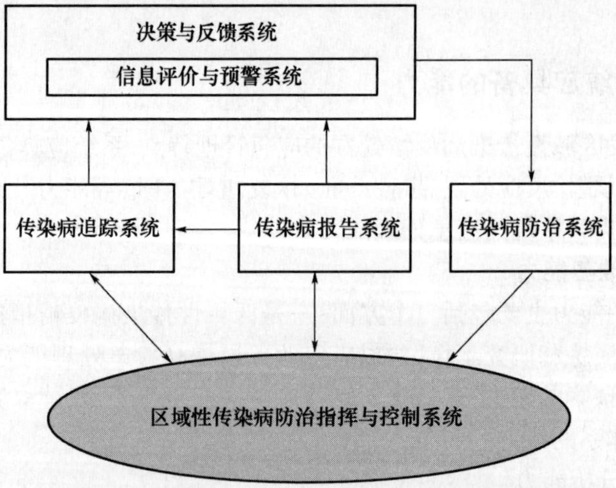

图 11.5 典型的区域性传染病疫情指挥与控制系统

追踪系统、信息评价与预警系统、决策及反馈系统等构成,而传染病防治系统仅是和传染病疫情指挥与控制系统紧密相关的执行单元。

（1）传染病报告系统用于对已知传染病临床诊断后由医疗机构向卫生管理部门报告,卫生管理部门进行统计分析和对比,是被动监测的组成部分。

（2）传染病追踪系统用于卫生管理部门实施主动监测,这种监测是对已知传染病或未知传染病症状的动态监测。信息评价与预警系统用于对上述两种监测所获得的信息进行汇总、分析和甄别,也对控制措施是否得当进行评估。通过信息评价,对可能构成严重社会影响和对人群健康造成危害的事件提出社会警示,并为决策机构提出防控的参考方案和对策。

（3）决策系统则根据信息汇总和预警等,确定不同性质的传染病突发疫情,并启动相应的预案,领导指挥开展防控工作。

反馈系统是通过社会、卫生管理部门等的报告系统,为政府做出防控决策提供依据、实施控制、评估效果,并进行反馈的系统。

（4）传染病防治系统用于卫生管理部门根据所得到的有关传染病的情况,下达给传染病防治机构任务,由传染病防治机构组织实施传染病的治疗。

传染病的治疗结果、传染病在社会中的扩散情况由传染病报告系统和传染病追踪系统不断地反馈到决策系统中。由此实现传染病跟踪、监测、决策和防治的闭环过程。

11.2.3　系统运行过程

完善的信息系统是区域性传染病疫情指挥与控制系统的关键。信息系统既是收集个人、社区人群和社会各方面疾病问题的终端触角,又是传递分析数据、提出预警信号的传导神经,更主要的还是高层决策的科学依据和上传下达的重要途径。信息系统在区域性传染病疫情指挥与控制系统中可以分为传染病报告系统、基于病种的监测系统、传染病追踪系统、信息评价与预警系统、决策及反馈系统等。

1. 传染病报告系统

就传染病疫情而言,传染病报告系统是被动监测系统,是疾病监测系统的核心部分,主要是针对已知传染病开展的。这个系统是以疾病预防控制机构为技术核心,以社区卫生服务机构、卫生监督机构及各级医疗机构等为依托,以自然人报告为辅助的一套系统。该系统的基础是各级各类医疗卫生机构。

2. 基于病种的监测系统

该系统对已知传染病具有监测作用,由此可以及时掌握法定报告传染病发病情况、历年来发病率比较和传染病的自然波动规律。通过分析比较与统计处理，预测某种传染病的未来趋势并提出防控方案，为决策机构提供充分的决策依据和决策参考信息。

3. 传染病追踪系统

传染病追踪系统的主要承担者是医疗卫生机构的门急诊，包括社区卫生服务组织，通过一定的渠道和方式，将诊断和发现的特定传染病报告到当地疾病预防控制中心，这是被动监测的传统方式。传染病被动监测的另一种方式是群防群控。在特定时期，利用居民委员会等群众组织，向医疗卫生机构或政府职能部门报告传染病发病情况，这种方式是传统方式的补充。传染病追踪系统属于主动监测范畴，与传染病报告系统构成了相互支持的疾病监测体系。

主动追踪还包括对已经发生的传染病疫情的跟踪监测。该监测包括两个阶段：疫情发生、发展的过程监测和疫情结束后的追踪监测。在疫情发生、发展的过程中，通过掌握病原体变异、环境改变、人群易感性或免疫保护屏障及控制措施的有效性，进而评估防控效果并为指挥与控制体系修正防控决策提出参考。通过监测一旦发现疫情依然在蔓延或控制不力时，需要提出预警。而疫情结束后追踪监测则是对疫情控制的整体评估和病原体变异的跟踪。传染病追踪系统分为三个层面。监测业务最核心的层面由疾控中心承担，包括收集、分析其他部门和单位上报的疾病症状信息、环境变化信息、生物变异信息、健康人群信息、人群传染病筛查、与疾病相关的日用品及药品消耗信息等。

另外，要在发生传染病疫情后，开展跟踪监测，包括对疫源地监测、感染者健康水平监测、消毒后对环境与健康影响监测、疫情发生后人群的社会心理问题监测等。这两项主动监测是所有疫情信息分析、提出预警的业务核心，也是预防和控制传染病疫情发生、蔓延与控制的重要层面。

在业务核心层面之外，是由卫生监督机构、社区卫生服务中心和各级各类医疗卫生机构组成的专业信息主动搜索层面。这三类机构既承担着传染病报告，即被动监测的任务，还承担着传染病追踪监测，即主动监测的任务。这种监测对于新发传染病的发现、某一时期疾病特点分析、疾病演变情况、追溯疾病来源、及时发现和总结疾病的流行病学特点及向医疗机构提供预警等，具有重要意义。卫生监督机构的作用是通过主动监督和督察，发现主,被动监测中存在的问题，进而督促改正，完善监测环节与手段。

传染病追踪的最外层面就是社会各部门、社区居民共同组成的群防群控层面，但是最主要的是药品生产、批发、经营机构、日用消耗品的产供销机构、健康咨询机构及社区报告系统等，是主动监测的辅助系统。

传染病追踪和报告系统只是指挥与控制体系中的重要环节之一，对掌握信息资料、分析推断疫情状况及提出预警报告等具有重要作用。

4. 信息评价与预警系统

信息评价与预警系统用于已收集信息的汇总、筛选、统计处理与综合分析及提出预警等。

传染病专业信息的来源主要是通过主动、被动监测获得症状信息，通过交流活动和卫生情报获得区域外信息。专业机构收集、筛选和汇总相关信息，对已知传染病按照法定程序、使用现代信息手段上报；对未识别的传染病，按照特定传染病的症状进行搜索与比对；发现临床诊断可能疏漏的传染病以及特定时期新发现的传染病，通过症状群进行筛查与补充调查。获得信息资料后，与历年该传染病发病情况进行比较、分析，对异常波动的，上升到预警阶段。

预警报告包括三类：一是对某种传染病发病高于历史水平或呈现快速增高趋势的预警；二是对于新发传染病的预警；三是对疫情跟踪监测提出预警。

第一种情况是专业人员通过对信息资料汇总、筛选、分析后，在认定某种传染病高于历史平均水平及警戒水平或呈现持续增长趋势时提出。这种情况使用的是已经长期延续的被动监测办法，主要是对病种监测或已知传染病监测和预警有效，但是，其前提是必须具有一定时间内该病发病的时间分布曲线并通过统计分析确定警戒水平。

第二种情况是在新发现传染病出现时提出预警，但是这种情况需要具备的条件是：发现某种疾病造成后续传播或有严重后果，对该种疾病的主要症状有所认识，具备从数据库中检索的能力。具备了这三个条件才能够及早发现新发传染病并实施早期控制。

第三种情况属于已经发生传染病疫情后，专业部门对疫情的追踪监测。对疫情转归不良的要及时提出预警信息，为及时修正控制方案和控制措施提供重要依据和参考。预警信息由专业机构提出，经过卫生行政部门综合判断分析后，筛选出有价值的预警信息并逐级上报，由决策机构根据全区综合情况确定启动相应级别的预案，制定、下达和执行具体工作方案。

5. 决策及反馈系统

信息收集体系建立后，不同疫情等级决定了启动相应的决策层。决策层根据预警制定方案并执行后，还需要一个反馈系统和修正系统的支持，保证决策层及时掌握疫情控制的动态，并根据这些变化分析疫情转归和措施调整。这套系统还对决策后的修正具有重要作用，反馈信息收集后，决策层将对已经制定的方案和执行中不适宜的部分进行修正，以利于防控工作的进行。

11.3　地震救援指挥与控制系统

"5.12"汶川大地震给四川和全国人民的生命和财产带来了巨大的损失。数10万人死亡,汶川几乎被夷为平地,四川及周围多个省份的道路被毁,电力中断,通信网络拥塞,互联网和通信链路全部中断。在地震发生后,由于缺乏有效的地震救援指挥与控制系统和信息采集、传输渠道,使得汶川一度成为信息的孤岛,给指挥决策和地震救援带来了极大的不便。建立地震救援指挥与控制系统,将灾难现场的图像及时传送到指挥与控制中心,采用辅助决策手段和专家系统进行辅助决策,可使在地震发生后最宝贵的几小时内及时展开救援,才能最大限度地保障人民生命财产安全。

11.3.1　系统应具备的能力

1. 地震应急指挥能力

地震应急指挥能力是地震救援指挥与控制系统应当具备的最基本也是最重要的能力。系统应能进行破坏性地震监测和震情跟踪,能24h地自动响应地震灾害事件,接收到破坏性地震速报参数后,能在最短的时间内对地震灾害作出初步的快速评估,包括对地震灾害的影响范围、可能出现的损失情况等;系统在震后跟踪评估后能自动做好救灾指挥准备预案,为政府开展救灾指挥工作提供必要的信息。

2. 地震应急信息服务能力

地震应急信息服务能力是指在基础数据库和现场信息的基础上迅速判断地震规模、影响范围、损失等,并据此提出一系列科学救灾方案和调度方案,协助指挥人员实施各种地震救灾行动的能力。

3. 地震现场应急技术支持能力

破坏性地震发生后,现场指挥与控制系统能在最短的时间内出发并到达现场。到达现场后能迅速展开、启动并进入工作状态,实现现场震情、灾情信息的收集与处理,提供现场应急指挥技术支撑,并向后方传输收集的现场灾害图形、图像。

4. 地震应急信息共享服务能力

地震应急信息共享服务能力是指实现国家抗震救灾指挥部和其他省级抗震救灾指挥部、国务院应急办、大中城市和现场地震应急指挥技术对系统地震信息共享交换和数据协调的能力。其信息服务结构如图11.6所示。

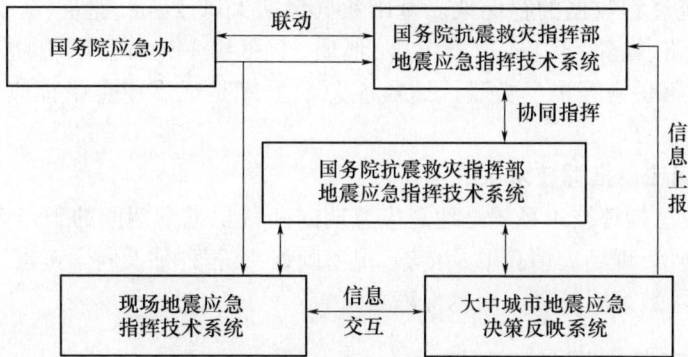

图 11.6   地震应急指挥信息服务结构图

11.3.2 系统构成

为满足地震救援应急指挥与控制的需要,系统的构成应包含五部分。分别为应急指挥场所、应急指挥基础支撑平台、地震应急指挥应用系统、地震应急数据库、现场应急指挥技术系统,下面分别进行介绍。

1. 应急指挥场所

应急指挥场所是地震应急期间开展地震应急工作的场所,必须满足地震应急指挥日常工作和应急期间业务工作的需要。按其功能可分为若干相应的功能场所,一般分为指挥大厅、地震应急信息处理大厅、通信控制室、应急核心机房、新闻发布室、综合值班室。

2. 应急指挥基础支撑平台

应急指挥基础支撑平台是以应急指挥场所为基础的工作平台,包括大屏幕显示系统、辅助显示系统、数字会议系统、视频会议系统、指挥席位工作平台、地震应急指挥系统专用服务器、工作站、网络平台、网络存储。

3. 地震应急指挥应用系统

地震应急指挥应用系统是服务于抗震救灾指挥部核心的应用系统,主要包括通用系统和地震应急指挥专业系统。通用系统主要包括地震应急双机热备份数据库、Oracle、操作系统、WebLogic、ArcGIS 等;地震应急指挥专业系统主要实现地震快速触发响应、自动群呼、灾害快速评估与动态跟踪、辅助决策建议、指挥命令发布与反馈、信息通告、地震应急基础数据库管理、灾区三维场景等。

4. 地震应急数据库

地震应急数据库是抗震救灾指挥部工作的基础,同时也是地震应急指挥与控制系统过程数据的存储地。基础数据包括人口、经济、建筑、基础地理、城市地图、公路、铁路、气象、地震灾害、地质、生命线工程、医疗、消防、水库、应急预案、应急联络等多个类型。地震应急数据库是地震应急指挥应用系统的基础。

5. 现场应急指挥技术系统

现场应急指挥技术系统是地震应急期间和科学考察期间的工作系统,主要包括现场通信、现场灾情获取及传输、现场调查、灾害评估及科学考察、建筑物安全鉴定、现场数据库管理与后勤保障系统。

11.3.3 应急指挥与控制模式

1. 震后两小时内应急模式

如图 11.7 所示,地震发生后两小时,指挥中心应急模式主要包括以下六个方面。

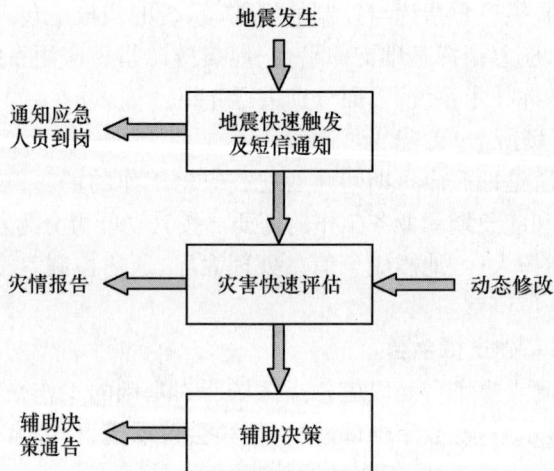

图 11.7 震后两小时指挥中心应急模式

(1)地震发生后,应急指挥中心快速触发响应系统,系统根据地震三要素迅速启动,短信通知应急人员立即到岗。

(2)灾害评估系统自动调用应急数据库数据,计算灾区灾害损失情况,产生各类灾情报告。

(3)辅助决策系统启动,根据应急预案和救灾应用模型产生决策建议报告。

(4)将灾情报告和辅助决策报告进行汇总。

(5)应急人员到岗后,可根据实际情况对灾害评估进行动态修正,产生新的灾情报告和辅助决策报告。

（6）向上级主管部门提交灾情和辅助决策汇总报告。

2. 现场卫星车到达地震灾区后数天应急模式

地震现场应急指挥技术系统是抗震救灾指挥部技术系统在地震现场的延伸，是现场应急工作的基础平台。根据地震应急工作的实际需求，可以实现卫星通信技术系统与地震现场应急技术系统和地震应急指挥中心技术系统的集成。例如，汶川地震发生后，云南省地震局就出动了两辆应急通信车。大车上主要集成有 VSAT 卫星系统，小车上主要集成有海事卫星系统等。VSAT 卫星系统与指挥中心实现视频会议、数据传输、电话通信和组播等功能；海事卫星系统主要实现与指挥中心的电话通信。如图 11.8 所示，在震后半个月内，指挥中心的应急模式主要包括以下七个方面。

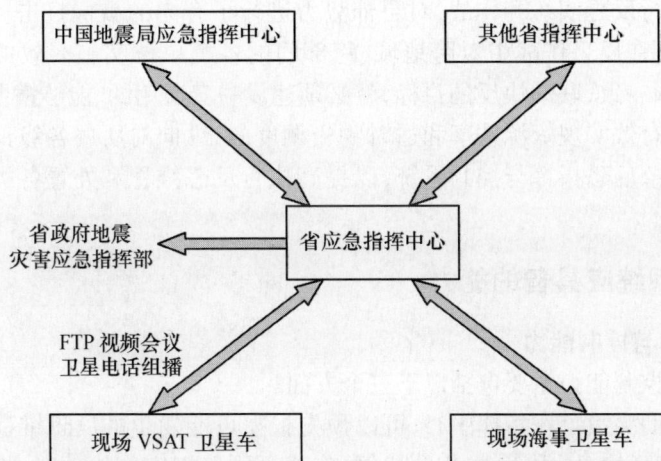

图 11.8　震后数天指挥中心应急模式

（1）现场卫星车根据实际情况，利用 VSAT 卫星系统连接指挥中心，前、后方指挥长针对应急工作进行视频会议。

（2）利用海事卫星系统连接指挥中心，前、后方指挥长针对应急工作进行电话交流。

（3）通过 VSAT 卫星系统传输现场灾害资料、灾评信息、现场报道和现场工作报告等资料到指挥中心 FTP 服务器，指挥中心及时将收到的资料提交上级主管单位。

（4）省地震应急指挥中心作为中国地震局应急指挥中心的客户端，通过视频会议连接到中国地震局地震应急视频会议平台，指挥中心与现场卫星车、现场指挥中心、中国地震局指挥中心进行视频应急联动。

（5）通过 FTP 向中国地震局传送灾情和应急等资料。

（6）指挥中心收集灾区相关灾情，报送上级主管单位。

（7）为省政府、省地震局在指挥中心组织的多次地震应急工作会议提供会议场所、会议技术保障和灾情资料等。

11.4　应急反恐指挥与控制系统

随着恐怖主义活动的肆虐蔓延，恐怖势力日益具有组织化、规模化、政治化特点，恐怖袭击的规模和频率逐渐增大。2001 年的"9·11"事件，给美国和全世界人民的生命和财产带来了巨大的灾难。近年来东突组织和索马里海盗活动日益猖獗，给我国的社会稳定和经济发展带来了一定的影响，我国和世界反恐组织多次联合进行反恐演练和作战，对恐怖势力进行了有力的威慑打击。针对反恐行动要求，要在反恐作战中对跨地域、跨部门的各类单位实施有效的指挥与控制、实现协调一致、联动快反的目标，就必须建设一套通用的、能够横向联合军地各部门并能有效实现资源共享和适时物资调度的、纵向对所属各级部队实施适时指挥的应急反恐指挥与控制系统，以提高执行反恐维稳和处置各类应急事件的能力。

11.4.1　系统应具备的能力

1. 指挥与控制能力

指挥与控制能力主要包括以下三个方面。

（1）辅助决策。在指挥中心，可以预先根据可能发生的反恐维稳事件的各种因素、现场环境、历史资料、相关战例、作战原则等制定作战预案，将作战预案和各种作战资料存贮在指挥网站的数据库中，供指挥员和参谋人员查询。作战时，利用数据库和相应工具，对作战所需的各种信息进行分析与检索，供辅助决策使用。

（2）指挥与控制。在反恐行动开始时，指挥中心通过实时的网页形式把指挥信息和背景资料等内容传递给发生地的远端计算机，并接受上报的现场信息。作战命令的下达、战情上报采用文字、语音、视频图像、白板及实时标绘等方式。

（3）兵力兵器调度。在作战中，指挥中心可以通过系统对参与作战的部队实施调动和指挥，可以对作战需要的武器和物资器材进行分配和调度。参战部队和相关单位可以通过系统接受指令并做出相应行动。

2. 地理信息分析及作战标图能力

（1）地理信息分析。反恐作战属于特种作战类型，其发生地域通常在城市、机场、码头、首脑机关等人口聚集的区域或重要部门,或是对恐怖分子聚集地实施集中清剿。其地理状况决定着对兵力和兵器的运用,对地理信息的分析是指挥中心实施决策的重要依据。在指挥中心,可以应用系统对反恐作战地域的地物地貌特征进行有效分析,包括作战地域的地形情况、水文与交通情况、重要机构、重要军用及民用设施以及建筑集群分布等。

（2）作战态势标绘。指挥中心应用系统可以标绘首长决心图和作战态势图,根据任务需要还可实施动态标绘和联机协同标绘。

3. 信息管理能力

（1）作战方案及文件资料管理。包括国家、军队、党政机关、战区等部门有关反恐维稳的法规、条例、文件、指示和反恐维稳人员和物质力量的信息,及防区可能发生恐怖袭击事件的性质、规模、恐怖源等情报数据信息以及相关反恐战例、作战预案、作战方案等信息的管理。

（2）组织机构信息管理。主要包括防区范围内军队和地方有关反恐维稳部门的组织结构、基本职能、主要人员构成及联系方法等。

（3）装备器材管理。主要包括防区范围内军队和地方可供使用的反恐维稳装备器材的相关情况,包括该装备的位置、数量、基本构造、技术性能、使用方法、所有者、联系方法、征用方式等。

（4）数字地图和军标符号库管理。数字地图和军标符号库管理主要是由系统实现,数字地图包括预先采集和制作的数字底图、在作战过程中标绘制作的首长决心图和作战态势图等。军标符号是指在实施军事标图时所使用的图元符号,主要有点状军标、线状军标、面状军标、文字标注四种类型。点状军标如指挥机构、军兵种符号、兵器装备等,线状军标,如行军路线、攻防态势、障碍物设置等,面状军标如部队占领地域、各兵种集结地域,各兵器阵地地域等。

（5）系统管理。系统管理主要是指对系统登录和作用权限的分配与管理,对信息资源的检索与获取,对指挥网站信息的录入、修改、保存、查询、打印和统计等。

11.4.2　系统构成

指挥中心各分系统中,其核心是计算机分系统。所以,系统结构设计事实上是围绕计算机分系统进行的,是围绕如何处理计算机系统的内部组成及它与其他分系统之间的关系展开的。

基于反恐作战需求,在进行应急反恐指挥与控制系统建设时可采用 C/S（客户机/服务器）与 B/S（浏览器/服务器）相结合的模式。服务器与各技术席位（即终端）间采用 C/S 工作模式。服务器、各席位通过网络交换机相连,主要承担服务器及各席位之间的信息交换。

　　C/S 结构能将系统中的数据和逻辑处理在用户微机端和服务器之间进行恰到好处的分配。通过网络请求服务,仅将处理结果返回给客户端。客户端处于前端,服务器端处于后台。对指挥中心来说,客户就是要素。各要素的功能由要素内的工作站来实现,而各要素共同需要的通信功能、网络功能、数据库检索功能则由通信服务器网络服务器和数据库服务器等来实现。这样,既实现了功能分布,又便于资源集中管理和共享。在反恐维稳综合指挥网内则采用 B/S 结构,在这种结构下,用户工作界面通过网页浏览器来实现,极少部分事务逻辑在前端(Browser)实现,但是主要事务逻辑在服务器端实现。这样已获得授权的不同人员,可以从不同的地点、以不同的接入方式(如 LAN、WAN、INTERNET/IN-TRANET 等)访问和操作共同的数据库,因而就大大简化了客户端计算机的载荷,减轻了系统维护与升级的成本和工作量。采用这种 C/S,与 B/S 混合的指挥与控制方式,可以使信息获取和发布更加方便,只要将信息输入到反恐维稳数据库,即可发布到网页上,可以方便地进行指挥与控制。可以提高指挥与控制效率,接受指挥与控制的部队只需接入反恐维稳指挥综合网即可通过浏览器接受指挥与控制。

　　如图 11.9 所示,反恐指挥与控制系统由四个分系统组成:信息发布分系统、

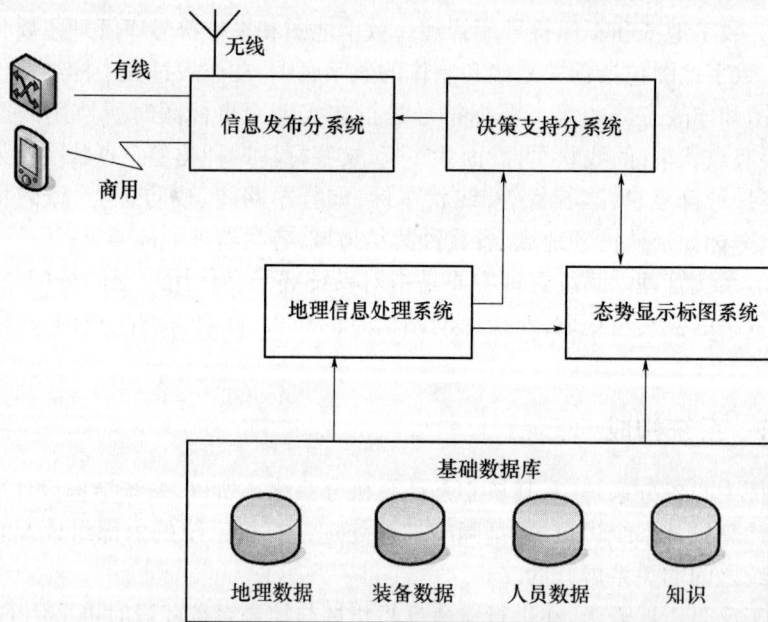

图 11.9　反恐指挥与控制系统构成框图

地理信息处理系统、态势显示标图系统和决策支持分系统。其中,信息发布分系统主要是实现指挥与控制系统的网站构建及指挥信息的即时发布。反恐维稳作战指挥与控制机构通过远端访问、浏览其相应页面来实现。地理信息处理分系统是通过在指挥网站中嵌入其功能页面实现的。它的主要功能:基于军事地理信息系统,将兵力部署、装备部署及设施部署、各种作战预案等内容,通过标绘作业,图形化地反映于军事电子地图中,实现指挥信息的可视化交互。决策支持分系统通过建立相关数据库,为指挥员提供智能决策支持。

11.4.3　系统运行过程

当恐怖行动发生时,应急反恐作战值班室启动反恐作战预案,迅速成立反恐作战联合指挥部。党、政领导和军队首长进驻指挥中心,对作战情况进行监控与实时处置,地方各级领导以及首长、作战、机要和通信等部门在严格授权下运用本系统实施指挥。

系统为反恐维稳行动提供资源与决策支持,并能适时监控和指挥作战部队的行动。同时,在公安部、武警部队等相关反恐职能部门之间建立反恐维稳网络,并在指挥中心设立一个终端。该终端提供反恐维稳信息、任务协同请求等。

恐怖袭击属于应急突发事件,其出现具有很强的隐蔽性和突然性,其作战对象主要有大型治安案件、敌特组织、民运组织或个人,民族分裂势力和组织、非法宗教邪教组织、恐怖分子或组织。而指挥对象有军队、人武部、预备役部队、民兵等,涉及到地方党政领导、机关,执法部门及相应单位。反恐指挥与控制系统,必须针对这一特点,满足平战结合的需要:在非作战时,具有战备值班功能;在作战时,具有指挥与控制功能。所以,系统主要有两种工作状态。

1. 值班状态

(1) 各级值班席位随时开机,指挥与控制系统处于联机状态,值班战勤人员可以通过系统监视所属部队与指挥所的情况。

(2) 对系统运行情况进行检查和维护,保证通信畅通,确保系统在反恐事件发生时可随时进入战斗状态。

(3) 处理战备值班事务,维护作战值班日志,监视下属部队战备值班活动。

(4) 与友邻和所属部队保持联系,进行情报收集和整理,适时通报情况和传达首长指示。

2. 作战状态

(1) 指挥员和战勤人员处于工作位置,所有设备开机,系统随时能进行作战指挥。

(2) 当有异常情况发生时立即告警,经值班首长同意后发出警报。通知相应作战部队与指挥所由值班方式转为作战方式,全部设备开机。

(3) 进行兵力计算和兵力、目标分配,下达命令,进行适时指挥。

系统通过指挥与控制综合网进行指挥与控制,通过信息发布分系统,把反恐维稳的相关信息发布到指挥与控制网上。这些信息包括反恐维稳的法规、条令、条例、文件、指示、通知,及反恐维稳的组织结构、主要人员构成及联系方法、反恐维稳的作战对象信息、反恐维稳的处置预案和相关战例、反恐维稳的装备信息(如装备的基本构造、技术性能、使用方法、所有者、联系方法、数量和征用方式)等。作战时,指挥端与作战部队在电子地图上进行协同标绘,把首长决心和现场战情直观地体现在电子地图中,并通过文字、语音和视频图像等方式进行命令下达与战情上报。

第12章　指挥与控制建模与仿真

一个大型指挥与控制系统的研制,往往要经过数年的艰苦努力,花费大量的人力、物力,而且在系统投入使用之前,还必须进行集成联调、综合测试、模拟演示甚至实兵演习。在此过程中,一旦发现该系统有不足之处,如果需要弥补这些不足,又需要耗费大量的资金和时间。如果不进行技术上的修改,则势必将使指挥与控制系统的性能指标与技术指标不断下降、进度不断后推,这样研制出的系统各方面都难以令人满意。

对于研制一个大型指挥与控制系统而言,究竟如何协调并确定合适的战术技术指标、如何缩短研制周期、如何测试和评价性能指标、如何评估它的作战效能和平时使用效益、如何找出系统瓶颈以便改进已建系统,都是指挥与控制系统设计、开发和建设过程中必须面对的问题。

仿真技术为解决这些问题提供了一条可行的途径。仿真是一种可以控制的、无破坏性的、允许多次重复的实验手段。开发指挥与控制系统之前建立指挥与控制系统的仿真系统,对于研究指挥与控制系统的动态特性、解决系统中的一些关键问题、揭示各个方案的内在能力和薄弱环节,以及根据一定的原则和指标选择最优方案都是非常必要的。

顾名思义,指挥与控制系统建模与仿真就是通过建立指挥与控制系统的各类模型,运用仿真手段实现对指挥与控制系统的评价、评估或利用仿真系统进行作战指挥与控制等的模拟训练。

指挥与控制系统建模与仿真的方法包括作战模拟、系统试验床、基于分布交互仿真(Distributed Interactive System,DIS)或高层体系结构(High Level Architecture,HLA)的建模与仿真,即基于 DIS/HLA 的建模与仿真。

12.1　指挥与控制系统建模与仿真方法

12.1.1　作战模拟

1. 蒙特卡罗方法

蒙特卡罗方法是以仿真模型为基础的仿真方法。模型是用计算机程序把战术现象分解为一系列基本活动和事件,并按照活动和事件的逻辑关系把它们组合到一起构成的,用于模拟整个系统的运行过程。由于模型中任何一部分的随机值都是由它们的分布规律确定的,所以需要用统计方法来求解,因此也称为统计模型。统计模型一般用蒙特卡罗法来求解。但这种方法的推广使用却面临着许多问题,其首要问题是基本状态变量的维数巨大。蒙特卡罗仿真十分耗时和昂贵,不适于分析、设计和评价各种分布式结构的指挥与控制系统。它的另一个缺点就是无法描述信息的处理与认知过程。因此,在描述指挥与控制系统的信息活动时,只能采用枚举法列出所有信息活动及其发生的概率,但这么做几乎是不可能的。

2. 兰彻斯特方程

兰彻斯特方程,是以系统解析模型为基础,用数学方程式来表示模型参数、初始条件和其他输入信息以及模拟时间与结果之间的一切相互关系。兰彻斯特方程是针对连续系统的数学模型,人们一般采用这种半经验、半理论的方程来描述战斗过程。由于兰彻斯特方程描述的是两类既相互斗争又相互依存的事物之间的关系,随着现代多维立体战争的出现,尤其是随着指挥与控制系统的出现,使得兰彻斯特方程在描述现代战争时受到了很大局限,已基本不适于研究现代战争,更不适合研究指挥与控制系统。目前,用兰彻斯特方程描述指挥与控制系统的一般思路:通过改变点目标毁伤和面目标毁伤的比例大小,来定性反映指挥与控制系统对作战的影响。但要在这类描述作战损耗的方程中加入与信息的获取和损耗有关的内容是很困难的,其最终结论、结果也是不完善的。

除上述方法之外,人们还利用其他一些思路建立指挥与控制系统特定部分的模型。如用影响图描述指挥与控制中心的决策过程,用 Petri 网建立指挥与控制系统的通信网模型等。

12.1.2　系统试验床

采用系统试验床法研究指挥与控制系统的主要原因是指挥与控制系统中的某些部分由于过于复杂,难以建立合适的数学模型,而这些部分却能够用实物替代。也就是说,指挥与控制系统试验床的物理表现形式为实装、仿真器、计算机仿真模型。所以,这种方法也称为半实物仿真。

12.1.3　基于 DIS/HLA 的建模与仿真

DIS 是一种基于仿真模型及计算机通信网络的系统,它将分散于不同地点、不同类型的仿真模型或仿真系统通过计算机网络联为一体。每一个仿真模型或仿真系统是整个网络系统的一个节点,该节点通过网络发送消息与网络系统中的其他节点产生间接或直接的交互,以此达到利用该系统进行特定研究的目的。

　　大量的使用表明:DIS 并不是一项成熟和完善的技术。DIS 技术面临着许多问题,由于 DIS 的先天性不足,这些问题难以解决。尤其是在解决建模与仿真(M&S)中的互操作性和可重用性问题时,DIS 显得力不从心。

　　美国国防部充分认识到上述问题之后,为了彻底解决仿真系统之间及建模和仿真与 C⁴I 系统之间的互操作问题和建模与仿真资源的重用问题,制定了 HLA。

　　HLA 的优点是显而易见的。对于指挥与控制系统建模与仿真来说,相对于特定的系统规模和仿真应用目的,无论 DIS 或 HLA,都有它的可取之处。当然,作为建模与仿真的发展趋势来说,HLA/RTI 是发展方向。

12.2　指挥与控制系统建模与仿真的意义

12.2.1　重要的应用价值

　　进行指挥与控制系统建模与仿真是减少研制指挥与控制系统投资失误、正确引导指挥与控制系统建设的一个重要思路。在指挥与控制系统开发之前,进行指挥与控制系统的建模与仿真,利用仿真手段检验指挥与控制系统,可以发现指挥与控制系统可能遇到的技术上、使用上、甚至是战术上的问题,使指挥与控制系统的开发尽可能少走弯路。应用指挥与控制系统建模与仿真可以建立具有训练功能的指挥与控制仿真系统,使操作人员和作战指挥人员能够使用该系统进行作战技能的训练。这种训练能够减少实装训练的次数,却同样能达到实装训练的效果。

12.2.2　重要的科研价值

　　由于指挥与控制系统的极其复杂性,指挥与控制系统建模与仿真必须应用建模理论和系统仿真理论的基本要素,通过开展指挥与控制系统建模与仿真工作,可以在建模理论和应用上有所突破,也可以在系统仿真领域进行大量有意义的科研工作。无论是进一步深入研究系统建模理论还是系统仿真技术,选择指挥与控制系统建模与仿真是一个比较理想的切入点。

　　同时,进行指挥与控制系统建模与仿真还要求系统开发人员具备一定的军事素养,需要了解一定的作战指挥、战场通信、情报侦察的军事需求,才能更好地把握指挥与控制系统建模与仿真。指挥与控制系统建模与仿真也是研究军事和技术有机结合的良好平台。

12.3 指挥与控制系统建模与仿真特点

12.3.1 面向信息流的建模与仿真

指挥与控制系统是基于信息的分布式系统,它以信息作为工作媒介,信息功能是其最基本的功能。指挥与控制系统的每一项功能都是在信息的基础上完成的。指挥与控制系统的活动过程就是从信息的获取、传递、存储、处理到信息应用和反馈的全过程。

因此,指挥与控制系统的建模与仿真实际上是对信息流动过程的建模与仿真,是对信息的获取、传递、存储、处理和应用进行描述,以及为完成这些信息功能,仿真系统所必须采取的行为过程和逻辑上、物理上的效果。基于指挥与控制系统仿真的离散性,信息的仿真不宜采用连续变量来描述,而是将指挥与控制系统中的信息(如探测系统产生的敌方情报或上级下达的指挥命令)看作是服务对象,把指挥与控制系统组成部分(如各级指挥与控制中心、通信中心)所进行的信息处理过程看作是对服务对象的服务过程。所以,构成指挥与控制系统的仿真状态变量,既有连续变量(如对抗双方的兵力指数),也有离散变量。指挥与控制系统的仿真系统是一个混合状态的异步动态仿真系统。

12.3.2 系统科学工程

开展大型指挥与控制系统建模与仿真,需要聚集多方面的专业人才,需要开发大量的、各种不同类型、不同用途的模型与设备,甚至是大量的软件代码。如何将这些人才、设备有机地组织在一起,本身就是一个大的系统工程。

大型指挥与控制系统建模与仿真中所涉及到的模型成千上万,建模所采用的方法也各不相同。最终,将这些模型集成在一个网络系统中运行并进行适当的交互,其模型之间的接口安排、冗余度设计等都是不能一蹴而就的,需要反复考虑,甚至是多次试验才能得到满意的结果。

12.3.3 分布式系统

指挥与控制系统的建模与仿真一般采用基于 DIS/HLA 的体系结构。这种结构适合于将不同地域、不同类型的仿真模型、模拟器和人有机地连接起来。

指挥与控制系统本身是一个分布式系统,所以,指挥与控制系统的仿真系统设计也应采用分布式设计方法。需要按照功能分割的原则,把系统划分为若干个相对独立的模块,这些模块可以是指挥与控制系统仿真系统的功能单元,也可以是支持功能单元的数据库。数据处理和通信控制单元之间需要用局域网技术连接起来,使之协调运转,从而完成整个仿真系统的功能,这种方法与基于 DIS/HLA 的体系结构是相适应的。

12.4　指挥与控制系统建模与仿真应用

指挥与控制系统建模与仿真的应用包括作战训练、装备论证和效能评估、作战研究等。

12.4.1　作战训练

1. 科目训练

指挥与控制系统的仿真系统需要根据实际作战想定的要求,建立由不同系统配置、不同指挥与控制系统外部环境所组成的战场环境。该仿真系统应能逼真地模拟各种真实的战场环境,以便利用该仿真系统实现各类参谋、指挥人员、操作人员的作战科目训练。

2. 协同作战指挥与控制训练

指挥与控制系统的仿真系统运用分布交互仿真技术,将异地分布的、不同型号的、不同性能的各种装备的模拟器、计算机生成兵力和实装进行联网,以虚拟战场环境作为平台,实现陆、海、空作战的实时协同,实现作战指挥与控制的一体化,使作战指挥训练的手段得到极大的提升。

3. 特情事件处置训练

在指挥与控制系统的仿真系统中,设置模拟器和实装的不同故障,以模拟装备的特情事件,可以提高受训人员在特殊情况下对故障的处理能力,从而尽量减少装备事故的发生,提高指挥与控制系统的作战能力。

4. 实例教学

通常,指挥与控制系统的仿真系统都具有数据记录、打印、评判,以及仿真对抗、演练过程的记录和回放功能,可以将受训人员的受训过程进行重放,以便及时找出受训人员在训练中的不足,其特点是形象直观。对仿真对抗过程的记录和回放可用于案例教学,其教学效果更好。

5. 岗位训练

指挥与控制系统的仿真系统可以进行情报、通信等相关技术人员的岗位操作仿真训练。

12.4.2　装备论证和效能评估

1. 新型装备论证

在指挥与控制系统的研制过程中,需要建立新研制指挥与控制系统所需装备的模型,构建该装备的模拟器,置于指挥与控制系统的仿真系统中,利用作战仿真方法进行所需装备的论证。

2. 装备编配体系研究

指挥与控制系统的作战仿真系统是由人、多种型号装备模拟器、计算机生成兵力和实装组成的分布式交互仿真系统。通过模拟不同装备的编配体系在作战对抗条件下的运用效果,可以优选装备编配体系,提高指挥与控制系统所需装备配置的作战能力。

3. 现有装备的效能评估

利用仿真系统,通过对指挥与控制系统中现有装备实体在作战对抗条件下的技术保障、火力运用等的研究,对装备性能指标进行检验,进行现有装备的效能评估,发现现有装备的不足,为装备改造提供可靠依据。

12.4.3 作战研究

1. 装备体系对抗研究

运用指挥与控制仿真系统模拟红、蓝双方指挥与控制系统和兵力在虚拟战场环境中的对抗,可以研究指挥与控制系统装备体系的对抗效果。

2. 现有装备作战条令条例的研究

仿真演练过程中,进行我军现行作战条令的推演,检验现行战法的可行性和适用性。

3. 新装备作战条令条例的开发研究

大量新引进和新研制的装备列装部队,使原有的作战条令条例已不适于装备了新型装备的部队。可以将新装备的模拟器纳入指挥与控制系统中,结合新装备的特点,开发适于新型装备的战法、战术,以提高新装备的作战能力,尽快形成新装备的战斗力。

4. 假想敌装备作战特点研究

通过建立特定假想敌所使用装备的模型,构造装备仿真实体置于仿真系统中,根据假想敌的作战特点,可以研究假想敌可能的网络、电子、电磁等软攻击方式和我方的应对措施。

12.5　一个典型的指挥与控制仿真系统

本节将指挥与控制系统的仿真系统与作战仿真环境相结合,构成一个结构和功能比较完善的指挥与控制系统作战仿真平台,这一平台称为指挥与控制系统作战仿真系统。

12.5.1　系统组成

指挥与控制系统作战仿真系统是一个红蓝双方对抗的作战仿真平台。红蓝双方均包括平台级 CGF、聚合级 CGF、人在回路的实体、半实物仿真(硬件在回路)、CGF 操作员等仿真节点。指挥与控制系统的作战仿真系统包括各类情报获取设备(战场数字化传感器)与通信设备仿真模型或仿真器、不同级别的情报处理仿真(信息融合)和指挥与控制的决策仿真设备等,再加上仿真管理系统,构成一个完整的符合现代作战样式的指挥与控制系统作战仿真系统。这里所说的指挥与控制系统作战仿真系统是一个功能和结构相对完善的作战仿真系统,基于不同的仿真目的,可以根据需要适当地调整整个系统的规模、实体类型和数量等。

系统构成如图 12.1 所示,系统除包括红蓝双方的各种类型仿真实体外,还包括以下部分:

1.　仿真管理系统

(1)二维态势观察器;

(2)三维战场观察器;

(3)声音仿真系统;

(4)演练管理系统;

(5)数据记录及回放系统;

(6)评估系统;

(7)RTI 服务器(用于基于 HLA/RTI 的仿真系统)。

2.　模型资源系统

(1)实体模型;

(2)指挥与控制系统模型;

(3)环境模型;

(4)想定管理系统。

3.　指挥与控制系统仿真的内容

(1)传感器系统的建模与仿真(侦察功能);

(2)情报处理系统的建模与仿真(信息融合);

(3)指挥与控制决策的建模与仿真(指挥决策);

(4)通信系统的建模与仿真。

该仿真系统为装备了指挥与控制系统的部队进行红蓝双方作战对抗仿真提供了一个物理平台,可以用虚拟的或真实的兵力实现特定想定下的作战仿真全过程。通过对作战结果数据的分析和处理,可以实现指挥与控制系统建模与仿真的基本功能。

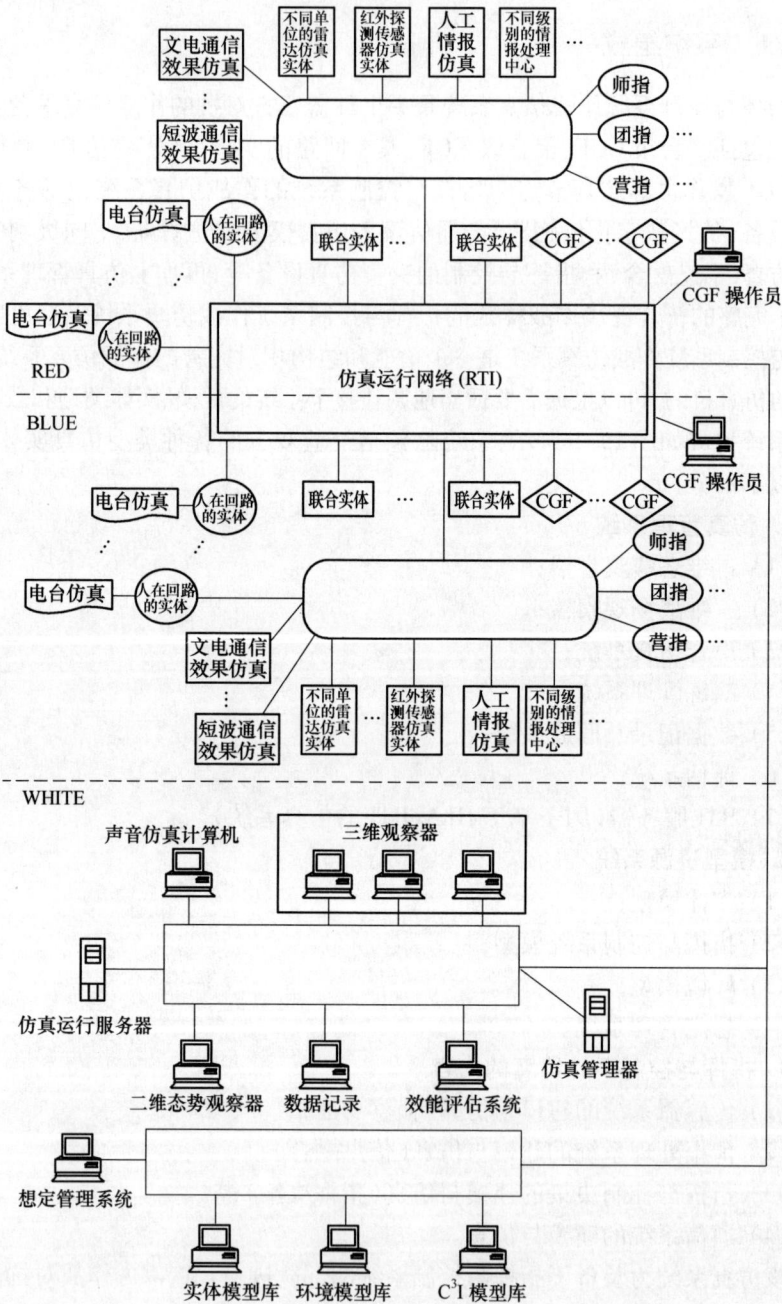

图 12.1　指挥与控制仿真系统构成

12.5.2　仿真管理系统

仿真管理系统包括二维态势观察器、三维战场观察器、声音仿真系统、演练管理系统、数据记录及回放系统、评估系统。

1. 二维态势观察器

二维态势观察器用于仿真演练导演部。二维态势观察器通过电子地图表示作战地域,用军标表示作战实体。军标的运动表示相应实体的机动,如果实体在作战过程中被击毁或灭亡,则用军标加上特定的标记表表示该实体的毁伤状况。导演部通过观察军标就可以判断战场情况的变化并做出相应的调整。

仿真结束后,对于人在仿真环内的作战仿真系统,回放记录的数据时,二维态势观察器回放作战演练过程。参演人员可以通过二维态势观察器的回放,观看自己在作战过程中的机动协同、火力运用情况,找出自己的不足,以便提高训练效果。

2. 三维战场观察器

三维战场观察器通过虚拟现实和视景仿真技术,力图表现高逼真度的战场环境。目前,所使用的投影系统有单屏、三屏、环形及球幕投影系统等。

三维战场观察器观察战场的观察位置(视点)可以随意选择。如可以将视点位置放在整个战场的上空,俯视战场情况;也可以将视点移至于某一战场实体上;如在有坦克参加的作战仿真系统中,可将视点放在坦克实体的驾驶员、车长或炮长位置,在这些位置观察战场情况。通过视点的灵活设置还可以观察每一个战位在作战过程中的细节情况。

3. 声音仿真系统

虚拟战场环境中成员与环境的信息交互,很大程度上依赖于视觉通道与听觉通道。听觉通道中,逼真的空间声音合成能大大增强环境的沉浸感。在环境中,听觉信息一方面为实时视景伴音,对视觉效果进行增强与渲染;另一方面,还独立地提供重要信息。基于此,在战场仿真环境中,应充分地再现各种仿真对象的空间声音,主要有车辆行驶、船舶运动和飞机飞行的声音;突发事件产生的声音,如各种枪械击发声音、炮弹、导弹飞行、爆炸声音;自然界环境声音,如飓风、雨声、雷声等;人语,如对话、军语等。通过对它们的仿真,营造良好的战场声音效果。

声音仿真系统通过逼真的声音模拟,配合特殊的画面可以增强观看人员的沉浸感,提高视景仿真的逼真度。声音仿真系统还可以播放作战仿真过程中某一点对另一点的语音通信。在战场的不同位置,声音的效果是不一样的。声音仿真系统播放的声音应具有三维立体声的效果。声音仿真系统可以由硬件电路实现，也可以通过软件实现。

4. 演练管理系统

演练管理系统的功能包括实体的初始化、想定数据的加载、仿真进程的管理（如仿真的开始和结束）、实体的冻结等。

5. 数据记录及回放系统

数据记录和回放是指挥与控制系统作战仿真系统的一项重要功能，数据记录使人们可以通过对仿真结果数据的分析，进行装备效能评估、军事需求论证和战术、战法、战损、装备保障等研究。数据回放可以使参训人员在训练之后观看作战过程的回放，加深对演练过程的认识，使训练取得更好的效果。

数据记录及回放系统是仿真管理系统的分系统之一。这里的数据记录系统不但记录实体的机动、火力及交互等情况，还记录作战仿真过程中双方指挥与控制和通信活动情况以及情报侦察结果等。在作战演练及回放过程中，指挥与控制指令、通信内容都可以通过单独的窗口以文字方式显示出来，语音通信中的语音也被数据记录系统实时地记录和保存下来。

6. 评估系统

评估系统用于分析作战演练过程的数据，评判该次演练的效果。评估系统不是简单地评判作战结果的输赢，而是通过分析演练双方在作战过程中的弹药消耗率、命中率、机动协同能力、指挥协同能力等而判断作战结果，同时可能针对某一特定装备评判其作战效能。根据不同的应用目的，评估系统具有不同的内容。

12.5.3 仿真实体

指挥与控制系统作战仿真系统的实体可分为几种形式：按照实体的表现形式分为人在回路的实体（真实的参演人员）、计算机生成兵力实体；按照实体的聚合程度分为平台级实体、聚合级实体；按照实体的属性分为红方实体、蓝方实体，按照指挥层次分为指挥实体、操作员实体。

在指挥与控制系统作战仿真系统中，明确实体之间的交互关系既是对系统的一种补充说明，也是系统结构设计、功能设计的前提条件。

指挥与控制系统作战仿真系统中，指挥与控制系统（仿真系统）和作战仿真环境的交互指的是二者之间的数据交换。指挥与控制系统（仿真系统）从作战仿真环境中接受的数据包括实体（平台级和聚合级）的空间位置（包括三个坐标方向上的位置以及俯仰、侧倾和旋转角度）、实体的战损状况（包括武器弹药消耗量、实体可能被毁伤的程度）。这些数据是指挥与控制系统（仿真系统）用于作出指挥决策的主要依据。指挥与控制系统(仿真系统)发送给作战仿真环境的数据包括机动方向、机动速度、集火射击,分火射击等。

　　指挥与控制系统作战仿真系统中,实体间的交互既有红、蓝双方的对抗所带来的交互,也有各方自身内部实体间的协同作战的交互(作战实体在指挥与控制系统的支持下,内部不同级别实体间的指挥与控制)。

　　从指挥与控制的角度来说,指挥与控制系统作战仿真系统中的实体之间存在的首要关系是级别层次关系和隶属关系,级别关系和隶属关系是指挥与控制的前提。指挥与控制系统作战仿真系统中,指挥实体之间的指挥与控制关系应按照上级指挥下级原则,且指挥关系只存在建制单位内。相同级别的不同作战单元之间不能交叉指挥,相同级别的作战指挥单元之间也不存在指挥与控制关系。在指挥与控制系统作战仿真中,为了进行训练和战术研究,一般将人在环、实装在环的仿真实体单独组成一个基本作战单位。这样,能尽量避免因交互的复杂性导致难以仿真实现指挥与控制。

　　人在环实体之间发生的指挥行为全部由语音指挥网来实现,语音指挥网由仿真电台或真实电台直接地物理连接起来实现。

　　多个 CGF 实体组成一个基本的作战单位。其中一个 CGF 实体作为该作战单位的指挥实体,负责接受上一级指挥实体或指挥 Agent 发送过来的指挥与控制指令。人在环实体或指挥 Agent 与 CGF 实体之间指挥的交互通过发送指令字段来完成,CGF 实体将接受到的指令字段和数据库中的字段进行比较,在与某一字段字符相一致的情况下,CGF 实体执行该字段相对应的动作。作战仿真环境中实体间的指挥交互如图 12.2 所示。图中箭头所指方向为高一级指挥实体(Agent)指向低一级作战实体。

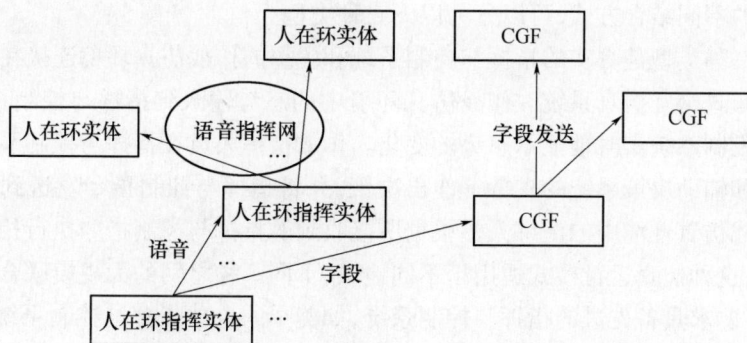

图 12.2　指挥与控制仿真系统作战指挥示意图

指挥与控制系统作战仿真系统的指挥与控制关系涉及到参加作战的所有实体,充分体现了指挥与控制系统在作战过程中的作用,也体现了现代战争中指挥与控制系统的重要性。

12.5.4 模型资源系统

模型资源系统的一项重要功能是将地理环境数据库进行适当的转换,便于CGF 实体进行最优路径选择、通视性判断等。

模型资源系统包括实体模型、指挥与控制系统模型、环境模型、想定管理系统等。

实体模型包括红、蓝双方兵力实体模型,各种类型的装备仿真模型;指挥与控制系统模型包括与指挥与控制系统相关的装备模型;环境模型包括自然环境模型,如大气、雷电等,还包括人文环境模型,如房屋、树木、湖泊等。

12.5.5 系统表现形式

在该系统中,基本实现了指挥与控制系统仿真的全部内容,指挥与控制决策的仿真体现在基于 CGF 的指挥实体这一级。情报系统的建模与仿真包括传感器的建模与仿真、人工情报的仿真以及信息融合的建模与仿真。通信系统的建模与仿真包括信道、发射和接收系统的建模与仿真。

根据系统不同的应用目的,指挥与控制系统的部分功能可能采用真实的系统代替,由此出现了指挥与控制系统作战仿真系统的不同表现形式。

指挥与控制系统作战仿真系统按照指挥与控制系统(仿真系统)和作战仿真环境的不同结合方式,可以分为以下三种类型。

第一种类型是真实的指挥与控制系统和虚拟的作战仿真环境连接在一起构成的分布式交互仿真系统。作战仿真环境中的态势输入到指挥与控制系统后,指挥与控制系统实时地显示态势的变化。作战指挥人员在指挥与控制系统的态势显示和辅助决策系统的支持下作出决策,并将指挥与控制指令发送到作战环境。作战仿真环境中的演练人员根据所接收到的指挥与控制指令执行相应的战斗行动,这种仿真运行模式适用于不同地域、不同军种之间的大规模联合作战演习,演习要求具备先进的指挥与控制系统,如美军的全球指挥与控制系统(Global Command and Control System,GCCS)便是这种指挥与控制系统的一种。美军的全球联合军事演习多采用这种方式进行检验、测试和评估其指挥与控制系统,并进行训练指挥与控制人员、作战人员。这种方法能够达到很好的训练效果,缺点是仿真演习需要动用大规模的指挥与控制系统和庞大的人力和物力,费用巨大。

第二种类型是构造性指挥与控制系统仿真系统与构造性作战仿真环境相互作用。在整个仿真系统中,系统的仿真运行是没有人参与的,系统的决策和指挥与控制指令由指挥 Agent 或指挥决策仿真实体完成。战场仿真传感器将战场态势信息发送给指挥与控制 Agent 或指挥决策仿真实体,该 Agent 或指挥决策仿真实体获取战场信息后,通过自身的决策机制做出对战场态势的判断,然后向相关的其他指挥与控制仿真实体或 CGF 实体发出相应的作战指令。

在此类指挥与控制系统作战仿真系统中,强调的是指挥与控制系统中指挥与控制机制的研究,对于指挥与控制系统的某些功能的仿真给予适当简化或省略而不会对仿真结果带来较大影响(如通信效果的仿真)。

第三种类型是虚拟的指挥与控制系统仿真环境和虚拟的作战仿真系统相连接,在指挥与控制系统仿真系统和作战仿真环境中都可以有人的直接参与,这种类型的仿真系统较为复杂,包括 CGF、人在环实体、各种类型的仿真器和相应的仿真实体模型,通过高层体系结构(HLA/RTI)实现不同实体间的交互。这种类型的指挥与控制系统作战仿真具有较强的灵活性,能够构建不同规模、基于不同仿真目的的仿真训练系统。由于该类型仿真系统实体的多样性,使得它的应用具有较强的灵活性。在较小规模的人在环、装备在环的指挥与控制系统作战仿真中,这种类型的仿真是很合适的。

真实指挥与控制系统和作战仿真环境的交互必须解决的一个关键问题是两者体系结构的不统一,如在美军的作战仿真系统中,指挥与控制系统(C⁴ISR 系统)开发规范是美国国防部所属的 C⁴ISR 开发团队制定的 DII COE(Defense Information Infrastructure Common Operating Environments),而仿真环境所使用的 HLA 规范是国防部建模与仿真办公室所制定的,两者必然存在体系结构上的不统一。在多种作战仿真系统和多种指挥与控制系统互联的情况下,采取一定的措施便于两者的集成是必要的。

由于系统既可以采用人在环的指挥实体,也可以使用指挥决策仿真实体,实体交互的多态性提高了交互信息的复杂程度。指挥与控制系统(仿真系统)和 M&S 的接口是该系统需要解决的重点问题之一。为此,美国军方还成立了仿真与 C⁴ISR 协作组,推动实现 M&S 和 C⁴ISR 系统之间的无缝结合,综合 M&S 和 C⁴ISR 的标准和体系结构,确认 M&S 和 C⁴ISR 的需求以支持协作性,如图 12.3 所示。

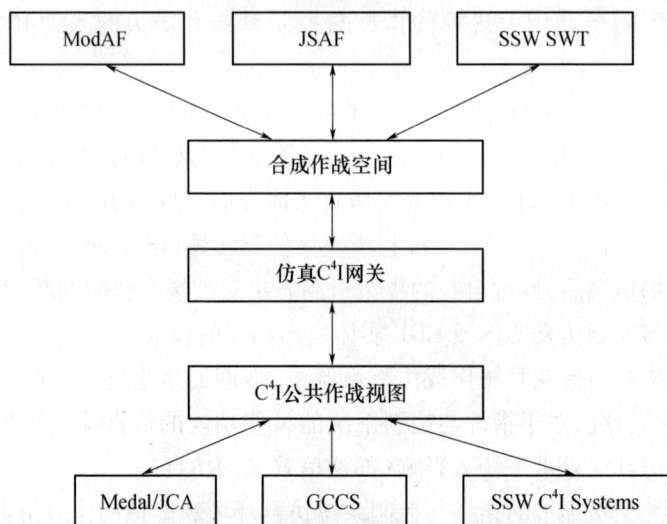

图 12.3　M&S 和 C^4ISR 之间的接口

美国的许多仿真专家提出了多种作战系统建模与仿真和指挥与控制系统之间的接口解决方案,其中的一种形式如图 12.4 所示。

在图 12.4 中,指挥与控制系统和建模仿真系统分别是独立的两个系统,通过网络的连接和交互协议进行交互。

12.5.6　系统特点

目前,指挥与控制系统作战仿真系统采用了基于 HLA/RTI 的仿真体系结构。采用这种结构可以使指挥与控制系统作战仿真系统具有更好的可扩展性,更便于不同军兵种的指挥与控制系统作战仿真系统之间的互连、互通。

作战仿真发展初期的作战仿真系统普遍存在的不足之处如下:

(1) 规模较小。

(2) 实验室开发的系统作为研究性平台其意义并不大,仅侧重于演示性、示范性的功能开发。

(3) 作战仿真实验室基本上没有涉及信息化系统的研究,作战仿真过程较少,或基本上没有体现指挥与控制系统的作用。

(4) 作战仿真的可信度达不到评估装备作战能力的要求。

作战仿真发展初期的指挥与控制系统仿真系统的主要缺点如下:

(1) 系统规模较小。

(2) 仿真应用的层面比较窄,系统应用的适应性较差。系统侧重于指挥与控制系统某些问题的研究。

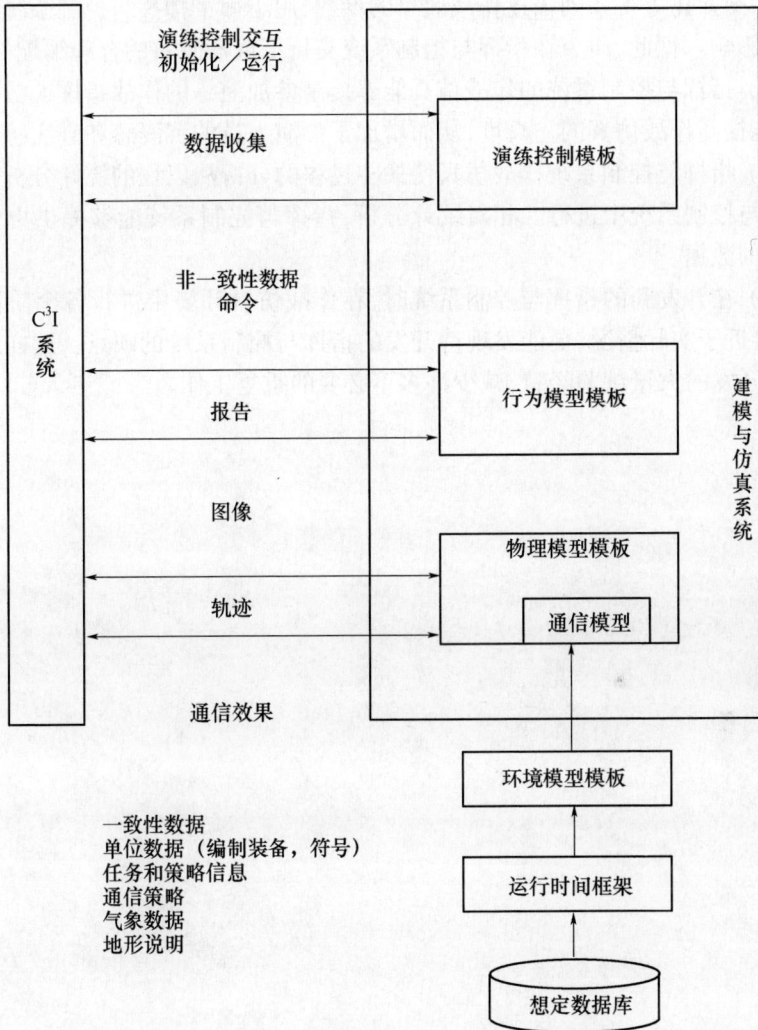

图 12.4 指挥与控制系统和作战仿真之间的交互

（3）难以在该系统上进行传统的作战仿真研究。

现代指挥与控制系统作战仿真系统将作战过程的指挥与控制、情报侦察、通信有机地结合起来,便于实现作战样式的现代化,提高作战仿真过程的真实性。

指挥与控制系统作战仿真系统除具备一般作战仿真系统的功能外,其比较突出的作用如下:

（1）通过比较不同指挥与控制系统的配置，可统计出红蓝双方的战斗效能比、兵力交换比等一系列描述作战效果的参数，用于衡量指挥与控制系统对战斗结果的影响。据此，研究在指挥与控制系统支持下武器装备的合理编配与优化。

（2）指挥与控制系统的作战仿真能够提高参加演练的作战指挥人员的训练效果，能提高作战仿真的逼真度，从而增加了参演人员的沉浸感和真实感。

（3）指挥与控制系统作战仿真使战斗过程的分析从以往的统计分析转移到在指挥与控制系统中进行。相对统计分析，指挥与控制系统能够提供更为丰富和可信的数据。

（4）在开发新的指挥与控制系统时，在作战仿真环境中进行各个阶段的测试，更接近于实际情况，更能发现待开发的指挥与控制系统的缺点。这样可以节约系统开发的大量试验经费，减少许多不必要的重复工作。

附录 A　CCRP 简介

1. CCRP 的概念

CCRP(Command and Control Program)是指由美国国防部副部长办公室(OASD)(NII)负责的指挥与控制研究计划,致力于:①提高指挥与控制的技术发展水平和实际应用状态;②增强国防部(DoD)对信息时代国家安全含义的理解。它能提供一种"置身事外"的思维方式,并帮助 DoD 找到充分利用信息化时代所提供的机会。CCRP 强化了作战人员与技术人员之间的关系,加强了知识和研究机构的力量,而这些正是未来发展的依据。

CCRP 研究和分析的范围很广,包括指挥与控制(C^2)理论、学说、应用、系统、新出现技术的含义及 C^2 试验等。它还将研究用于传统和非传统任务(OOTW)中的联合、协同和盟军作战的新 C^2 概念。另外,CCRP 还能在 C^2、信息优势、网络中心战及相关技术等领域为专业军事教育提供支持。作为对自身研究项目的补充,CCRP 还为其他 C^2 研究提供很好的平台和档案资料、出版书籍及专论,并主办研讨会和座谈会。

CCRP 计划非常重要的一点是在作战、技术、分析和教育团体之间起到桥梁作用。它关注那些需要被赋予新概念的、正在出现的需求和任务领域。协同作战和盟军作战是其中一个方面。任务能力包(MCP)是 CCRP 将新概念转换为实际作战能力的方法,它通过将新型 C^2 技术和所有相关能力所需的(如军事条令、训练等)因素结合起来,部署 C^2 任务能力,而并非仅仅是新技术。

CCRP 的网址是 www. dodccrp. org 。

2. CCRP 的主管

CCRP 的主管是 Dr. David S. Alberts。Alberts 博士是 OASD(NII)的研究主管,在此之前,他是先进概念、技术和信息战略(ACTIS)的主管,国家战略研究机构的代理主管和美国国防部指挥与控制研究计划的行政代理,这包括先进概念和技术(ACT)中心和国防大学信息战及战略(SIWS)学校的职责。他有超过 25年将尖端技术引入个人和公共部门组织的经验,这些经验在计算机科学与运用研究的著名学科领域和政府高级政策和管理位置上的工作中得以不断丰富。他最近出版的著作包括《尖端力量》、《信息化时代的转型》、《理解信息化时代的战争》、《网络中心战》、《信息化时代技术未曾料到的结果》、《和平作战的指挥管理》及《信息防御作战》。最近得到的奖励有国防部长杰出公共事务奖、航空与航天技术周刊政府/军事奖,以及由国防研究所和政府进步机构(IDGA)颁发的NCW理论最高贡献奖。

Alberts博士作为高技术公司的CEO,在政府和工业部门设计研制大型、先进的计算机系统(包括专业、研究、情报、信息化及指挥与控制系统)有专长,他还带领团队致力于研究分析指挥与控制系统的性能及相关作战任务。他负责制定将计算机和无线电通信能力、设备及实验室结合起来的政策。他的职责还包括针对增强系统用途、延长产品寿命及研究评估系统对组织功能贡献的改进办法所作的研究管理工作。他在政府的系统采办、指挥与控制和系统评估方面做出了许多贡献。

Alberts博士曾任NYU计算机科学项目的第一任主管,NYU研究生院和CUNY的专业教授。他主持、出版了许多国际和国内会议及论文集和大量书籍,有些被收入IEEE指南和其他一些专业组织。他曾任许多专业团体的主要负责人,并对AIAA、MORS、TIMS、AFCEA和ORSA做出许多贡献。在NYPD,他曾任专员助理。

Alberts博士被宾夕发尼亚大学授予应用研究博士学位(1968年)和硕士学位(1966年),1964年在纽约城市大学获学士学位,在那里他获得统计学BBA。

Alberts博士的邮箱:contact@ dodccrp. org。

附录 B　近几年 CCRP 国际 学术会议主题

会议名称：International Command and Control Research and Technology Symposium

序号	时间/年	届次/届	会议主题
1	2012	17	Operationalizing C^2 Agility
2	2011	16	Collective C^2 in Multinational Civil – Military Operations
3	2010	15	The Evolution of C^2 : Where Have We Been? Where Are We Going?
4	2009	14	C^2 and Agility
5	2008	13	C^2 for Complex Endeavors
6	2007	12	Adapting Command and Control for the 21st Century
7	2006	11	State of the Art and the State of the Practice
8	2005	10	The Future of Command... Control...
9	2004	9	Power of Information Age Concepts and Technologies
10	2003	8	the nature of Information Age Transformation and how we can understand the concerns and remedies related to advances in information technology today, tomorrow, and beyond

参 考 文 献

[1] 维纳. 控制论(第 10 版)[M]. 北京:科学出版社,1985.

[2] 钱学森. 工程控制论[M]. 北京:科学出版社,1958.

[3] 李德毅,曾战平. 发展中的指挥自动化[M]. 北京:解放军出版社,2004.

[4] 戴浩. 美军指挥与控制研究成果摘录[C]. 中国指挥与控制高层论坛论文集,北京:国防工业出版社,2009.

[5] 李敏勇,张建昌. 新指挥与控制原理[J]. 情报指挥与控制系统与仿真技术,2004,02(26).

[6] 秦继荣. 关于指挥与控制工程学科的初步探讨[J]. 火力与指挥与控制,2007,03(32):1-2.

[7] 秦继荣. 指挥与控制学科建设中需要重点研究和阐述的一些问题[J]. 火力与指挥与控制,2009,34(1):1-2.

[8] 李德毅,等. 指挥自动化系列丛书[M]. 北京:军事谊文出版社,1994.

[9] (德)克劳塞维茨. 战争论[M]. 北京:商务印书馆,1982.

[10] (春秋)孙武. 孙子兵法[M]. 余日常,评注. 南京:江苏古籍出版社,2002.

[11] 童志鹏. 综合电子信息系统[M]. 北京:国防工业出版社,1999.

[12] 哈肯. 高等协同学[M]. 郭治安,译. 北京:科学出版社,1989.

[13] 姜青山,郑保华. 海军运筹分析[M]. 北京:国防工业出版社,2008.

[14] 布拉特. 突变论的哲学与数学基础[M]. 台湾省:晓园出版社,1992.

[15] 罗雪山,等,理论基础——C^3I 系统建模方法与技术[M]. 长沙:国防科技大学出版社,1999.

[16] David S. Alberts. Understanding Command and Control. http://www.dodccrp.org.

[17] 沈小峰,吴彤,等. 自组织的哲学——一种新的自然观和科学观[M]. 北京:中共中央党校出版社,1993.

[18] 肖雪松,宋峻峰,等. 网络中心战环境下的共享态势感知构建语言研究[J]. 舰船电子工程,2008.

[19] 韩伟,王为颂,等. 网络中心战中的舰艇编队作战指挥系统效能分析[J]. 武器装备自动化,2007,26(9).

[20] 滕克难. 基于多 Agent 舰空导弹协同反导作战体系结构研究[J]. 火力与指挥与控制,2008,33(3):117-124.

[21] 刘烯. 面向城市应急指挥的智能决策系统的研究与实现[D]. 广州:广东工业大学,2007.

[22] 曹刻,李永强,等. 汶川 8 级地震对云南地震应急指挥中心地震应急模式的启示[J]. 地震研究,2008,12(31).

[23] 帅向华,姜立新,等. 地震应急指挥技术系统设计与实现[J]. 测绘通报,2009,7.

[24] 傅再扬,危福泉. 福建地震应急指挥信息管理系统设计与思考[J]. 福建信息技术教育,2008,4.

[25] 刘纪平,刘钊,王亮. 基于功能协同的电子政务空间信息服务[J]. 测绘学报,2006,35(4):299-302.

[26] 竺南直,朱德成. 指挥自动化系统工程[M]. 北京:科学技术出版社,2006.

[27] 阳曙光,时剑,等.联合火力打击协同式指挥与控制模式及其军事概念建模[J].电光与控制,2008,02(8).

[28] 王海峰,孙欣慰.基于多属性决策方法的防空 C^3I 系统效能评估[J].情报指挥与控制系统仿真技术,2005.

[29] 张义宏,蒋晓原.基于仿真的指挥自动化系统综合效能评估研究[J].计算机仿真,2005,11.

[30] 王震雷,罗雪山.网络中心作战体系效能评估方法初探[J].指挥与控制与仿真,2006,6.

[31] 祝江汉,凌云翔.指挥自动化系统效能仿真环境研究[J].计算机工程与科学,2004,1.

[32] 管晓刚.耗散结构论的科学与哲学意义[J].系统辩证学学报,2000,8(4).

[33] 陈康,罗雪山,等.CEC 条件下的舰艇编队防空问题[J].火力与指挥与控制,2006,4(31).

[34] 北方自动控制技术研究所.中国指挥与控制高层论坛论文集[M].北京:国防工业出版社,2009.

[35] 秦继荣,在交叉学科中创新指挥与控制[J].火力与指挥控制,2009(5).

[36] 秦继荣.理解指挥与控制[C].中国指挥与控制高层论坛论文集,北京:国防工业出版社,2009.

[37] 秦继荣.从网络信息科技的发展看指挥与控制学科的使命[J].火力与指挥控制,2007(11).

[38] 秦继荣.我国指挥与控制学科发展的战略思考[J],火力与指挥控制,2007(10).

后　记

　　书稿终于杀青，自己的一桩心愿就要了却了，感想颇多。

　　我在北方自动控制技术研究所工作 32 年，一直从事火力与指挥控制技术的研究工作，亲身参与并主持了几个型号的陆战机动平台火力控制系统的研制，为国防装备做出了应有的一点贡献。我无限热爱兵器事业，无限崇尚控制科学技术，希望指挥与控制科学技术在信息时代的飞速进步中绽放耀眼的光芒！

　　指挥与控制丛书的撰写动议，源于指挥与控制学会的申请筹备。20 世纪初，大家在火力与指挥控制技术发展方面遇到了一些困惑，如何从学科发展突围，探讨近代火控、指控技术的学科归属，是火控界同仁的追求。受火控界前辈董志荣教授的启发和影响，我们为之思考，为之求索，本书即酝酿于此时。书中观点未必非常准确，只是一孔之见，期望能对指挥与控制科学技术进步起到积极的推动作用。由于本人水平有限，书中缺陷和错误在所难免，恳请读者和专家批评指正。

　　值得特别指出的是，李德毅院士对本书的编写给予了悉心的指导和帮助，并在百忙中为丛书作序，在此深表谢意！国防工业出版社唐应恒、欧阳黎明、王鑫等同志为本书早日与读者见面付出了心血，在此一并感谢！

秦继荣

2012 年 7 月于北京丰台总部基地